MARKETING DE SERVICIOS

ADOLFO RUIZ

MARKETING DE SERVICIOS

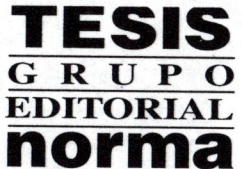

Supervisión y coordinación general: Lic. Silvia Costa
Diseño de tapa: Realización Publicitaria
Composición láser: Creagraf
Películas: Bennet

© 1990 - Derechos reservados por EDITORIAL TESIS S.A.
San José 831/35 (1076) Capital Federal
Tel. 383-7944   381-9271/9653

Empresa adherida a la Cámara Argentina del Libro

Prohibida la reproducción total o parcial por medios electrónicos
o mecánicos, incluyendo fotocopias, grabación magnetofónica
y cualquier sistema de almacenamiento de información,
sin autorización escrita del editor.

Hecho el depósito que marca la ley 11.723

Primera edición: Julio de 1990
Segunda edición: Noviembre de 1992

I. S. B. N.: 950-718-011-7

Impreso en Argentina
Printed in Argentina

*A Nusha, mi ex-mujer,
con cariño y respeto profesional.
A Mili, su hija,
por su alegría permanente.*

*A Elsa y Pepe Ruiz, mis padres,
por todo lo que me dieron
y por haber hecho más de lo que podían.*

CRISTIAN BAIGORRIA
Licenciado en Sistemas

Indice

I. Introducción 1
1. Algunas consideraciones sobre marketing 1
2. La unidad del concepto de marketing 3
3. ¿Por qué un marketing de servicios? 5
4. El esquema utilizado 8

II. Servicios 11
1. Qué son servicios y en qué negocio estamos 11
2. Valor e importancia del sector servicios 19
3. Servicios y ocupación de mano de obra 26
4. La "maquinización" de los servicios 33
5. La clasificación de los servicios 37

III. Mercado 49
1. Investigación y planeamiento 52
2. Planeamiento estratégico y planeamiento operativo 55
3. Indicadores y barómetros económicos 59
4. Marco político, económico y cultural 62
5. El llamado "ciclo vital" del servicio 71
6. Competencia y sustitución 72
7. Pronósticos de demanda y de otras variables 77

IV. Usuarios — 87
1. Actitudes y propensión a la utilización de servicios — 87
2. Segmentación y clasificación de usuarios — 90
3. Diferenciación e integración de servicios — 105
4. Posicionamiento — 117

V. Costos e Ingresos — 123
A. Costos — 123
1. Generalidades — 123
2. Algunas advertencias sobre la relación costos y servicios — 125
3. Variabilidad o proporcionalidad de los costos — 127
4. El costeo directo y sus posibilidades — 130
5. Principales rubros de costos — 136

B. Ingresos — 138
1. Precios e ingresos — 138
2. Estrategia y política de precios — 139
3. Cauce de discrecionalidad — 139
4. Precios y conducta del usuario — 141
5. Mecánica para la fijación de precios — 144
6. Discriminaciones de precios (bonificaciones, descuentos o recargos) — 147
7. Descomposición de precios — 149
8. Rentabilidad económica o social. Indice de vulnerabilidad — 150

VI. Operaciones — 157
1. La distribución en las prestaciones de servicios — 157
2. Localización geográfica de las prestaciones — 165
3. Exportación de servicios — 168

INDICE

VII. Promoción y comunicaciones — 175
1. Comunicaciones. La comunicación que importa — 175
2. Los tipos de comunicación — 177

VIII. Factores claves en servicios — 215
A. La administración del tiempo — 216
1. ¿Qué es el tiempo? — 216
2. Valor e importancia del tiempo — 217
3. La relatividad del tiempo — 219
4. El tiempo y los servicios — 219
5. El uso del tiempo — 220
6. La "pérdida" de tiempo — 221
7. El "tiempo libre" — 223
8. Administrando el tiempo — 225
9. El planeamiento del tiempo — 260

B. El personal — 265
1. La importancia del personal — 265
2. El respaldo del personal — 268
3. Requisitos para la retención del personal — 269
4. Necesidad de la descripción de tareas — 272
5. Remuneraciones y beneficios — 272
6. Aptitudes y liderazgo — 274

C. Control de calidad del servicio — 279
1. Servicios y control de calidad — 279
2. El concepto japonés de control de calidad — 280
3. Qué es calidad — 281
4. Identificar las causas, no los síntomas — 284
5. Instrumentos para detectar fallas y errores — 285
6. Los objetivos de un programa de control de calidad — 287

7.	Requisitos de un programa de control de calidad	288
8.	Condiciones para la utilidad de un programa de control de calidad	288
9.	La creación de un programa de control de calidad	290
10.	Costos de un programa de control de calidad	290
11.	La calidad delegada y su responsabilidad	291
12.	La capacitación de todo el personal para garantizar la calidad del servicio	292
13.	Los denominados "círculos de calidad"	293
14.	Auditoría de calidad y auditoría del propio sistema de control de calidad	293
15.	Las siete herramientas del control de calidad	294

Agradecimientos

Todo lo que uno llega a ser se lo debe a multitud de maestros: familiares, amigos, colegas, superiores, subordinados, figuras públicas, periodistas o escritores antiguos y contemporáneos. Pero sería injusto no mencionar aquí a algunas personas e instituciones que tuvieron particular influencia en mi formación y, por lo tanto, en la configuración de este libro.

Bastante tiempo después de haber terminado mis estudios básicos en la Escuela Argentina Modelo —de donde nunca olvidaré a los profesores Carlos María Gelly y Obes, Edgardo Marty y Hernán Videla— y mientras cursaba las para mí fatigosas materias de Derecho en la facultad correspondiente de la Universidad de Buenos Aires, tomé contacto circunstancial con Encuestas Gallup de la Argentina, donde me quedé para asistir a algunos seminarios y ocuparme de la promoción de sus investigaciones de mercado. Allí entré en contacto con el nuevo mundo del marketing y del management, del que ya no me apartaría más.

Los cuatro años que estudié en la Fundación de Altos Estudios en Ciencias Comerciales resultaron importantísimos, porque me permitieron asistir a la explosión creativa que por aquel entonces tenía lugar en marketing, y vincularme intelectualmente con sus principales tratadistas. Debo destacar a algunos de sus profesores. El Dr. Guillermo Fullaondo me transmitió la comprensión y el gusto por la Economía, el Dr. Jorge A. Funes me hizo accesible la Estadística y su valor como herramienta, el Ing. Leonardo Guralnik me posibilitó el análisis científico de la Comercialización y mi primer acercamiento al Planeamiento Estratégico, y el Dr. Roberto Prado me brindó una sólida formación en Costos. A todos ellos y a la Fundación sólo puedo transmitirles gratitud y reconocimiento.

Simultáneamente, se produjo mi ingreso a la organización Manpower, cuyo fundador en Argentina, el Dr. Pedro A. Dhers, hizo factible la rara situación de que yo pudiera aplicar o adaptar permanentemente una buena parte de los conocimientos que iba incorporando. Surge así la necesidad de analizar las técnicas y herramientas de marketing desde el punto de vista de los servicios y, en consecuencia, lo que sería el embrión del presente trabajo.

Al finalizar mis estudios me incorporé a la Asociación de Dirigentes de Empresa y Comercialización —hoy Asociación de Dirigentes de Empresa (A.D.E.)—, a instancias de su entonces presidente y hoy diputado nacional, Federico Clérici. A.D.E. me brindó mucho: me permitió canalizar parte de mi vocación pública, me nutrió de afectos y de algunos amigos entrañables. Pero, por sobre todas las cosas, me posibilitó dictar el seminario que dio base a este libro. Mi reconocimiento indeleble hacia sus ex presidentes, Freddy Clérici, Pepe Basso y Jorge Panick; a su actual presidente y dilecto amigo, Horacio O'Donnell, y hacia otros directivos que me apoyaron y me brindaron su amistad, como François Villar, Enrique Carrier, Luis Del Riccio, René Alberto y José Arauz.

A.D.E. también hizo posible mi vinculación con dos de los autores locales que más han influido en mi formación: Enrique Costa Lieste y Alberto R. Levy. Enrique y su socio, Ernesto Firmenich Bianchi, constituyen permanente fuente de

AGRADECIMIENTOS

reflexión, amistad y afecto. Al igual que Alberto, uniendo a su incuestionable saber su invalorable humor.

Además de su afectuoso prólogo, Enrique tuvo a su cargo la pesada tarea de leer el texto original. Sus sugerencias y comentarios enriquecieron, no cabe duda, el resultado.

También hago extensiva mi gratitud a la Asociación Argentina de Marketing por sus enseñanzas y por la deferencia de invitarme a integrar el Jurado del Premio Mercurio. Mi reconocimiento a Jorge Castrillo, Mario Eguía, Carlos González, Mary Teahan, Hernán Villanueva y demás miembros de las últimas comisiones directivas.

Finalmente, todos tenemos interlocutores que nos potencian y estimulan nuestra reflexión. Yo me enorgullezco de contar con varios: Horacio de Dios, Manolo Mora y Araujo, Horacio O'Donnell, Norberto Turín, Roberto Starke y Adrián Guisarri. Este último revisó mis referencias al marxismo, lo que impone mi reconocimiento. Ellos han influido —tal vez sin saberlo en algunos enfoques de este trabajo y de algún otro que vea la luz en el futuro.

No puedo ni debo cerrar esta lista sin un comentario sobre profesionales como Claudia Saá Avellaneda, Mario Moreno y Horacio De Martini, y sobre tres aportes importantísimos: Gabriela Tenner —quien hizo la corrección del original al que sin duda mejoró—, mi computadora PC Surrey y el programa de procesamiento de textos Display Write IV, que desarrollara IBM. Sin estas contribuciones este libro tampoco habría sido posible, al menos en el momento presente.

Adolfo Luis Ruiz
Octubre de 1989

Prólogo

Si el lector de estas líneas revisara el contenido de los libros norteamericanos más divulgados sobre marketing, descubriría que el tema "servicios" no aparece. En el raro caso en que yo mismo encontré la mención de la palabra, el texto correspondiente se circunscribía escuetamente a dar la definición oficial de la American Marketing Association y a señalar la gran relevancia estadística del sector servicios en el total de las actividades económicas. En efecto, en los países en desarrollo el sector de servicios representa más del 30% de la economía y en los países desarrollados más del 60% (Banco Mundial). Es interesante y curioso al mismo tiempo comprobar que, a pesar de ser los servicios el sector más importante de las economías modernas, en los libros de marketing no se les ha destinado un espacio mayor y que hasta ahora no se había escrito uno especialmente dedicado al "marketing de servicios".

El desarrollo del concepto moderno de marketing surgió de las grandes empresas industriales elaboradoras de alimentos envasados y de productos de limpieza. Anteriormente, los textos de marketing se limitaban a brindar una descripción de los sistemas comerciales de distribución mediante un enfoque funcional (Ej.: Fred Clark, 1922), para luego ir incluyendo temas tales como sistema legal de precios, información sobre el mercado, función de ventas, etc. (Ej.: R. Tousley, E. Clark y F. Clark, 1962).

El enfoque gerencial revolucionó el contenido de los textos de marketing, una vez que fue evidente que en las modernas economías de mercado el consumidor era el rey. Había que descubrir quién era ese consumidor, cuál era su comportamiento en relación a sus compras, cómo decidía sus hábitos de consumo, y, a partir de tales datos, se debía explicar el papel que cumplían las funciones de marketing. Así cobraron importancia las investigaciones cuantitativas de mercado, a las que se sumaron las "motivacionales", para luego fundirse ambas en una técnica comprehensiva de investigación del comportamiento (Ej.: Howard, 1963). También aportaron la teoría de las probabilidades y la psicología; se analizaron las características de los productos desde el punto de vista de los compradores y se redactaron capítulos especiales sobre la estrategia de cómo elaborar las comunicaciones destinadas a estos. El conjunto se ensambla finalmente con la teoría de las decisiones, de modo que pasa a ser un ejemplo útil para los ejecutivos gerenciales.

Primitivamente el productor estaba en contacto con el comprador, existía un circuito cerrado de comunicación. Pero en las economías modernas el productor perdió dicho contacto directo. Los alimentos envasados y los productos de higiene y limpieza fueron un buen modelo de cómo el circuito se recomponía mediante la investigación del consumidor, la creación de nuevos productos (innovación), la canalización comercial de los mismos y la comunicación persuasiva (publicidad) dirigida a los consumidores.

Resultó fácil extender la aplicación del proceso de marketing a los bienes de consumo durable como electrodomésticos y automóviles. En esta forma se fue elaborando un *corpus* disciplinario que ganó las aulas universitarias. A partir de este punto comenzaron a realizarse intentos de adaptación a productos industriales y agrícolas, de los que surgieron textos sobre "marketing industrial" (Por ej.: Wilson, 1965) y "marketing agrícola" (Por ej.: R. Kohls, 1955). Pero hasta donde conozco, no se ha escrito ningún texto sobre "marketing de servicios", a pesar de que la venta de un "producto" de servicios es la más difícil, puesto que se está vendiendo un intangible que, además, depende extremadamente de la atención personal del que presta el servicio. Si bien este último aspecto facilita el cierre del circuito productor-consumidor, constituye a su vez el elemento más sensible de la operación.

El licenciado Adolfo Luis Ruiz emprendió hace ya casi una década la tarea de difundir sus conocimientos sobre "marketing de servicios", en un curso elaborado en base a todas las funciones de marketing específicamente adaptadas al área de servicios, pero enmarcándolas dentro de un enfoque gerencial. El mismo tuvo gran éxito desde su comienzo en la Fundación de Altos Estudios en Ciencias Comerciales de Buenos Aires, y se extendió a Montevideo y San Pablo. Gracias a toda esta experiencia, el autor pudo concretar el presente libro, que triunfa —a mi criterio— sobre esa peligrosa divisoria de lo académico y lo práctico. Y no es casualidad que Adolfo Ruiz haya conseguido su propósito. Quienes lo conocemos sabemos de su capacidad y del esfuerzo intelectual que pone en sus tareas, así como de su excelente didáctica. Pero no basta con la capacidad que da la naturaleza para realizar estas obras. Son necesarios también sacrificios, perseverancia, amor al tema emprendido. Sin la perseverancia es imposible construir el cuerpo de un nuevo curso, y menos aún, volcarlo en un libro cuando se actúa en las condiciones que se dan en nuestros países, donde por razones económicas no es posible contar con los años sabáticos. Quien desea escribir debe olvidarse del ocio de los fines de semana, de las vacaciones, de las horas de descanso con la familia; sacrificios que se hacen con placer cuando se ama lo que se hace y en este libro se percibe amor del autor por su materia.

Por todas estas razones recomiendo efusivamente el presente libro a las personas involucradas en el área de servicios, con la convicción de que a través del tiempo lograrán una óptica mejorada de sus ocupaciones y así convertirán en más fecundas y felices sus tareas. Este es el servicio que le debemos a Adolfo Luis Ruiz.

Dr. Enrique Costa Lieste
Octubre de 1989

> # I. Introducción
>
> 1. Algunas consideraciones sobre marketing
> 2. La unidad del concepto de marketing
> 3. ¿Por qué un marketing de servicios?
> 4. El esquema utilizado

1. *Algunas consideraciones sobre marketing*

La dificultad de no contar con una traducción adecuada del término *marketing* junto a la evolución que ha tenido este concepto en su país de origen, han contribuido a generar una gran variedad de definiciones y, sobre todo, una gran imprecisión en cuanto a sus alcances y participación dentro de la gestión empresaria. No es propósito de este trabajo introducirse en esa de por sí complicada situación, pero tenemos que abordar el tema desde el momento que algunos lectores pueden no estar familiarizados con él.

Traducido al castellano como *mercadotecnia* en algunos países, *mercadeo* en otros y *comercialización* en el nuestro, chocamos con la dificultad de que ninguno de esos términos denota algo más que la simple referencia al intercambio. A lo largo de nuestro trabajo hemos preferido manejarnos con el término original en inglés, en tanto no podamos disponer de un equivalente razonable, a lo que se agrega a su divulgación y frecuente uso.

En cuanto a su definición, digamos que debemos distinguir entre la *definición* propiamente dicha y el *concepto* de marketing; la primera es una explicación descriptiva y técnica de la función y el segundo señala el objeto que persigue y el espíritu con que debe aplicarse.

Originariamente, la American Marketing Association definió nuestra materia como "el desempeño de las actividades empresarias que dirigen la corriente de productos y servicios desde el productor hasta el consumidor o usuario". Pero recientemente, la misma institución reformuló su definición en la siguiente forma:

> "**Marketing** es el proceso de planeamiento y ejecución de la concepción, precio, promoción y distribución de ideas, productos y servicios para crear intercambios que satisfagan los objetivos de individuos y organizaciones".

Philip Kotler distingue entre *mercadotecnia, dirección de mercadotecnia* y, por si fuera poco, *concepto de mercadotecnia*. A la primera la caracteriza como el conjunto de actividades humanas dirigidas a facilitar y realizar intercambios y a la segunda la define así:

> "Es el análisis, planeamiento, ejecución y control de programas destinados a producir intercambios convenientes con determinado público, a fin de obtener ganancias personales o comunes. Depende considerablemente de la adaptación y coordinación del producto, precio, promoción y lugar, para lograr una reacción efectiva."[1]

Para quienes estamos habituados a la terminología utilizada por los especialistas, estas definiciones nos resultan

---

[1] **Dirección de mercadotecnia,** por Philip Kotler, Editorial Diana, 1974.

comprensibles —a pesar de cierta falta de claridad en su redacción o traducción—, pero para aquellos profesionales o empresarios no vinculados al área de marketing, su lectura tal vez no les permita concretar una visión o concepción de la materia.

Sin pretender terciar con otra definición que contribuya, aún más, a quitar nitidez al tema, creemos conveniente dar un simple enunciado que permita a nuestros lectores interpretar a qué clase de fenómeno o institución nos estamos refiriendo cuando hablamos de marketing. A nuestro modo de ver, se trata del proceso mediante el cual se descubren necesidades latentes o manifiestas de consumidores, usuarios o adherentes, sobre las que se determinan o reformulan especificaciones de los bienes o ideas que las satisfagan, y de los modos y medios de ofrecerlos, evaluando la posterior reacción de aquellos.[2]

En lo referente al *concepto* de marketing, hemos seleccionado los dos enfoques que —creemos— mejor pueden ayudar a captar su significado. Kotler dice que "consiste en la orientación hacia el cliente, respaldada por una mercadotecnia integrada, tendiente a producir satisfacción al cliente, como clave para alcanzar los objetivos organizacionales". Por su parte, Theodore Levitt —profesor de Harvard y uno de los mejores tratadistas del tema— nos dice: "La base de cualquier negocio es crear y conservar clientes".[3]

2. La unidad del concepto de marketing

Son numerosas las críticas que se registran a cualquier forma de encarar el estudio del marketing bajo un sesgo de

---

[2] Partimos de la definición de Harry Hansen, citado en **Marketing,** por Enrique Costa Lieste, Editorial Sudamericana, 1968.
[3] **La moda del marketing,** Grijalbo, 1975.

especialización; se basan en que el "concepto" no puede disgregarse y que toda parcialización es forzada. No hay duda de que estamos frente a un concepto globalizante y, por lo tanto, todo análisis no integrativo puede producir distorsiones o edificarse sobre un conjunto de redundancias artificialmente diferenciadas.

Pero nos parece un poco dogmático que por una hipotética protección de la pureza del género nos veamos impedidos de distinguir las especies. Además de las inocultables ventajas de tipo didáctico, al igual que en la ciencia económica no podemos prescindir del estudio de diversas ramas que con diferencias y semejanzas de intensidad o grado se desenvuelven en circunstancias y situaciones diversas y asumen distintos comportamientos. En esta postura seguimos a Kotler, quien distingue entre marketing de *productos y servicios, organizacional* (instituciones públicas o privadas), *personal* (políticos, celebridades o méritos tales como el de enseñanza de un arte), *lugares* (predios, viajes, ciudades o naciones) y *social* (causas o programas de interés público).

Si bien pocos discuten la existencia del marketing industrial o, más recientemente, del internacional, todavía hay especialistas que no consideran necesario separar a los servicios como rama autónoma. A pesar de su gran significación en la economía total, la comercialización de servicios ha sido ignorada a causa del gran número de servicios diferentes que están en juego y de que normalmente son provistos por pequeñas firmas o individuos que actúan en forma aislada.[4]

Pero la incidencia de esa atomización es, precisamente, uno de los principales aspectos a tener en cuenta para tratar de individualizar las metodologías, hábitos e instituciones que debieron generarse —con distintos matices— ante la insufi-

---

[4] **Comercialización,** por E. Jerome Mc Carthy, Ed. El Ateneo, 1967.

ciencia de sus equivalentes del sector manufacturero. Y todas estas argumentaciones eran ya válidas cuando todavía no había tomado cuerpo el espectacular avance de la nueva tecnología de la era tecnotrónica.[5]

3. ¿Por qué un marketing de servicios?

Ante todo, digamos que —para nosotros— *marketing de servicios* es la aplicación del proceso de marketing a las actividades intangibles realizadas por personas, empresas o instituciones, sea a título oneroso o gratuito, y que están destinadas al cuidado de intereses o a la satisfacción de otras personas, empresas o instituciones llamadas usuarios y de quienes dependen en cuanto a evaluación, aprobación, supervisión o dirección.

El *concepto* de marketing es genérico y, por lo tanto, aplicable a todo tipo de individuos, productos, servicios, ideas u organizaciones. Pero las *técnicas* de marketing no son siempre las mismas: se aplican con diversa intensidad en cada uno de los casos y con importantes diferencias de tiempo y lugar. No son iguales las herramientas que pueda necesitar una empresa monopólica o cuasimonopólica a las que deba requerir otra con intensa competencia, ni las de una organización con significativas ventajas tecnológicas en comparación con otra que preste un servicio sencillamente imitable.

Por eso se han ido formando segmentos sectoriales para el análisis de cada necesidad de comercialización o de comunicación, los que además de mostrar su capacidad de adaptación, presentan modelos de eficaz efecto didáctico.

---

[5] **La era tecnotrónica,** por Zbigniew Brzezinski, Ed. Paidós, 1973.

Estas apreciaciones por sí solas tal vez no ayuden a justificar que podamos referirnos a un *marketing de servicios* y que sólo podría admitirse la referencia a un determinado tipo de servicios, por ejemplo, marketing bancario. Pero, a nuestro juicio, son numerosos los factores comunes a todo tipo de servicios que requieren un enfoque distintivo en su análisis e investigación y, por lo tanto, autorizan a abordar esta rama del marketing con categoría autónoma.

Precisamente, el estudio y análisis de la evolución de los fenómenos nos conduce al descubrimiento de sus uniformidades, rasgos comunes, originalidades y, por cierto, sus diferencias y matices. Empecemos por estudiar los servicios y sus características y concluiremos aceptando la necesidad de un tratamiento especializado, no solamente desde el punto de vista económico, sino también del marketing aplicable a ellos.

Los factores comunes y distintivos son:

1. El grado de intangibilidad.
Esta característica dificulta la utilización de un conjunto de herramientas de uso común en productos tangibles (control de calidad, por ejemplo).

2. Alto grado de participación del cliente (supervisión del usuario).
Normalmente, en el transcurso de la prestación el usuario suele estar involucrado en forma activa (mientras nos lavan el auto, por ejemplo).

3. Su imposibilidad de stock ("inestockabilidad")
Es la restricción más grave desde el momento en que no se dispone de la menor flexibilidad para retener ventas o prepararse para picos de demanda (por caso, las limitaciones de tiempo de un consultor).

INTRODUCCION

4. **Complejidad en la fijación de standards (standarización restringida).**
   La naturaleza y dificultad de mensura atentan contra la elaboración de métodos y procedimientos homogéneos y el diseño de normas de prestación (es posible, pero extremadamente difícil, establecer criterios objetivos para la limpieza de fábricas u oficinas, por ejemplo).

5. **Su dificultad de packaging (packaging restringido).**
   Se pierde, en buena medida, el uso de una eficaz ventaja diferencial (¿cómo "envasar" una consulta médica?).

6. **Facilidad de plagio y acceso (accesibilidad).**
   No es fácil patentar procesos, metodologías o artes (la técnica de un peinador de renombre, por caso).

7. **Falta de información y transparencia (opacidad).**
   Aparte del desconocimiento del mercado, resulta muy sencillo ocultar información (¿cuánto se factura en el mercado de consultoría, por ejemplo?).

8. **Dificultades de comercialización externa (exportación restringida).**
   Sin duda, la exportación o importación de servicios están sujetas a las limitaciones que algunas de las características aquí apuntadas provocan, aunque se trata de un terreno en franca expansión (no es sencillo evitar que nos copien una "creación" publicitaria, por ejemplo).

9. **Confusión de roles de dirección y operación.**
   La facilidad con que se presenta esta confusión —natural aunque igualmente nociva en los servicios unipersonales— es causa de que la consideremos como

un factor relevante, sin desconocer que no es exclusivo del sector (es el típico caso del abogado que tipea sus propios escritos).

Creemos que estas nueve características son generalmente detectadas en las diversas manifestaciones del rubro servicios y aumentan su grado de exposición competitiva en forma muchas veces vital para su permanencia en el mercado con niveles razonables de rentabilidad. En estos factores podremos bucear las causas de sorprendentes crisis, que en ciertas oportunidades afectan a determinados tipos de servicios. Si agregamos que, en muchos de ellos, las "barreras de salida", es decir las posibilidades de cambiar de rubro, suelen ser muy altas (no es fácil para un médico o un abogado dejar su actividad), tendremos una mejor explicación todavía.

4. *El esquema utilizado*

El objeto de este libro es proporcionar a cualquier prestador de servicios —empresas, profesionales, gremios, instituciones políticas, culturales, científicas o educativas— un conjunto de recomendaciones y herramientas que le permitan alcanzar una ubicación estratégica dentro de su mercado o clientela y ver así facilitadas sus operaciones e intercambios.

Sin embargo, procuraremos obviar todas aquellas técnicas que por ser suficientemente tratadas en la literatura de marketing general sería redundante considerar aquí. En el caso de quienes abordan el tema por primera vez o para los que deseen profundizar su tratamiento, encontrarán la bibliografía adecuada en los pie de página.

Por lo tanto, la estructura con que encaramos la tarea está referida a aquellas variables, recursos, técnicas o herramientas que, aún presentándose en todo tipo de productos, tienen una especial significación en el rubro servicios o, al menos, alcanzan grados de particularización tales que los diferencian de su comportamiento habitual, ameritando un tratamiento explicativo y discriminado.

En el capítulo II procuramos dar un panorama acerca de qué son *servicios*, cómo se clasifican, su importancia y sus perspectivas. En el capítulo III intentamos hacer lo mismo —aunque algo más superficialmente— con el *mercado*. Al *consumidor* (usuario, cliente, paciente, afiliado, miembro, etc.) le hemos dedicado todo un capítulo (IV) porque sin *"EL"* ninguna de nuestras actividades estaría en vigencia.

En los capítulos V, VI y VII tratamos lo que en marketing tradicional se denominan *variables controlables: producto* (o naturalmente, servicio), *precio* (nosotros preferimos hablar de ingresos), *distribución* —que algunos prefieren llamar logística y nosotros operaciones— y comunicaciones o *promoción*. También, la literatura sobre estos temas es abundante y de óptima calidad, por lo que sólo abordaremos aquellos aspectos que pudieran estar aislada o insuficientemente tratados o bien con una profundidad tal que dificultaría su acceso al profano o no especialista.

Finalmente, en el capítulo VIII hemos abordado tres aspectos que consideramos *claves* en la prestación de servicios porque ellos constituyen instrumentos decisivos para el éxito o el fracaso en el logro de los objetivos. La imposibilidad de "stockear" servicios obliga a una cuidadosa y criteriosa administración del *tiempo* gerencial o profesional y a ello dedicaremos una importante porción de este capítulo. El *personal* asistente —desde el más modesto mensajero o recepcionista— juega un papel más importante de lo que comúnmente se supone en el grado de satisfacción de los usuarios. Por ello, daremos algunas recomendaciones o procedimientos que pueden ayudar en su manejo, conducción o evaluación. El *control de calidad* es un elemento por demás sensitivo desde el instante en que el factor humano es un componente esencial en la prestación, y el grado de participación del cliente es altísimo.

> **II. Servicios**
>
> 1. Qué son servicios y en qué negocio estamos
> 2. Valor e importancia del sector servicios
> 3. Servicios y ocupación de mano de obra
> 4. La "maquinización" de los servicios
> 5. La clasificación de los servicios

1. Qué son servicios y en qué negocio estamos

a. La definición de servicios

"Todos los productos son *materiales* si se considera el medio por el cual se manifiestan y todos son *inmateriales* si se considera el efecto que están destinados a producir". Esta afirmación pertenece a Ferrara, citado por Wilfredo Pareto en su **Manual de Economía Política,** y constituye un buen punto de partida para tratar de introducirnos en la definición que pretendemos.

A continuación reproducimos algunas definiciones de la palabra servicio que aparecen en la Enciclopedia Ilustrada de la Lengua Castellana[1] (obviamos ciertos significados connotados con servidumbre, higiene, amistad o religión, por no adaptarse al enfoque profesional, empresario o económico del término):

[1] Editorial Sopena Argentina, 1956.

- Acción y efecto de servir (no basta la intención).
- Utilidad o provecho que le produce a uno, lo que otro realiza en atención suya.
- Organización y personal encargados de cuidar intereses o satisfacer necesidades del público o de una entidad oficial o privada.

Por su parte, la American Marketing Association denomina servicios a aquellas actividades, beneficios o satisfacciones que se ofrecen a la venta.[2] Nosotros pensamos que esta definición es limitada porque, por ejemplo, muchos comunicadores políticos prestan sus servicios pero no los venden. Por eso, preferimos valernos de la explicación que da la teoría económica y que nos dice: "Las necesidades se satisfacen con dos clases de medios, los *bienes* y los *servicios*. Los primeros son cosas a las que, debido a sus cualidades reales o supuestas, se les atribuye la capacidad de satisfacerlas. Pero mucho menos fáciles de definir son los servicios. El término tiene muchísimas acepciones pero tres de ellas son importantes:[3]

a. La ejecución de un trabajo en provecho o bajo las órdenes de otra persona.
b. La ventaja o ayuda que rinden o proporcionan los bienes a quienes los usan.
c. El resultado de la actividad productora (o sea, del trabajo) si no se manifiesta bajo la forma de una mercancía tangible".

---

[2] **Marketing Definitions,** American Marketing Association, Chicago, 1960.
[3] **Tratado de Teoría Económica,** por Francisco Zamora, Fondo de Cultura Económica, 1966.

Tal vez una combinación de la definición del diccionario con la proporcionada por Zamora nos permita aproximarnos a una definición genérica razonablemente buena y comprensible, pero antes debemos subrayar que buena parte de las dificultades quedan despejadas si distinguimos los servicios desde el punto de vista del prestador y desde el del usuario o, en términos jurídicos, prestatario. En efecto, vemos que en ambas fuentes, la segunda definición está enfocada desde el usuario mientras que las restantes lo hacen a través de quien lo presta.

En términos de Producto Bruto Interno (P.B.I.), el sector *servicios* incluye —hipotéticamente— todas esas actividades y se lo suele denominar *terciario* para diferenciarlo del agrario-minero y del industrial. Decimos hipotéticamente, porque recientes investigaciones realizadas en distintos países, revelan que la medición del P.B.I. adolece de falta de precisión porque la llamada economía informal o subterránea no es considerada. Y una buena parte de lo omitido en los cómputos tiene su origen en el sector servicios.

La partición de la economía en tres sectores fue utilizada por el economista Collin Clark. Pero recientemente el Hudson Institute acuñó el término *cuaternario* para referirse a aquellas actividades de servicios destinadas a apoyar otras actividades de servicios.[4] Esto representa otra muestra del amplio desarrollo que está adquiriendo el rubro —lo que además obliga a generar ciertos neologismos—. También ha comenzado a hablarse de *industrias de servicios,* en las que la prestación se vincula a la adopción de técnicas, metodologías o procesos propios del sector industrial.

Theodore Levitt —uno de los que impulsaron dicha expresión— explicó el proceso a través del cual se comenzaron

---

[4] **El año 2.000,** por Herman Kahn y Anthony J. Wiener, Emecé Editores, 1969.

a "industrializar" los servicios.[5] El atribuye la aceleración de este proceso a tres causas:

- La pérdida de productividad en las naciones desarrolladas ocurre a un ritmo mayor que el que los países en desarrollo tienen para la expansión de sus industrias manufactureras.
- La expansión en la demanda de servicios no siempre coincide con una mayor eficiencia del personal ocupado en la industria manufacturera, lo que provoca un aumento general de precios y, en consecuencia, reduce el nivel de vida.
- La industrialización de los servicios propiamente dicha (el supermercado "industrializó" el almacén de la esquina de la misma manera que la línea de producción, en su momento, "industrializó" la antigua artesanía), que se trata —afirma— de un eficaz acto de destrucción creativa.

Según Levitt, los servicios pueden "industrializarse" de tres formas:

1. Con tecnología *tangible* (hard)
   El electrocardiógrafo, los lavadores de coches automáticos, las cámaras de revelado instantáneo, las máquinas expendedoras, las tarjetas de crédito, constituyen ejemplos claros.
2. Con tecnología *intangible* (soft)
   - Supermercados y autoservicios.
   - Comidas rápidas (fast food).
   - Paquetes turísticos.

---

[5] "Service Management", **Harvard Business Review** (Reprint Series, 1971-1979).

- Seguros colectivos y combinados.
- Fondos comunes de inversión.

3. Con tecnologías intermedias (combinan la utilización de máquinas, herramientas y útiles con sistemas o procesos programados).
    - Sistemas de distribución física computarizados o con radioenlace (ej.: auxilio mecánico para autos).
    - Transporte monoproducto (ej.: combustibles).
    - Distribución de productos estacionales perecederos en función de esquemas preordenados (ej.: en base a datos meteorológicos).
    - Servicios rápidos de reparación o especializados (ej.: cerrajerías, ambulancias, etc.).

Levitt supone una condición para la industrialización de servicios y se asienta en lo que llama "principio de magnitud", que no es otro que el conocido como economía de escala, permitiendo alta eficiencia y bajo costo. "Sólo en estos casos —sostiene— podemos adoptar métodos que son propios de la industria manufacturera y resulta posible la división del trabajo y la delegación de las tareas menos calificadas."

Más allá de posibles y comprensibles discrepancias en cuanto a los criterios de denominación de las tecnologías que posibilitan la industrialización de los servicios o en lo referente a la restricción que significa la aplicación del principio de magnitud, pensamos que el esquema propuesto por Levitt resulta cuando menos didáctico. Volveremos sobre el tema cuando tratemos el proceso de maquinización de los servicios.

Por otra parte, la tradicional división creada por Collin Clark también ha comenzado a ser cuestionada desde el ángulo cualitativo. Es que ya no se puede dudar que se está produciendo una "terciarización" de la industria. Cada vez se necesitan mayores dosis de bienes intangibles para la producción de bienes industriales —desde la investigación de mercado previa hasta la creación del software necesario para su diseño— y ello, mientras se mantiene o disminuye la cantidad de recursos materiales que los componen.

Este efecto, claramente perceptible en la industria más actualizada, hace que algunos autores consideren inapropiada la expresión "era postindustrial" y sostienen que debiéramos referirnos a una "era neoindustrial", dado que esta "terciarización" lejos de sustituir a la industria, la complementa y la potencia.[6]

De todas maneras y más allá de nuestras opiniones y las posibles denominaciones, no es difícil darse cuenta que se está produciendo una gran integración o, para decirlo más apropiadamente, un gran intercambio de influencias que nos ha llevado a esta necesidad de hablar de la industrialización de los servicios o terciarización de la industria.

b. *¿En qué negocio o prestación estamos?*

Determinar en qué clase de "negocio" se está operando constituye un elemento básico para el análisis de las perspectivas de cualquier actividad a desarrollar. La respuesta es de apariencia simple ya que parece relativamente fácil contestar cuál es el rubro, rama o gremio en el que uno se desempeña. Sin embargo, Theodore Levitt demostró en "Miopía en Marketing" —un famoso artículo que publicara en la revista **Harvard Business Review** y que provocó un altísimo impacto en los ambientes empresariales— que una falla en la definición del tipo de actividad es causa para que cualquier negocio o industria en algún momento exitosa, no soporte su envejecimiento o decadencia.[7]

[6] Reportaje a Moisés Ikonicoff, en **El Cronista Comercial**, 12-1-1987.
[7] "Miopía en marketing", por Theodore Levitt, **Harvard Business Review** (transcripto en **Marketing de Productos Industriales**, Editorial Blume, 1968).

SERVICIOS

Toda gran industria que muere o agoniza muestra el proceso que Levitt denomina "ciclo de autoengaño" y que se asienta en cuatro errores de apreciación:

1. La creencia de que la expansión está asegurada por el simple crecimiento demográfico o la protección aduanera.
2. El convencimiento de que el producto no tiene sustituto.
3. La confianza excesiva en la economía de escala.
4. El privilegiar una cuidadosa experimentación controlada científicamente, en detrimento de la mejora de métodos y reducción de los costos de fabricación.

"En cada caso, dice Levitt, la razón de que el crecimiento esté amenazado, mitigado o detenido no se debe a una saturación del mercado, sino a una falla en dirección en la empresa." Con este criterio pasa revista a dos de los más exitosos negocios del siglo, los ferrocarriles y la industria cinematográfica de Hollywood, y da la explicación de su decadencia. No haber entendido que su negocio era el del transporte y no el de los ferrocarriles o el del entretenimiento y no el del cine, les impidió liderar o apropiarse de las industrias que los sustituyeron y que actuaron como precipitantes de su declinación. Es decir, no supieron contestar a la pregunta ¿en qué negocio estamos?

Aunque hay que evitar a toda costa el manejarse con conceptos estrechos, sin duda ello no es fácil cuando un análisis permeable o pragmático nos obliga a sacrificar una dosis nada despreciable de nuestro ego. ¿O no es acaso difícil —pongamos por caso un relojero que se va transformando en reemplazante de pilas o correas— plantearse un cambio de actividad, a la que se le han dedicado tantos esfuerzos durante tanto tiempo?

Muchas empresas o profesiones de tradición centenaria

se resisten a los cambios tecnológicos o motivacionales que los obligarían a adaptarse sacrificando fórmulas, recetas o criterios que los antecesores plantearon como verdades inmutables. Pero esa resistencia no es más que la puerta de la decadencia, de la extinción e, incluso, de la venta a otros empresarios o profesionales menos prejuiciosos en alterar condiciones de alto contenido emotivo o valiosas desde el punto de vista histórico, pero de baja utilidad comercial o social en el presente.

Un clarísimo ejemplo expuesto por A. Wilensky nos ilustra acerca de los profundos cambios que pueden producirse en los consumidores o usuarios y acerca de cómo ellos llegan a afectar una industria, arte o profesión. Si un fabricante de aros o pendientes hubiera definido su negocio como una industria joyera o de fantasía dirigida al mercado femenino en lugar de referirse al negocio del adorno personal, no hubiera podido adaptarse —espiritualmente al menos— a la demanda de aros por parte de los hombres y, mucho menos, a venderlos de a uno.[8]

En términos profesionales, pocos son los actos que requieren mayor valentía que la decisión de cambiar de profesión o de rubro. Nuestras fantasías e ideales juveniles, el rol que nos atribuyen y esperan que desempeñemos quienes nos rodean y un temor aterrador hacia lo que desconocemos y que requerirá nuevos estudios, aprendizajes o adaptaciones, suelen actuar con efecto paralizante o como factor de indecisión. Pero si la empresa, arte o profesión ha comenzado un ciclo de envejecimiento o desplazamiento, es necesario, en un acto de destrucción creativa, efectuar los cambios o los amoldamientos que corresponden para su supervivencia y crecimiento.

[8] **Marketing estratégico,** Alberto Wilensky, Editorial Tesis, 1986.

2. Valor e importancia del sector servicios

Alvin Toffler considera el año 1955 como el comienzo de la "tercera ola" o de la era de los servicios, porque por primera vez en los Estados Unidos la cantidad de trabajadores ocupados por el sector terciario superó a la que ocupaba la industria manufacturera. Aunque podemos disentir acerca de si nos encontramos o no frente a una nueva era o discrepar con la teoría de las "olas", no nos cabe ninguna duda que esta tendencia mundial dirigida a profundizar el análisis del sector servicios es fruto de la necesidad de explicar su tremendo crecimiento y su espectacular participación en la economía internacional. Y si esa participación es minimizada en base al argumento de que la cifra podría estar inflada por la cantidad de empleados en el sector público norteamericano, digamos que —excluyendo a estos empleados— el fenómeno se cumplió en abril de 1982.

Aunque históricamente las actividades más prestigiosas de la sociedad constituyeron acciones de servicios (religioso, sanitario, militar, docente), desde que se sientan las bases de la ciencia económica moderna, el valor de aquellas ya no se consideraba e incluso fueron envueltas por cierto halo de descrédito o menosprecio. Nosotros creemos que el pensamiento marxista —en conjunción con el enfoque aristocrático de la nobleza— no fue extraño a la generación y difusión de esta tendencia, que hoy felizmente está revirtiéndose.

Hagamos una breve reseña de la teoría del valor según Marx:

> "La utilidad de un objeto lo convierte en *valor de uso* (...) que forma el contenido material de la mercancía. En la sociedad capitalista dicho valor es, además, el soporte material del *valor de cambio* (...) El valor de cambio no es más que una

determinada manera social de expresar el trabajo invertido en un objeto y no puede, por tanto, contener materia alguna natural, como no puede contenerla, v. gr., la cotización cambiaria."[9]

Precisando estos conceptos, Francisco Zamora afirma que el valor de una mercancía depende del trabajo socialmente necesario para producirla, o sea, el que requiere su producción cuando se trabaja con un grado medio de habilidad e intensidad sociales. Y aclara: el valor de uso surge del trabajo concreto mientras que el valor de cambio del trabajo abstracto. El primero se refiere al trabajo desde el punto de vista de la producción de valores de uso y el segundo lo hace desde el de la creación de valor.[10]

Continuemos con el texto de Marx:

"Si prescindimos del valor de uso de una mercancía, éstas sólo conservan una cualidad: la de ser productor de trabajo". ¿Cómo se mide la magnitud de este trabajo? Marx contesta: "Por la cantidad de *sustancia creadora de valor*, es decir, de trabajo, que encierra..." Y, más adelante, escribe: "Cuanto mayor sea la capacidad productiva del trabajo, tanto más corto será el tiempo de trabajo necesario para la producción de un artículo, tanto menor la cantidad de trabajo cristalizada en él y tanto más reducido su valor".

No es nuestra intención abordar una discusión técnico-económica sobre el tema, pero entendemos que esta lectura del ideólogo alemán, aunque fragmentaria, es suficientemente ilustrativa acerca de la influencia que pudo ejercer en cuanto a la consideración de prestaciones no "productivas". Su pensa-

---

[9] **El Capital,** por Carlos Marx, Fondo de Cultura Económica, 1946.
[10] Francisco Zamora, obra citada.

miento nos afectó a todos, economistas o no, y por mucho tiempo hemos sostenido la "improductividad" del sector servicios.

Aunque el mismo Marx se valió del ejemplo del sastre —una clásica prestación de servicios—, para explicar su concepción del valor, consideraba que nada que no fuera realizado con trabajo tenía valor pues los bienes, decía, valen en función del trabajo que cuesta producirlos.

Por otra parte, en ese entonces, la casi totalidad de los servicios estaba dirigida a lo que hoy llamamos *consumidor final* y, por lo tanto, los servicios de *consumo intermedio* —o de *transformación*, como los llamaremos en adelante—, que contienen una importancia económica visiblemente mayor, no podían ser percibidos ni evaluados.

Además, la gran mayoría de los prestadores de servicios integraban la emergente clase comerciante y pequeño-burguesa, tan criticada por Carlos Marx y tan despreciada por la nobleza. En ese prejuicio antiburgués podemos encontrar, parcialmente, el origen de la subestimación por las actividades de servicios.

Junto a esta explicación de tipo *histórico* encontramos causas *económicas* propiamente dichas, acerca de esta postergación o relegamiento del sector terciario. Desde el punto de vista económico, el carácter intangible de los servicios torna dificultosa su mensura o evaluación. Como además dan mayor margen para eludir las imposiciones fiscales o de la seguridad social, no suelen aparecer íntegramente en las cuentas nacionales, lo que nos da un marco explicativo de por qué los analistas económicos, en general, evitan detalles sobre el tema.

Se acumula también una causa *psicológica*. A diferencia de los contratos de locación de obra, en los que la entrega de un producto o resultado permite una "tangibilización" del servicio, cuando éste es de prestación continua, tiende a ser valorizado apenas cuando ésta cesa a pesar de los deseos del usuario; por ejemplo, cuando se enferma la secretaria o un asistente.

Lo más notable es que este verdadero desprecio por el sector servicios pasa por alto el hecho de que la mayor parte de los acontecimientos humanos importantes están complementados o suplementados por actividades de servicios. Desde el nacimiento hasta la muerte, una cantidad inconmensurable de prestaciones terciarias contribuyen a hacer la vida más fácil, más cómoda o más gratificante. Y no hay que asociarlas solamente con asuntos materiales o banales, porque hasta los instantes de máxima religiosidad o dramatismo —cuando peligra nuestra salud, por ejemplo— están siempre vinculados al sector. Los deportes, el transporte, las finanzas, la seguridad, la justicia, la política y la educación son relevantes cuestiones de nuestra existencia que constituyen prestaciones de servicios.

Es que nuestra cultura "industrial"[11] nos ha imbuido de la idea que las actividades *primarias* sólo tienen un papel destacado en las economías subdesarrolladas y que las *terciarias* no son productivas sino, más bien, tareas parasitarias o satélites.

Esta acusación resulta más efectista que cierta. Toda la producción de autopartes es satelitaria de la industria automotriz terminal, que, a su vez, es más bien ensambladora que productora de bienes. Lo mismo ocurre con gran parte de la industria cosmética: en el fondo, una sofisticada actividad de embalaje o packaging. Además, la crítica es, a veces, tan superficial que sólo considera los servicios personales o los de uso final y no comprende las numerosas y significativas actividades de transformación o uso intermedio, que constituyen un verdadero componente o insumo del producto terminado.

El trabajo personal —el servicio, por antonomasia— conforma el insumo, imprescindible de cualquier manufactura,

---

[11] Alvin Toffler, obra citada.

aun "robotizada". A veces, resulta de la sencilla acción muscular de un operario, otras está representado por la relevante tarea del consultor, del investigador o del científico.

Pero esta cultura nos ha condicionado para hipervalorar los bienes tangibles. Pasa algo parecido a lo que acontece con las pinturas figurativa y abstracta. Esta última es, muchas veces, menospreciada incluso por individuos con sensibilidad plástica, porque cuesta armonizarla con una mecánica mental tendiente a lo figurativo y tangible. No parece ser una casualidad que, en la U.R.S.S., el arte abstracto sea oficialmente abominado. Lo curioso, es que esas mismas personas no le exigen "figuratividad" a una tela para corbatas o para tapizar sillones.

La tremenda atomización del sector servicios y la falta de standards o especificaciones técnicas para su prestación han reforzado ese sesgo industrialista en prácticamente todos los niveles del pensamiento económico y de administración de empresas y, en consecuencia, también en los niveles más generales.

Así como sería un error grosero deducir que, porque en los países más desarrollados ha aumentado considerablemente la participación del sector terciario, este es el verdadero motor de su crecimiento, tampoco se puede afirmar tal cosa exclusivamente de la industria.

Ocurre que en la naturaleza del fenómeno productivo intervienen siempre, aunque con diferente peso según los casos, los tres tipos de actividad: extractiva, industrial y de servicios. Obviamente, en las sociedades más primitivas la manifestación es también más elemental: el sector primario mantiene mayor preponderancia y los otros dos quedan limitados a la elaboración de manufacturas muy simples o a la prestación de servicios personales o artesanales.

A medida que la sociedad se desarrolla se produce el perfeccionamiento de la industria manufacturera, la que avanzará en función de la economía de escala. Así, la industrialización constituye el vehículo de ese desarrollo, pero su verdadero motor es el comercio. Esto se percibe claramente en los casos de saturación de los mercados internos de una industria sobreprotegida y, aparentemente, autosuficiente, que por costo y por obsolescencia técnica no está en condiciones de competir en los mercados del exterior. En tales circunstancias —cuando se agotan las posibilidades comerciales— no se ha verificado la hipótesis de que la industria *per se* sea generadora de desarrollo ni de empleo.

Pero, a su vez, el mayor desarrollo tecnológico que se alcanza con el proceso de industrializacón junto a un grado creciente de evolución educativa e informativa, dan lugar al surgimiento de un vastísimo campo de aplicación creativa para los servicios, multiplicando su participación y modificando, en consecuencia, su peso en la industria.

Esas mesetas cronológicas le han restado nitidez al hecho de la integración de los tres tipos de actividad en el fenómeno productivo. Tomemos cualquier ejemplo —desde un pan cortado a rebanadas hasta un equipo de computación— y comprobaremos que, cualquiera fuere el bien, aparece el triple ingrediente. Sea como insumos o como factores de transformación, las actividades primarias y terciarias están presentes en todos los bienes industriales. La diferencia será de grado o, a veces, de interpretación (como bien lo muestra Theodore Levitt, al referirse a las mismas razones que se invocan para afirmar que I.B.M. es una industria y el Citibank un servicio).[12]

Max Weber escribía: "... toda forma típica de acción social económicamente orientada y de proceso asociativo de carácter económico que tenga lugar dentro de un determinado grupo, significa —en alguna extensión— una manera particu-

---

[12] Theodore Levitt, «Los servicios deben encararse con critero industrial», Revista **Gestión**, 1980.

lar de distribuir y coordinar los servicios humanos para el fin de la producción de bienes. La realidad de la acción económica nos muestra siempre una distribución entre hombres diversos de los servicios más distintos, y una coordinación de estos en tareas comunes, en combinación en extremo diversa con los medios materiales de producción".[13]

La tendencia general es pasar por estadios sucesivos, desde la actividad primaria hasta la terciaria o cuaternaria, pero como la influencia es de doble vía, existen puntos de intersección no siempre perceptibles. Algunas actividades se han "primarizado", por ejemplo, la generación de corriente eléctrica que de la clásica usina termoeléctrica pasa a la hidroelectricidad. Otras, como IBM, están "terciarizándose" al privilegiar el software sobre la producción de computadoras. Finalmente, hay servicios que se industrializan, como en el caso de la cadena McDonalds.

Negar hoy el carácter productivo del sector terciario es sólo un dogmatismo o falta de información, y se puede constituir en un factor distorsionante para la interpretación del fenómeno contemporáneo. Esto lo pueden confirmar los distintos responsables de políticas económicas dirigistas o intervencionistas, cuando comprueban que los mercados no se comportan como ellos habían previsto en sus matrices y terminan echándole la culpa a la "incontrolabilidad de los precios en el sector servicios".

Otro aspecto —nada despreciable, por cierto— que ha contribuido a incrementar la notoriedad del sector terciario es su vinculación con la economía informal o subterránea. Eduardo Helguera, uno de los colaboradores del Instituto de Estudios Contemporáneos (I.D.E.C.) —Institución que realizó la Investigación sobre la Economía Informal en la Argentina,

---

[13] **Economía y sociedad,** Max Weber, Fondo de Cultura Económica, 1969.

en 1986—, afirma que la informalidad constituye un verdadero "by pass" de la economía que, impedida de desarrollarse por el creciente grado de intervencionismo y regulación estatales, autogenera un sistema paralelo en el que las leyes del mercado actúan sin obstáculo.

Si bien la economía informal también tiene lugar en los sectores primario y secundario, sobre todo en aquellos en los que el conteo o merma de los productos es de dificultoso control, el sector terciario por su complicada controlabilidad constituye algo así como un medio natural para que aquélla se genere y desarrolle. De hecho, la mayor parte de la economía subterránea producida en los países con más riguroso y policial intervencionismo se canaliza a través de él.

Este es otro motivo que ha expuesto a la actividad terciaria como blanco predilecto de los economistas socialistas y estructuralistas, quienes suelen ver —impotentes— cómo los índices de precios suben más allá de los congelamientos, derretimientos y recongelamientos que ellos disponen, debido a la incidencia de los servicios.

Despreciado por algunos, subestimado por otros e ignorado por la mayoría, este sector merece ser estudiado en profundidad en virtud de su magnitud y de su creciente y continua participación en la economía interna e internacional. Nosotros pretendemos hacerlo en un primer intento, mediante el análisis de algunas clasificaciones posibles, la presentación de las principales técnicas operativas y de marketing y, sobre todo, destacando algunos aspectos que creemos son factores clave en su prestación.

3. *Servicios y ocupación de mano de obra*

Como ya vimos, a partir de 1955, el número de trabajadores en el sector servicios superó en los EE.UU. a los pertenecientes al de la industria. El fenómeno, obviamente, había comenzado años antes, alrededor de 1950, pero en algún momento de la década del 70 adquiere perfiles absolutos, porque aunque el sector secundario no dejó de crecer, sí dejó de emplear.

Las proyecciones de la Oficina de Estadística Laboral de la Secretaría de Trabajo de los EE.UU. demuestra que, bajo un conjunto dado de supuestos macroeconómicos, el número de nuevos empleos en ese país aumentará en cerca de 16 millones entre 1984 y 1995. Casi 9 de cada 10 de los nuevos empleos corresponderán a industrias prestadoras de servicios: transportes, comunicaciones, servicios públicos, comercio, finanzas, seguros, bienes raíces y otras de diverso orden, incluso gubernamental. Según esas proyecciones, los restantes empleos corresponderán a la industria manufacturera, construcción, minería y agricultura. Con diferencias de grado, la situación se repite a escala mundial, y aún en los países con menor ritmo de desarrollo.

Existen numerosas polémicas con respecto a este marcado descenso de la participación de la industria como tomador intensivo de mano de obra y su reemplazo en este aspecto por el sector terciario. Quienes defienden al sector industrial como el principal factor dinámico de desarrollo y ocupación consideran este avance como algo transitorio y poco consistente ya que, al no estar correlacionado con el nivel de productividad, su duración estaría limitada.

Esta posición parece subestimar la incidencia que tanto la nueva tecnología electrónica —fundamentalmente, la industria del "software"—, como los modernos aportes pedagógicos y su difusión masiva y las nuevas prácticas laborales están ejerciendo en materia de productividad. Pensemos, por ejemplo, cuánto puede ampliar el horario de atención al usuario la simple instalación de un contestador telefónico automático y cómo aumenta las posibilidades de cualquier servicio unipersonal.

Pero lo más impactante es que este proceso de desarrollo recién comienza. Para darnos una idea de lo que el mismo implica, pensemos que los programas son a las computadoras como los discos o los cassettes a los equipos de audio: sin ellos no significan nada. Ahora mismo, hay decenas de miles de personas en todo el mundo creando nuevo software o traduciendo o potenciando los ya existentes, lo que contribuye, con un bajísimo costo de inversión, a elevar la productividad global de la economía en general y de las actividades de servicio en particular. Todo ello, al decir de George Gilder, sin reconocimiento estadístico.[14]

Gilder sostiene que "mientras los empresarios aceleran los procesos de destrucción creativa que impulsa todo avance económico, los economistas miden la destrucción pero no la creatividad; destacan el valor decreciente del capital amortizado pero no toman en cuenta las nuevas ideas, esperanzas, entusiasmos o planes de los empresarios. Ellos contabilizan las quiebras pero dudan de las empresas incipientes; miden la declinación de la inversión estéril en compañías ya establecidas pero se les escapan los flujos menores de capital creativo; cuentan el número de desocupados pero niegan los nuevos empleos y el trabajo por cuenta propia"... "Por lo tanto, los países que multiplican la producción de bienes claramente definidos y catalogados en el pasado, crecerían —aparentemente— más de prisa que los que multiplican el número de empresarios y de innovaciones. Sin embargo, estos habrán de prevalecer".

La organización central de los trabajadores norteamericanos considera que las ocupaciones industriales que son re-

---

[14] **La verdadera economía,** por George Gilder, en El espíritu de la empresa, Viking Books, U.K., 1980.

SERVICIOS

emplazadas por tareas de servicios están suscitando una grave desigualdad que afecta al nivel de vida de la clase media, porque ella se nutre de obreros fabriles y no "de cocineros de hamburguesas, dependientes de tiendas o conserjes".[15]

Pero si esta afirmación fuera cierta, ya se hubieran producido estragos en la sociedad norteamericana, porque en 30 años las empresas de servicios pasaron a ofrecer entre el 50% y el 70% del total de puestos de trabajo, alcanzando a ocupar en 1985 a 107 millones de personas.

Según Richard I. Kirkland, Director Asociado de la revista **Fortune,** este hecho es, en una buena medida, señal de una economía de abundancia y se debe al aumento de la productividad agrícola y fabril, que ha permitido la creación de mayor cantidad de bienes con menor dotación de mano de obra. Se liberó acá un gran número de trabajadores que estuvieron disponibles para la prestación de ciertos servicios que una sociedad más pobre no hubiera podido pagar. "Los servicios —apuntaba Kirkland en aquella publicación, en 1985— han constituido el motor, el chassis y la carrocería del gran mecanismo de la ocupación en EE.UU., pues conforman casi el 95% de los nuevos empleos creados desde 1969." Por su parte, Ronald Kutscher —especialista norteamericano en proyecciones de empleo— afirma que la mayoría de los 500.000 nuevos empleos creados por la industria manufacturera entre 1969 y 1979, fueron para cubrir plazas de oficinistas dentro de esas compañías fabriles, es decir, de servicios.

La participación del sector terciario en el P.B.I., y su incidencia en la ocupación de mano de obra pueden apreciarse en el siguiente cuadro:

---

[15] **The industrialization and the Two-Tier Society** (Desindustrialización y la Sociedad de los Estratos), por la Federación Norteamericana del Trabajo y Congreso de Organizaciones Industriales (AFLCIO), citado en **Fortune,** Time Inc., 1985.

Sector	P.B.I.	Empleo
Manufacturas	21.4%	20.0%
Servicios varios y otros	17.6%	30.5%
Comercio mayorista/minorista	16.6%	20.9%
Finanzas, seguros y bienes raíces	16.5%	6.4%
Gobierno	11.6%	4.5%
Construcción	4.1%	6.3%
Transportes	3.6%	7.0% (*)
Minería	3.3%	0.9%
Comunicaciones	2.8%	—
Agricultura/Silvicultura/Pesca	2.5%	3.3%

(*) Incluye comunicaciones y servicios públicos

FUENTE: U.S. Department of Labor, Bureau of Labor Statistics, 1984.

Al comenzar el siglo XX, una de cada tres personas de la fuerza laboral norteamericana estaba dedicada a cultivar fibras o alimentos. En 1985, sólo ell 3% de ella se ocupaba de la agricultura. Evidentemente, aunque nadie puede afirmar que el agro tiene poca importancia, es sin duda poco relevante en cuanto a la ocupación que genera. Por otra parte, queda claro que el sector industrial no es menos vital en términos de producción de lo que lo era hace dos o tres lustros —al contrario, en la mayor parte de los países lo es más—, pero ya no aparece como el empleador por antonomasia tal como lo significaba entonces.

Es interesante destacar que el sector terciario ofrece más empleos de jornada parcial (part time) que las industrias manufactureras. Ello parece obedecer más a una adaptación al mercado laboral que a las características o a las necesidades de las compañías prestadoras. En efecto, el personal al que debe recurrirse está compuesto preponderantemente por mujeres y jóvenes, los que en su gran mayoría no podrían incorporarse a trabajos full time o de jornada completa, en razón de las obligaciones domésticas o de estudio, propias de tales sectores.

Se vincula a esto el tema de la *productividad* de los servicios. Algunos economistas piensan que la disminución en el crecimiento de la productividad en los EE.UU. es atribuible a la incidencia del sector terciario. Sin embargo, el Director del Centro de Políticas Sociales de la Universidad George Washington, Sar A. Levitan, sostiene que hay una gran dificultad en comparar la productividad entre el sector secundario y el terciario, porque no es sencillla la comparación cuantitativa —ni aún dentro del mismo sector servicios— en términos de productividad. Pongamos por caso, la educación, ¿cómo se mide una mayor productividad? ¿Acaso duplicando el número de alumnos por aula? ¿Y la de un cirujano? ¿Y la de un escritor?[16]

Nuevamente, los sistemas de medición y evaluación aptos para la "ola industrial" o para la línea de montaje pueden confundirnos. Por eso conviene que en nuestros análisis marquemos con más énfasis la evaluación de resultados, implicancias y consecuencias, antes que la simple medición de unidades, de modo de neutralizar la posibilidad de caer en conclusiones ficticias o artificiales que no reflejarán lo que ocurre en la economía real.

Otro aspecto que marca una diferencia importante en materia de productividad entre ambos sectores es la preparación que registra el personal ocupado en servicios. Sin duda, el alto

---

[16] Citado en la revista **Perspectivas Económicas,** Servicio de Información de los E.U.A., 1986.

nivel de tecnología que se ha incorporado a estos —aun en los de baja dotación de mano de obra— requiere el concurso de gente más especializada o, al menos, con un desarrollo intelectual más calificado.

Pero no nos engañemos, la educación no es solamente un rubro que adquiere importancia en el sector terciario. Algunos autores sostienen —y, desde luego, nosotros suscribimos esa posición— que los trabajadores que gozan de mayor capacitación o disponen de un intelecto más ejercitado aumentan la tasa de productividad. Moisés Ikonicoff afirma que ello tiene sus implicancias también en el sector fabril, porque "mientras en una planta siderúrgica japonesa el obrero de categoría más baja tiene educación secundaria, en EE.UU., el 30% de ellos son semianalfabetos";[17] allí estaría una de las principales causas de la mayor productividad de la siderurgia nipona.

Otra faceta en la influencia que el crecimiento de los servicios está produciendo en materia laboral está en el hecho que desde 1978 hasta 1986, alrededor de un 70% de los nuevos puestos creados en los EE.UU. fueron cubiertos por mujeres, según un estudio de O.E.C.D. (Organización para la Cooperación Económica y el Desarrollo). Por su parte, en los cuatro países económicamente más importantes de Europa, el empleo femenino se incrementó un 7% en ese mismo período, mientras que el masculino sólo lo hizo en 1%.

Esta "feminización" del trabajo se nota, incluso, en profesiones o actividades tradicionalmente masculinas. Según el diario **Le Fígaro**, en Francia la proporción de mujeres graduadas en ingeniería sobre el total de quienes iniciaron la carrera pasó, entre 1967 y 1984, del 4.3% al 14.5%, mientras que la correspondiente a hombres se redujo del 89.9% al 78.7%.

---

[17] M. Ikonicoff, reportaje citado.

En la actualidad, las políticas públicas cuyo objetivo sea reducir tasas de desempleo y acercarse a niveles óptimos de ocupación, no podrán dejar de tener en cuenta la necesidad de una mayor liberalidad en el tratamiento del sector servicios, estimulando su desarrollo y su poder demandante de mano de obra, y de un coherente proyecto educativo que permita tanto la superación de las actuales tasas de productividad, como la reconversión de personal industrial desocupado.

4. La "maquinización" de los servicios

Por maquinización entendemos el proceso de reemplazar por máquinas total o parcialmente el trabajo personal, dentro del flujo de prestación de un servicio o de alguna de las etapas que lo conforman.

Resulta muy sencillo entender o justificar esta sustitución cuando disponemos de una apreciable ventaja en *costos,* pero no debería ser la única razón favorable al cambio.

En primer lugar, la maquinización permite la *extensión de los horarios* de prestación. Más adelante, cuando tratemos los aspectos "clave" en materia de servicios, nos referiremos a la estrecha relación que se presenta entre *servicios y tiempo* y, también acerca de las ventajas competitivas que ofrece la ampliación de los horarios de atención.

En segundo término, posibilita una mayor *tangibilización* del servicio que se presta y una mejor demostración de su aplicación, en ventajoso reemplazo de la no siempre muy clara definición descriptiva de lo que se pretende ofrecer.

En tercer lugar, este proceso actúa como un agente *liberador de tiempo* del personal de operaciones, que puede pasar a ocuparse de tareas de supervisión antes que de ejecución.

La "maquinización" debe interpretarse en sentido muy

amplio, de manera de poder captar su potencial aplicación a todo tipo de servicios. La venta de pan cortado en rebanadas significó para la industria de la panificación la incorporación a su producto, gracias a una máquina, de un servicio que, en última instancia, tenía que realizar el propio consumidor. A la inversa, el "autoservicio" para la carga de combustible para los automóviles, es otra muestra positiva de las transformaciones posibles.

Los ejemplos de maquinización son innumerables. Algunos reemplazan literalmente la tarea que una persona realiza: dictáfonos, contestadores telefónicos, lavarropas, semáforos, etc. Otros le facilitan la tarea al prestador o al usuario. Por ejemplo, el freezer en un restaurant —que permite anticipar las operaciones—, las "mangas" de los aeropuertos, la tarjeta magnetizada, etc.

Evidentemente, la electrónica tiene una influencia marcadísima en este proceso. Quienes hemos visto realizar duras tareas de vigilancia en inclementes rondas por galpones o fábricas, no nos imaginábamos que los muy confiables detectores y sensores electrónicos transformarían tal actividad en una tarea saludable cuyo principal peligro reside en la monotonía. Otro ejemplo: ya se aplican computadoras parlantes para responder consultas telefónicas en oficinas inmobiliarias o de bienes raíces que mantienen un diálogo limitado pero suficiente para liberar a la persona responsable de un sinnúmero de consultas, en principio, improductivas.

Además, la maquinización no siempre necesita apelar a novedosos o complejos descubrimientos científicos. La creatividad puesta al servicio de la utilización de viejos materiales, mecanismos o procedimientos, puede redundar —luego de las lógicas reformulaciones o adaptaciones— en otras formas de maquinización. No es otra cosa lo que ha ocurrido con los nuevos sistemas de purificación del agua de las piscinas: tanto las pastillas de cloro como la boya que las esparce mientras se

SERVICIOS

diluyen lentamente, tienen un buen tiempo de conocidas como productos industrializables.

Dentro de este mismo tema resulta imprescindible referirse a la nueva tecnología aplicada a las tareas administrativas y al trabajo en oficinas. La oficina es la verdadera fábrica del sector servicios —y un auxiliar nada despreciable en el desarrollo y actividad de toda empresa fabril—, por lo que su estancamiento en la productividad no hará más que reflejarse con una influencia muy negativa en las perspectivas de la economía toda, mientras que las mejoras productivas en el rubro oficinas devienen en una benéfica incidencia en todo tipo de actividades.[18] Los equipos electrónicos incorporados como bienes de capital en los balances y estados patrimoniales de las empresas resultan superlativamente más eficientes que los equipos o el trabajo humano sustitutivos y, si los analizamos desde un sentido económico estricto, ellos no reflejarán su verdadero valor en términos productivos.

El aumento incesante de los salarios en todo el mundo no ha hecho más que incrementar los costos y la incidencia de las tareas administrativas. La industrialización o maquinización de los servicios —y su aspecto más visible: la automatización de oficinas— está produciendo una nueva revolución "industrial" por su destacada participación en la productividad global de las empresas.

Similar influencia se registra con el proceso de "robotización", que iniciado con marcado éxito en la industria, ahora está alcanzando al sector servicios. En la Argentina ya existen empresas especializadas en el alquiler de robots para la atención de stands en exposiciones o para la presentación de lanzamiento de nuevos productos.

La combinación de computadoras, fibras ópticas y tarje-

---

[18] G. Gilder, obra citada.

tas plásticas magnetizadas comienza a alterar profundamente el mercado de los servicios personales. Ya hay una cadena de hoteles en Japón que, en lugar de una persona en la recepción, dispone de un equipo de video, que, luego de recibir la tarjeta de crédito del cliente, le entrega una credencial plástica con la que podrá abrir la puerta de su habitación, encender las luces y el aire acondicionado y, por supuesto, acceder al "minibar" y demás máquinas expendedoras que se encuentren en el **lobby** o los pasillos del hotel.

Según el economista Stephen Roach, la proporción de capital invertido en equipos por cada trabajador ocupado en el sector servicios, aventajó recientemente al mismo índice del sector manufacturero. "Las fuentes de vitalidad de la economía están cambiando —afirma—, porque hoy, la fuerza de trabajo en servicios está tan bien dotada como la de fábrica."[19]

Políticos o sindicalistas temen aumentos en la tasa de desempleo a causa de la maquinización. Sin embargo, se trata de un temor algo apresurado. Como dijimos más arriba, la ocupación no peligra por el desarrollo del sector servicios o su maquinización, sino por la pérdida de productividad o —agregamos ahora— por las restricciones al comercio y a los tipos de cambio. Por el contrario, dicho desarrollo extiende las posibilidades de prestación a mayor número de usuarios. Si a ello se une que muchos de los nuevos procesos o aplicaciones, antes que reducir personal buscan facilitar su trabajo, convendremos en que el saldo es claramente ventajoso y que se trata de una evolución que debe ser estimulada por las bondades que representa para el conjunto de la economía.

---

[19] Citado por Richard Kirkland en "¿Son buenos los empleos de servicios?", en **Fortune,** Time Inc., 1985.

5. La clasificación de los servicios

Como ya apuntáramos en este mismo capítulo, una de las dificultades más graves que se nos presenta al intentar hacer un análisis específico del sector servicios es la gran atomización y diversidad de tamaño de sus oferentes, lo que complica enormemente su clasificación, y en las pocas referencias bibliográficas sobre el tema no encontramos criterios homogéneos para encararla.

¿Por qué es necesaria una clasificación? Lo que en algunos temas económicos cumple una función principalmente didáctica, en lo referente al sector terciario se torna imprescindible debido a la complejidad de la conformación de su oferta, la a menudo alta rotación de los prestadores y la dispersión del tamaño de los prestadores. Por eso, la clasificación intenta ordenar un escenario que muchas veces tiene una apariencia caótica y presenta serias dificultades para abordar su estudio o para poder empezar a determinar "en qué negocio estamos".

Pero es el tema servicios como tal, el que en general no ha sido tratado por la literatura económica o empresarial. Entre los miles de artículos publicados por la **Harvard Business Review**, los referidos al área de servicios no pasan de unos pocos.

Una primera distinción —más que clasificación— surge al considerar cualquier servicio desde un doble ángulo: desde el *prestador* u oferente y desde el *usuario* o prestatario. Esto nos permite apartarnos de clasificaciones puramente descriptivas, cuyo valor puede resultar insuficiente para orientarnos dentro del mercado en que nos movemos o creemos movernos.

Un segundo choque se refiere al grado de *pureza* que caracteriza al servicio. Dan Thomas —en uno de esos pocos artículos sobre el tema— considera que un servicio *puro* es aquel en que el servicio es la "entidad primaria" que se vende u ofrece. Indudablemente, la distinción es importante, porque en todo tipo de negocios se vende algún elemento computable como servicio. Pero en un servicio puro, cualquier entrega de un producto concreto es apenas incidental (por ejemplo, el informe escrito de un consultor).[20]

La imagen tradicional de los servicios es que son invariable e inevitablemente personales, brindados por individuos para atender a otros individuos. Esta perspectiva —sostiene Thomas— es equivocada. Existen numerosas evidencias de servicios que son prestados por equipos automáticos y que, por lo tanto, requieren la aplicación de estrategias diferentes a las que suelen utilizarse en los servicios personales.

Por ello, luego de haber distinguido el grado de pureza que permita ubicar la prestación dentro del sector que es objeto de nuestro análisis, propone una clasificación en base al grado de actividad *personal* o de *maquinaria* que la hacen posible.

Aunque muchos servicios pueden implicar prestaciones de ambos tipos (por ejemplo, bancos que utilizan cajeros personales y electrónicos), el análisis por separado de las mismas resulta imprescindible, pues las estrategias y, sobre todo, las herramientas de marketing serán distintas.

Las dos preguntas básicas para orientarnos en esta clasificación son: ¿Cómo es prestado el servicio? y luego, ¿Qué clase de personal es utilizado?

a. Basado en equipos o maquinarias

1. *Automatizados* (máquinas expendedoras, lavadoras de autos, etc.)
2. *Operados por personal especializado* (excavadoras mecánicas, computadoras, aeronaves, etc.)

---

[20] "Strategy is different in service business", por Dan R.E. Thomas, **Harvard Business Review,** 1978.

3. *Operados por personal* poco *especializado* (conductores de taxis, operadores cinematográficos, lavaderos, etc.)

b. Basado en trabajo personal
1. *No calificado* (jardinería, limpieza, etc.)
2. *Calificado* (reparaciones, reclutamiento, comidas, etc.)
3. *Profesional* (consultores, ingenieros, abogados, contadores, etc.)

Por su parte, Richard B. Chase, profesor de la Universidad de Arizona, es autor de una interesante clasificación del rubro servicios a la que califica como "una aproximación racional hacia su racionalización". Chase parte de un concepto muy simple: cuanto menor es el *contacto directo* que el usuario tiene con el servicio, tanto mayor es la capacidad del oferente para operar con su máxima eficiencia, y viceversa. La distinción entre sistemas de servicios con *alto* y *bajo* grado de contacto con el usuario da las bases para una nueva clasificación.[21]

Lo que este autor propone es un método de análisis de gran utilidad para quienes ejercen tareas gerenciales, dirigen instituciones o actúan profesionalmente a título individual. Sus características esenciales las dan el criterio de clasificación apuntado y un conjunto de media docena de *interrogantes*, cuyas respuestas sirven de orientación para el desarrollo de una acertada política de prestación del servicio.

En general, las pocas clasificaciones de servicios intentadas se basan en el carácter de la prestación o en la forma en

---

[21] "Where does the customer fit in a service operation?", por Richard B. Chase, **Harvard Business Review,** November-December, 1978.

que se realiza, es decir, asumen formas descriptivas. Pero —apunta Chase— sería mucho más útil un sistema clasificatorio que tuviera una gran precisión acerca de la naturaleza de la demanda de cada servicio en particular sin la necesidad de utilizar conceptos tales como unidades, partidas o producción masiva, tan característicos en la clasificación de actividades de producción.

Si bien es posible clasificar los servicios con criterios similares a los utilizados para los productos manufacturados, resultarán insuficientes para obtener el diagnóstico y el tratamiento que permitan mejorar la eficiencia de un servicio terminado, pues faltará un factor indispensable que "creo —dice Chase— distingue operativamente a un servicio de otro en términos del grado de eficiencia que pueden o no lograr". Se trata del grado de extensión con que el usuario mantiene contacto directo mientras se presta o "elabora" el servicio.

Cuando nos referimos a *contacto del usuario*, estamos considerando la *presencia física* del cliente en el sistema (por ejemplo, en los restaurantes de comidas rápidas con elaboración a la vista). Por *"elaboración"* del servicio entendemos el proceso directamente vinculado a la prestación y no a las acciones previas para la adquisición de materiales o medios (en un hotel, por ejemplo no consideramos "elaboración" del servicio al proceso de compras). Finalmente, *extensión del contacto* puede ser sencillamente definido como el porcentaje de tiempo que el cliente debe estar presente en relación al total que la prestación del servicio importa. Obviamente, cuanto mayor sea aquel porcentaje, tanto mayor será el grado de interacción entre usuario y prestador, tal como ocurre en un viaje en taxi.

Los servicios con *alto* grado de contacto son mucho más difíciles de controlar y de racionalizar que aquellos que tienen un *bajo* nivel de presencia del usuario. En estos últimos, se tiene la posibilidad de desacoplar o desagregar las diferentes operaciones que componen el proceso y, por otra parte, de aislar o sacar el núcleo central (technical core) del servicio fuera del medio ambiente en que éste es prestado.

Podemos establecer cuatro características generales acerca de los dos tipos de servicios:

1. Los servicios de *alto contacto* están más sujetos a incertidumbre en sus operaciones de rutina, desde el momento en que el usuario puede intervenir o algo puede producir una interrupción en cualquier momento, inclusive en aquéllos que están programados o sometidos a condiciones específicas de prestación o a métodos y procedimientos claramente establecidos (cortes de energía eléctrica, por ejemplo).

2. A menos que el servicio esté operando a través de entrevistas o citas preconcedidas, es muy raro que en los servicios de *alto contacto* se disponga de una capacidad adecuada para dar abasto a la demanda cuando se presentan ciertos picos. En general, se podrá calcular su aparición por experiencia o análisis estadístico, pero siempre dentro de un cierto grado de probabilidad que, naturalmente, no es exacto (¿cuántas boleterías se deben habilitar para un *evento determinado?*).
En cambio, los servicios de *bajo contacto* tienen la posibilidad de hacer un ajuste exacto de la oferta a su demanda, porque se acercan más a una locación de obra que a una locación de servicios (por ejemplo, calcular la cantidad precisa de camiones que se necesitarán para transportar una determinada partida de mercaderías).

3. Por definición, en los servicios de *alto contacto* se requiere una dotación de personal con características destacadas en el área de relaciones humanas o públicas. La

presencia del cliente suele involucrar una relación muy cercana con uno o varios empleados, lo que los transforma en algo así como una "parte" integrante del servicio y, por lo tanto, cualquier actitud de ellos podría afectar la evaluación del mismo que hace el usuario.

4. Finalmente, los servicios de *alto contacto* están más a merced del factor tiempo que aquellos de *bajo* nivel de contacto. Pretender organizar los pedidos o solicitudes en base a los criterios considerados eficientes en materia de producción de manufacturas es raramente posible; una simple demora de pocos minutos o una violación a la "ley de las colas" (el que primero llega, primero debe ser servido) producirá un efecto negativo inmediato en el cliente.

Sin embargo, a más alto nivel económico, mayor grado de libertad para el diseño de procedimientos eficaces de prestación. Siempre que sea posible, debe intentarse una distinción muy clara entre el alto o bajo grado de contacto que caracteriza a las diversas etapas o elementos que componen cierto servicio. Esto puede hacerse separando las funciones: todas aquellas actividades que signifiquen un alto grado de contacto con el cliente deben estar a cargo de un determinado grupo de gente especialmente dotada para realizar esas tareas. Esto permitirá minimizar la influencia que el cliente puede ejercer en el proceso de elaboración y mejorar la eficiencia en aquellas etapas que den margen para hacerlo.

Así como ese grupo de personas deberá ser reclutado con atributos para las relaciones interpersonales, las que no tengan que establecer dicho contacto lo serán tomando en cuenta sus especialidades analíticas o técnicas. Remarcamos esto frente a los criterios de algunos tratadistas que postulan como una de las aplicaciones de la técnica de "enriquecimiento del trabajo" el intercambio temporal de funciones. Más allá de sus bondades teóricas o prácticas, convendrá tomar recaudos antes de innovar en este sentido y nada más útil para ello que esta distinción entre actividades de alta y baja densidad de contacto con el cliente o usuario.

Clasificación de los sistemas de servicios de acuerdo al grado de extensión de contacto con el cliente

ALTO CONTACTO

Servicio puro
Centros de salud
Hoteles
Transporte público
Restaurantes
Colegios
Servicios personales

Servicio mixto
Sucursales bancarias
Compañías de informática I
Inmobiliarias
Correos I
Funerarias

Cuasindustriales
Casas centrales bancarias
Compañías de informática II
Administración pública
Comercios mayoristas
Correos II

Manufacturas
Productoras de bienes durables
Productoras de alimentos
Compañías mineras
Plantas químicas

BAJO CONTACTO

Veamos ahora los seis interrogantes que plantea Chase dentro del método propuesto y sus respuestas:

1. ¿Qué clase de sistema operativo utiliza usted en su servicio?

    ¿Se trata de un servicio *puro, mixto* o *cuasindustrial*?

    ¿Qué porcentaje de la actividad de su servicio —en términos de horas de trabajo— están dedicadas a un contacto directo con el cliente?

    Para determinar en qué parte de la prestación se produce un contacto continuo con el usuario, se puede utilizar la técnica del "muestreo" que se aplica en ingeniería industrial. De esa manera, a través de muestras estadísticamente calculadas se infiere qué parte del total del servicio está sujeta a un contacto directo con el cliente.

2. ¿Son sus procedimientos operativos adecuados a su actual estructura?

    ¿Están correctamente discriminadas las tareas de alto y bajo contacto?

    Por ejemplo, pagar a los empleados en función del número de pedidos tomados o clientes atendidos tiende a acelerar las prestaciones en los servicios de alto contacto. Sin embargo, salvo que se trate de operaciones muy simplificadas o estandarizadas —tales como cobrar peaje o llevar una encomienda—, la velocidad no es el momento más importante para el cliente, aunque, por supuesto, esto no significa que no le afecten las demoras en un restaurante, un banco o, más aún, en un hospital. Tampoco tendrá sentido fijar retribuciones en base a cantidad, cuando hay que prestar particularísima atención a los "grandes usuarios", los que generalmente no llegan a ser más de un 20% del total de los clientes pero representan —casi siempre, según la conocida relación de Pareto— un 80% de sus prestaciones.

3. ¿Puede usted rediseñar sus operaciones para reducir períodos innecesarios de contacto directo del usuario con el servicio?

   ¿Es posible que tareas que hoy se llevan a cabo ante la presencia del cliente se realicen en otra parte (en la "cocina" de la empresa)?

   Hay que tener cuidado en este punto. Si por querer disminuir el grado de exposición a la clientela, se trasladan ciertas tareas que son un elemento constitutivo de la imagen del oferente o que resutan un factor preponderante de atracción para el impulso a la compra, se corre el serio riesgo de perder ventajas diferenciales apreciables. Imaginemos qué ocurriría con los restaurantes —de comidas rápidas o de refinadísima categoría— que basan parte de su estrategia de diferenciación en la "cocina a la vista".

4. ¿Puede usted adoptar o adaptar métodos y procedimientos que son utilizados con eficacia en servicios de bajo contacto?
   En este aspecto, es posible recurrir a una buena parte de la literatura de la gerencia de producción, que brinda un sinnúmero de ideas, muchas veces sencillamente aplicables con leves retoques.

5. ¿Puede usted mejorar el nivel de contacto que está proporcionando a los clientes?

Sasser & Pettway —citados por Chase— acuñaron la siguiente frase: "Aunque un cajero, una mucama o una cocinera tienen poco en común, todos ellos están presentes en la imagen pública de sus empleadores".

6. ¿Es posible reducir costos de instalación, trasladando parte de sus operaciones —las de bajo nivel de contacto— a zonas geográficas más económicas?

¿Qué posibilidades tiene de "maquinizar" parte de su servicio?

También aquí se debe actuar con cautela. Descentralizar un servicio será casi siempre una buena estrategia, pero mientras estén bajo supervisión y sujetos a procedimientos homogéneos los diferentes eslabones de la cadena. Por otro lado, hay que evaluar los costos —incluyendo aquéllos aparentemente ocultos— de una descentralización y compararlos con los de la situación opuesta.

Intentamos a continuación un resumen de las clasificaciones descriptas y reiteramos que la ubicación de una empresa o actividad dentro de ellas nos permitirá determinar en qué mercado se está realmente operando, cuáles son las posibilidades presentes y futuras, qué estrategias de diferenciación y segmentación se pueden encarar, y no menos importante, desarrollar métodos homogéneos de prestación para alcanzar una expansión óptima, tanto temporal como geográficamente.

Servicios

Basados en personas

De alto contacto　　　　De bajo contacto

Basados en máquinas

NOTA: En adelante, nos referiremos a *servicios personales* y a *"maquiservicios"* —nos parece un término claro—, ambos con *alto* o *bajo* nivel de contacto.

> ## III. Mercado
> 1. Investigación y planeamiento
> 2. Planeamiento estratégico y planeamiento operativo
> 3. Indicadores y barómetros económicos
> 4. Marco político, económico y cultural
> 5. El llamado "ciclo vital" del servicio
> 6. Competencia y sustitución
> 7. Pronósticos de demanda y de otras variables

Los mercados son instituciones destinadas a intercambiar voluntariamente bienes y servicios, generalmente utilizando dinero como intermediario de ese proceso de intercambio. Su función es asignar y reasignar los bienes y servicios entre los miembros de la economía, es decir productores y consumidores. El estudio de cómo se asignan aquéllos constituye el objeto de la microeconomía y, aunque el mercado no es la única fuente de asignación de recursos —el Estado frecuentemente lo hace, ¡y vaya si lo hace!—, una buena parte de esta rama está volcada a analizar sólo el mercado.[1]

El mercado es un centro de operaciones en el que intervienen, además de sus actores: demandantes, oferentes, autoridades reglamentaristas y grupos de presión, cinco factores relevantes.[2]

---

[1] **Economía Moderna,** por Kelvin Lancaster, Alianza Editorial, 1977.
[2] A., Wilensky, obra citada. El autor —citando a Caden— habla de la "conjunción de cinco mercados básicos: de usos prácticos, técnico, de compra por impulso, de precios y de imágenes".

a. Utilidad

Prevalece el resultado práctico del producto o servicio, mientras la influencia de las marcas juega un papel secundario. Al privilegiarse este factor, la acción de compra es menos racional y más rutinaria (un servicio de lavado de coches, por ejemplo).

b. Tecnología

En los casos en que la utilidad o el "uso práctico" del bien se encuentra fuertemente asociado a aspectos técnicos o en los que la tecnología desempeña un papel decisivo, tanto la marca como la diferenciación, el posicionamiento o la imagen obran como mecanismos de comunicación de la superioridad tecnológica con que se cuenta (la alineación de ruedas de un automóvil, por ejemplo).

c. Compra por impulso

Como en a), se actúa casi como por un reflejo condicionado, sólo que en este caso la condición no está dada por la utilidad —que puede o no estar asociada a la decisión de compra— sino por los atributos del servicio o las características del comprador (la elección en un restaurante de un plato como "el de la mesa de al lado", por ejemplo).

d. Precios

De los cinco factores es el más cuantificable y, por lo tanto, constituye un elemento de comparación sencillo. En ciertas clases de servicios y, principalmente, en ciertos momentos o situaciones estacionales, su participación pasa a ser un elemento sobresaliente de la elección entre cantidad, satisfacción y presupuesto (la contratación de servicio doméstico, por ejemplo).

e. Imagen

A través de este factor se privilegian los aspectos simbólicos de los servicios en detrimento de los atributos o aspectos "físicos" en que se asientan. No solamente son consideradas en este caso las ventajas diferenciales simbólicas —las cualidades que el usuario le atribuye, sean reales o no— del producto o servicio que se ofrece, sino la condición psicológica y los preconceptos de quien compra (el asociarse a un club de prestigio social, por ejemplo).

Estos cinco factores están presentes en todo tipo de actividad de servicios, y sólo la proporción de intervención variará. Aunque utilidad suele tener participación preponderante —es más, servicio es sinónimo de utilidad—, no se puede negar que, aún en estos casos, los restantes cuatro factores también inciden.

Pero antes de estudiar los distintos componentes y características del mercado conviene volver sobre el concepto de marketing, concretamente sobre lo que llamamos orientación al mercado. Como en tantas otras cosas, en las relaciones económicas muchas veces el árbol impide ver el bosque. La satisfacción de haber diseñado un servicio que parece estupendo puede hacer despreciar la opinión de los que realmente debieran sentirse satisfechos por los bienes que se les ofrecen. Para colmo, el mercado y en especial los consumidores, son organismos vivos que sufren mutaciones constantemente. Por eso hay que estudiarlos en forma permanente, buscando detectar esos cambios y anticiparse a los competidores directos o indirectos, tanto los actuales como futuros.

1. Investigación y planeamiento

Muchas de las características de las empresas del sector impiden la utilización de instrumentos o técnicas de medición que permitan precisar o cuantificar los datos del mercado o del contexto en que se desempeñan. La falta de transparencia del mercado, la imposibilidad de **store-audit** (auditoría de negocios) o la frecuente atomización de los oferentes dificultan en extremo las mediciones.

Por lo tanto, también habrá que actuar con cierta heterodoxia, apelando a instrumentos comparativos y a todo tipo de información indirecta disponible, para aprovechar el mayor número de recursos que permitan abordar al mercado con la máxima precisión posible.

a. Información de superficie

Llamamos información de superficie a los datos que se disponen, vinculados al tema o negocio específico, ya sean de la organización misma o de afuera. Desde las facturas archivadas hasta la guía telefónica, nada se puede dejar de lado en la búsqueda de datos del mercado en el que se prestan o se prestarán los servicios. A través de censos, estadísticas, guías, etc., se obtienen valores cuantitativos del medio en que se desarrolla la actividad, sobre todo lo que concierne al mercado de *oferta*.

Pero esta información heterogénea y generalmente obtenida en forma aislada no tendrá mayor utilidad si no se la procesa según los siguientes pasos:
- Correlacionando sus datos entre sí, lo que exige su homogeneización y su desestacionalización.
- Midiendo o valorizando su grado de atinencia o incidencia con respecto a la actividad específica.

MERCADO

b. ***Información sobre el grupo estratégico***
Porter[3] llama *grupo estratégico* al conjunto de empresas de un sector que sigue igual o similar enfoque en cuanto a dimensiones estratégicas. Según este autor, dicho enfoque puede ser el de un grupo "atorado" o "aburguesado", es decir, que pertenece a un segmento con gran estabilidad de oferta. En este caso puede darse que se desarrollen pocas habilidades o innovaciones, se transiten caminos rutinarios y que haya un "achatamiento" general, o por el contrario, se trate de un grupo con un ángulo altamente emprendedor o competitivo.
Identificar a los grupos estratégicos, "mapeando" sus características, rivalidades o poder de negociación, constituye un factor de la máxima importancia para el conocimiento nítido de la plaza y de las costumbres comerciales.

c. ***Información por analogía***
No siempre es posible comparar segmentos por analogía, pero deben cotejarse mercados o actividades que tengan algún tipo de conexión —directa o indirecta— con el servicio que se presta.
El cotejo se intentará con un enfoque muy abierto, sólo limitado por el objetivo de encontrar sectores, afines o no, que puedan ser vinculados al propio o comparados analógicamente.
Hay ejemplos muy claros como el de un servicio de limpieza de alfombras y la venta o instalación de las mismas. En otros casos la relación es más indirecta, como ocurre entre ese mismo servicio y los metros

---

[3] **Estrategia competitiva,** por Michael E. Porter, Editorial C.E.C.S.A., 1982.

cuadrados construidos. ¿Cómo puede afectar a dicho servicio la instalación de una fábrica de cerámicas para pisos en donde no existía ninguna?; en este caso, ¿qué porción del mercado de alfombras será sustituido?

d. Determinación de las "dimensiones estratégicas"

Siguiendo a Porter digamos que, si bien cada sector o actividad aplica estrategias propias, la mayor parte de ellas pueden encuadrarse dentro de las dimensiones estratégicas que enumeramos a continuación:

1. Especialización
   Nos referimos a los diversos sistemas o criterios de segmentación.
2. Identificación de marca
   Sólo cobra importancia cuando se ha resuelto aprovechar una ventaja diferencial y se la privilegia sobre otras variables.
3. Consumidor intermediario y final
   Una vez identificados ambos tipos de consumidores, se implementarán acciones discriminadas, pero también complementarias.
4. Calidad del servicio
   Se tratará en el capítulo VIII.
5. Liderazgo tecnológico o intelectual
   Aquí nos referimos al liderazgo como factor distintivo de la competencia, más allá de que sea bien o mal utilizado.
6. Integración vertical
   Es decir, cuando se considera el grado de participación hacia adelante o hacia atrás, en la cadena de comercialización.
7. Posición de costo
   Decisión en cuanto a una política de costos y la

inversión en infraestructura técnica y humana para hacerla posible.
8. Servicio (*service*)
Nos referimos a las acciones postventa de corrección o mantenimiento.
9. Política de precios
Naturalmente, tendrá estrecha vinculación con el item 7) (costos), pero además está relacionada con descuentos, recargos o bonificaciones por volumen, continuidad, estacionalidad o forma de pago.
10. Infraestructura financiera
Se vincula a la apoyatura propia o externa en términos financieros, de la que se puede disponer.
11. Relación con una matriz
Si la hubiere, determinar la incidencia deseada o soportada, tanto en sus aspectos positivos como negativos.
12. Relación con autoridades
Tanto con las locales como con las del exterior que estén vinculadas al tipo de servicio que presta o bien con la casa matriz de la propia empresa o institución.

2. *Planeamiento estratégico y planeamiento operativo*

El planeamiento estratégico se ocupa de la decisión empresarial o de negocios y, simplificando, podríamos decir que responde a la pregunta ¿qué se debería hacer? El planeamiento operativo busca la respuesta al interrogante ¿cómo debería hacerse mejor lo que ya se está haciendo? Aquél tiene como horizonte un plazo de tres o más años, mientras que éste enfoca la actividad a cumplirse en los próximos dos.[4]

Peter Drucker ha definido el acto de planeamiento como el reconocimiento consciente del carácter de futuro que encierran las decisiones actuales. Parte de la base de que aunque es imposible predecir el futuro, los gerentes o responsables de empresas e instituciones deben tratar de deducir la probable influencia que tendrán en el futuro las disposiciones o medidas que adopten hoy. No se puede predecir el futuro pero sí proyectar futuros posibles y asignar probabilidades a la presunción. Algunos autores han hablado de "futuribles" para referirse a este tipo de evaluación de la incertidumbre, que es un atributo constante del planeamiento estratégico.[5]

También es posible definir qué clase de futuro se desea para la propia organización y luego tratar de lograrlo. Se ha denominado "futurables" al contenido del planeamiento que, en cierta forma, tiende a inventar o crear el objetivo futuro.

El *planeamiento estratégico* se ocupa de las decisiones de la alta dirección o de la máxima responsabilidad de las empresas o instituciones de servicios y de su participación dentro del mercado o la comunidad, como también de las expansiones, reducciones, adquisiciones o cesiones de activos patrimoniales o intelectuales. Naturalmente, su enfoque y beneficios pueden aplicarse en el caso del ejercicio de profesiones técnicas, artísticas o científicas. Es que implícita o explícitamente, conscientemente o no, todo grupo o individuo realiza algún tipo de planificación estratégica. Lo que pretendemos con estos comentarios es que la operación se realice en forma racional y metódica.

---

[4] **La gerencia. Tareas, responsabilidades y prácticas,** por Peter F. Drucker, Ed. El Ateneo, 1976.
[5] **Planeamiento estratégico,** por Ernest C. Miller, Editorial El Ateneo, 1975.

MERCADO

En cambio, el *planeamiento operativo* se vale de los recursos disponibles al momento, combinándolos lo mejor que sea posible para la consecución de los objetivos empresarios o institucionales fijados.

En el planeamiento estratégico de una gran empresa se utilizan diversas técnicas estadísticas, matemáticas o sociológicas —en una investigación realizada por la American Management Association, se registraron un total de dieciocho de estas técnicas, siendo las más utilizadas: simulación, programación lineal y análisis de correlación—, más recientemente se han desarrollado innovadores enfoques que son aplicables a pequeñas unidades de producción o servicio, entre los que se destaca el del Boston Consulting Group denominado "Análisis de cartera" (*Portfolio analysis*).

El "análisis de cartera" sólo puede ser utilizado por empresas, profesionales o instituciones que proveen más de un tipo de servicios y que, además, están en condiciones de segmentar a sus usuarios en diversas categorías. El mecanismo consiste en considerar por un lado, si crece o decrece el mercado de cada tipo de servicios y, por otro, cómo participan de la demanda, comparándolos con respecto al mercado total o al del competidor que lo lidera. El cruce de ambas mediciones permitirá evaluar la ubicación de las distintas especialidades y así decidir cuáles convendrá estimular o desanimar, según su rentabilidad y potencial futuro.

3. *Indicadores y barómetros económicos*

• Mecánica y fuentes

La construcción de un indicador de mercado o barómetro, como también suele llamárselo; barómetro es una herramienta necesaria para dimensionar el mercado potencial del que se dispone, si se pretende encarar una expansión geográfica en el propio territorio o bien en el extranjero.

Los factores que integran un barómetro serán siempre de naturaleza cuantitativa, pero su selección y la del peso que se le asigne a cada uno dentro del mismo, tendrán necesariamente carácter subjetivo.

Una primera limitación a enfrentar se refiere a los datos disponibles. Es difícil encontrar información lo suficientemente amplia, digamos a nivel nacional, y que al mismo tiempo esté desagregada por circunscripciones geográficas o políticas e incluso por divisiones municipales o departamentales. Además, dicha desagregación debe ser similar para todos los factores componentes del barómetro, de lo contrario son incomparables.

El segundo inconveniente se suele presentar en cuanto a la homogeneidad y duración de los períodos comparados, no solamente en los casos en que los datos están elaborados o relevados por distintos organismos, sino hasta en los provistos por un mismo ente estadístico.

Los componentes disponibles deben seleccionarse en el mayor número posible, siempre y cuando tengan un mínimo de relación o atinencia con el propio servicio.

• Homogeneización de datos

Las diferentes unidades de medida utilizadas —por supuesto, nos referimos siempre a valores constantes— requieren un mecanismo de homogeneización para hacerlos comparables e integrables dentro del barómetro. Para ello se toma el dato "nacional", es decir, aquél que agrupa la unidad geográfica mayor que pueda obtenerse y se le asigna un valor igual a 100. De allí en más, todas las regiones o subregiones pasan a constituir un porcentual que será sumado a los restantes de cada zona similar.

MERCADO

1. Ponderación de datos
   Como dijimos, la ponderación de los datos relevados sólo puede ser subjetiva en función de la percepción y el conocimiento que se tenga del servicio a prestar y de su mercado. En general, todos los valores obtenidos serán divisibles en tres o cuatro grupos según el mayor o menor grado de relación o incidencia directa e indirecta que tengan con la prestación. Por ejemplo, se les puede asignar un peso de 4 a los datos más vinculados y de 3, 2 ó 1 a medida que esa vinculación disminuya.

2. Chequeo y reformulación periódica
   Elementos de tanta heterogeneidad y de tan distinto origen están sujetos a una gran variabilidad, tanto en su comportamiento global como en su frecuencia de cambio. Su correcto aprovechamiento exige, por lo tanto, evaluación y corrección periódicas, a efectos de que su valor teórico comparativo no se distorsione.

3. Principales indicadores o rubros
   Naturalmente, la siguiente lista no es taxativa ni limitativa
   Número de habitantes
   Cantidad de viviendas
   Cantidad de establecimientos industriales
   Personal ocupado en ellos
   Cantidad de establecimientos comerciales
   Personal ocupado en ellos
   Cantidad de empresas de servicios
   Personal ocupado en ellos
   Personal ocupado en la administración pública
   Personal ocupado en las empresas estatales
   Cantidad de jubilados y pensionados
   Número de entidades bancarias
   Préstamos acordados por ellas

Depósitos realizados en ellas
Número de establecimientos de educación primaria
Alumnos cursando educación primaria
Número de establecimientos de educación secundaria
Alumnos cursando educación secundaria
Cantidad de profesionales universitarios
Alumnos cursando educación universitaria
Consumo de energía eléctrica industrial
Cantidad de vehículos automotores
Número de aparatos telefónicos
Número de equipos de telex
Número de equipos de telefax
Parque de computadoras
Cantidad de radioemisoras
Cantidad de teledifusoras
Número de telereceptores
Impuestos pagados
Producto bruto interno

4. El análisis del mercado

La construcción de un barómetro verá limitada su utilidad si no se tiene un claro punto de partida. Por lo tanto, un diagnóstico nítido de la situación presente es fundamental para darle un valor testigo a las nuevas estimaciones. Dentro de este análisis, las evaluaciones no deben limitarse a los valores cuantitativos, desde el momento en que son los aspectos cualitativos los que suelen estar sometidos a mayores condiciones de incertidumbre, sea por desconocimiento o por la labilidad propia de algunos de ellos.

A su vez, para otorgarle a dicho análisis un enfoque sistemático, recomendamos esta secuencia:

    a.   *Análisis de la oferta:* Grado de participación de los oferentes, tipo de servicios ofrecidos, políticas de precios, canales de comercialización y tipo de promoción utilizados.

b. *Análisis de la demanda:* Separando entre la del usuario individual del servicio, la de los usuarios propios del oferente y la total del sector. A su vez, dentro del usuario debe distinguirse entre intermedio, final e "influyente", sin olvidar que, en el caso de servicios para empresas, el comprador se transforma en un espectro de compradores influyentes.

c. *Análisis de la oferta propia:* Se trata de una verdadera y, por supuesto, sincera introspección de la capacidad e idoneidad de los propios cuadros para elaborar una ·estrategia de acción que optimice los resultados alcanzables. Este autoanálisis estará estrechamente vinculado a:
- Competencia
- Posicionamiento
- Segmentación
- Diferenciación
- Oportunidades presentes
- Escenarios futuros
- Fortalezas y debilidades

A. Levy[6] menciona en su lista: oportunidades, amenazas, fuerzas, debilidades, y entorno; qué se es, qué se quiere ser y cómo lograrlo; la capacidad para determinar las variables relevantes, su valor y sus interrelaciones; el efecto que él llama "cadena";

---

[6] **Estrategia en acción,** por Alberto R. Levy, Ediciones Macchi, 1985.

el impacto total y la proximidad con el conflicto exterior. Posteriormente, en **Cambio**[7] propuso que el autoanálisis abarque también las capacidades para el cambio, la flexibilidad, la adaptación, la creatividad y la competitividad.

4. *Marco político, económico y cultural*

La necesidad de conocer el contexto en el que tiene que desenvolverse una actividad económica resulta obvia, pero nunca será enfatizar demasiado decir que dicha necesidad se torna imprescindible para las prestaciones de servicios. Los cambios o turbulencias del medio pueden afectar en forma letal la marcha de las operaciones, si no se ha implementado un mecanismo preventivo de adaptación y flexibilización. Un clima económico o sociopolítico adverso puede imposibilitar o afectar negativamente el cumplimiento de una prestación. Además, las acciones correctivas serán más limitadas, pues la "inestockabilidad" les exige una premura que muchas veces es excluyente de la calidad con que se brinda el servicio o de la operatividad de su prestación.

El dominio informativo de las circunstancias presentes y la evaluación aproximada de los escenarios futuros involucran, por lo menos, tres campos: político, económico y cultural. Pero el punto no es acumular información de una manera más o menos ordenada, sino procesarla permanentemente integrando los tres campos, anticipando posibles influencias o potenciamientos mutuos y concatenándolos y relacionándolos con la actividad específica.

---

[7] **Cambio,** por Alberto R. Levy y Alberto L. Wilensky, Editorial Tesis, 1988.

MERCADO

a. **Marco político**

I. Legislación y reglamentación sobre servicios

   Hemos sostenido que las actividades de servicios —con excepción de los llamados "públicos"— están poco legisladas o sólo en forma fragmentaria. Como consecuencia de ello, están fuertemente expuestas a encontrar resistencias dentro del ámbito político, las que, muchas veces, terminan traduciéndose en un significativo intervencionismo de las autoridades. Por lo tanto, se debe estar muy atento a cuáles son las normas aplicables y, en caso de vacío legal, a las que pueden utilizarse analógicamente. Antes de comenzar un nuevo servicio, la consulta a un profesional especializado puede ahorrar problemas futuros. Y esta sugerencia es válida tanto para la "elaboración" del servicio como para su difusión y prestación.

II. Grado de intervención de las autoridades públicas

   Más allá de las posiciones ideológicas en materia de intervención estatal, debe observarse la realidad fríamente. El intervencionismo es una palpable e impactante realidad de la economía y, a veces, abarca aspectos inverosímiles. Sin embargo, aun en los comportamientos más socializantes se alojan oportunidades para eludir o moderar sus efectos.
   Hay tres aspectos esenciales para estimar cuál puede ser la actitud de los funcionarios potencialmente reglamentaristas: a) la magnitud económica y la rentabilidad del sector o del servicio específico; b) un nivel de desarrollo intensivo, y c) un alto grado de exposición pública. Por lo tanto, si se ha lanzado un servicio exitoso

que hasta el momento no ha sufrido ningún tipo de "intervencionismo" estatal, convendrá atenuar el último de los factores para salirse de la mira siempre ávida de los burócratas.

Según el estudio de las Naciones Unidas sobre el sector servicios,[8] resulta llamativo que a nivel interno en casi todas las economías el sector está reglamentado no sólo por "razones de seguridad nacional", sino también "para proteger al consumidor". Con frecuencia se mencionan como fundamentos de dicha intervención: la seguridad nacional, la protección de los valores culturales, la reducción de la dependencia y consideraciones relativas a las industrias incipientes. Dice el estudio: "En el caso de algunos servicios esas consideraciones pueden ser primordiales. Es evidente que en muchos países —en particular los países en desarrollo insulares y sin litoral— la seguridad nacional es de importancia decisiva en el caso del transporte aéreo o marítimo y de las comunicaciones. La banca, a causa de sus estrechos vínculos con la política monetaria de un país, plantea cuestiones de dependencia y, en consecuencia, de soberanía nacional. Al tratar de conciliar objetivos a veces opuestos, muchos países han visto la necesidad de reglamentar las industrias de servicios claves".

Uno de los argumentos esgrimidos en favor de la intervención estatal es que las ventajas de la competencia quedan contrarrestadas por consideraciones de bienestar público, como en el caso de los servicios de transporte. Otra consideración se refiere a lo elevado de los costos fijos y a la fluctuación de la demanda de algunos servicios lo que, de no reglamentarse, lleva incertidumbre a los

---

[8] **Los servicios y el proceso de desarrollo,** Naciones Unidas, 1986.

consumidores y, a causa de las vinculaciones entre los servicios y la producción, puede generar estrangulaciones insuperables en toda la economía. También se argumenta que algunas empresas sólo proveen a los mercados más lucrativos, privando a los menos rentables de tales servicios.

El segundo fundamento importante en que se asienta esta justificación de la reglamentación gira en torno a la insuficiente información disponible para los compradores, problema que suele ser aún mayor cuando lo que se compra son intangibles (por ejemplo, cuando la información proporcionada es muy difícil de interpretar tal como ocurre con los balances de las compañías de seguros).

En nuestra opinión, en nombre de estos argumentos se va mucho más allá de las necesidades de control o auditoría, invadiendo terrenos propioos de la creatividad o de la competitividad comerciales y distorsionando en forma incontrolable los mercados. Hasta el mismo estudio al que nos referimos, de un claro sesgo intervencionista, recomienda evaluar el costo de las reglamentaciones, sobre las que sostiene: "Al parecer, todo sistema de reglamentación tiene ciertos costos y desventajas inherentes. No se trata únicamente del costo directo de la función de reglamentación, sino también de la pérdida de flexibilidad del sector y de la reducción de los incentivos para disminuir los costos y para hacer innovaciones, lo que provoca una asignación de recursos que no es óptima. Esto debe compararse con los beneficios que aporta la reglamentación para proteger al consumidor o evitar los efectos perjudiciales de situaciones oligopolísticas". Creemos que la reciente experiencia norteamericana sobre la desregulación del transporte aéreo o las telecomunicaciones constituye un ejemplo concreto de la necesidad de aplicar un enfoque de este tipo.

III. Los servicios públicos (según el prestatario)

Es muy antigua la tendencia hacia el intervencionismo gubernamental sobre los denominados servicios públicos. A veces, por razones de solidaridad social y muchas otras por simple demagogia, las autoridades sienten que deben actuar con un perfil protectivo que, en ciertas oportunidades, suele exceder ese espíritu. Naturalmente, su acción se deja sentir en forma especial, aunque no excluyente, en materia de precios y tarifas: la reglamentación del área de operaciones es un comportamiento por demás frecuente.
Tomemos el caso del servicio de taxímetros. Se trata de una comodidad no masiva, inventada por los particulares. No es imprescindible en absoluto y, por lo tanto, no le caben las que se suelen llamar condiciones de "solidaridad social". Sin embargo, las autoridades de algunas comunidades se sienten obligadas a fijar sus tarifas e incluso a reglamentar no sólo las condiciones de seguridad —lo que es plausible por los bienes en riesgo—, sino los aspectos operativos (paradas, vestimenta del conductor, etc.).

b. *Marco económico*

Toda actividad económica y aún institucional está íntimamente relacionada con las condiciones generales de la economía. No hay duda de que toda ella interesa, pero queremos enfatizar sobre tres cuestiones que, aunque no son excluyentes de las actividades de servicios, están estrechamente vinculadas a su éxito, en el sentido que en este rubro cuesta mucho instrumentar una política de reservas o prevenciones que compense las posibles situaciones adversas del mercado o que el mismo servicio nos pueda presentar. Los activos de las compañías de servicios suelen ser bastante líquidos o volátiles y, muchas veces, de compleja preservación a largo plazo.

Supongamos el caso de un médico exitoso. ¿Hasta cuándo tiene asegurado tal éxito, aun suponiendo que mantuviera intactas sus condiciones profesionales? Sólo con un análisis prospectivo podrá estimarlo. Y aunque lo mismo vale para el caso del pequeño industrial, éste dispondrá de una mayor cantidad de recursos acumulados —es decir, de una mayor capitalización—, lo que le dará más margen para sortear con mayor solidez las adversidades que pudieran presentarse. Los tres aspectos mencionados son los siguientes:

I.   Tendencias y crecimiento a largo plazo

   Aquí nos referimos a la evolución probable del mercado en términos macroeconómicos y, también, a la de los mercados sectoriales eventualmente relacionados con la propia prestación.
   Buena parte de este tipo de información suele estar disponible en la plaza, pero lo que puede resultar más dificultoso es la homogeneización de los datos y de los períodos proyectados y, asimismo, su correlación con la actividad específica. Por ejemplo, un país o una región con fuerte déficit en viviendas de clase media tendrá necesariamente elevación de precios y la implementación de planes e inversiones en el sector de la construcción. El notario y el comerciante de bienes raíces se verán favorecidos por esta perspectiva, pero si no pueden precisar en el tiempo cuándo y cómo ocurrirán estos comportamientos, poca será la utilidad de la inferencia.

II. Servicios o productos potencialmente sustitutivos

Desde un punto de vista microeconómico se debe investigar la restricción que pueden provocar servicios potencialmente competitivos que tiendan a actuar como sustitutos totales o parciales. Queda claro que no nos referimos a la estimación de la oferta actual, sino de una nueva que surja como consecuencia de cambios cualitativos en su composición.

Este es un ejercicio complejo, porque siempre se está expuesto a omitir algún sector o competidor en la proyección. Pongamos por caso un servicio de transporte de cargas aéreas dentro de una determinada región. No será mayormente difícil proyectar la evolución probable de medios tales como ferrocarril, camión o barco, pero ¿cómo se determinan eventuales cambios, tal como ocurriera con la aparición de los **containers**? o ¿cómo prever la concreción del anunciado transporte de mercaderías mediante globos dirigibles (Zeppelines)? Sin embargo, hay que intentarlo a pesar de los riesgos comentados, y para ello tenemos que conocer profundamente a nuestros competidores actuales y, sobre todo, a aquellos que aunque hoy no sean de cuidado, están emergiendo con solidez; así se podrá evaluar su creatividad, su audacia y su decisión para llevar a la práctica innovaciones que afecten la modalidad de la oferta. También es necesario imaginar el potencial comportamiento de empresas, instituciones o profesionales de actividades emparentadas con la propia línea, pero que no actúan en ella, y evaluar si podrían llegar a hacerlo con poca inversión o esfuerzo. En este tipo de análisis juega un papel de extrema utilidad el criterio de Levitt: "¿en qué negocio estamos?", que permitirá abarcar un espectro muy extenso de potenciales concurrentes a determinado mercado. Resta, sin embargo, la tarea casi imposible de vislumbrar avances tecnológicos que puedan dar lugar a la aparición de productos o máquinas parcial o totalmente sustitutivos del servicio o bien, además de los cambios en las costumbres o pautas culturales que lo hagan inservible.

Para el caso de la evolución tecnológica, lo único que se puede hacer —aparte de tener una buena información a través de ciertas publicaciones de reconocida actualidad— es una "descomposición forzada" del proceso de elaboración del servicio: si se logra separar las distintas acciones y etapas que lo integran, será posible imaginar o descubrir cuáles de ellas están más expuestas a la sustitución, sea por su alto costo, su duración o su complejidad técnica.

En cuanto a la alteración de costumbres o pautas culturales, aunque suele constituir un fenómeno de naturaleza casi incontrolable, también pueden hacerse ejercicios de predicción mediante el análisis de la información que proveen algunos servicios de sociología de mercado y de las tendencias cuanti-cualitativas de la demanda del propio sector.

III. Cambios en los sectores afines, concatenados o analógicos

Como complemento de lo apuntado más arriba debe intentarse una evaluación —y la correspondiente proyección— de los cambios en sectores vinculados directa o indirectamente a la actividad propia, sobre todo de aquellos integrados verticalmente a ella y de los que han sido elegidos como parámetros-testigos de la misma. A diferencia de los dos puntos anteriores, este análisis está más orientado al corto y mediano plazo, lo que disminuye en parte la complejidad de la tarea en cuanto a investigación y relevamiento de datos. De todas maneras, la clave de la acción pasa por la definición precisa acerca de qué son sectores afines (estrechamente vinculados), concatenados (con reacción directa o inversamente proporcional o semiproporcional) o analógicos (con comportamiento válido como testigo).

c. **Marco cultural**

I. La cuestión ideológica y la aparente improductividad del sector servicios

En el capítulo I hemos abundado en el concepto general de improductividad atribuido al sector, y al factor ideológico subyacente. Pero aquí deseamos tratar ese aspecto en su vinculación microempresaria con el servicio específico que se provee o se estudia lanzar. Este prejuicio está cambiando y los mercados mejoran su receptividad hacia el sector, por lo que no aparece un panorama distinto al que tiene cualquier oferente del sector industrial acerca de cómo se inserta su producto dentro del contexto cultural.
No obstante, las características propias de cada servicio que ofrezcamos pueden hacer reflotar el clima adverso y, por lo tanto, hay que estar preparado para eludir o neutralizar sus efectos. Por ejemplo, un sector no despreciable de una sociedad puede asociar comunicaciones con soberanía. En tal caso, un servicio telefónico privado de capital extranjero ante algún factor precipitante —una huelga, por caso—, se verá envuelto en un clima crítico y negativo que puede llegar a afectar su continuidad.

II. La propensión al servicio

Este tema lo trataremos con más detenimiento en el próximo capítulo, destinado al Consumidor. Pero no podemos dejar de hacer una referencia a él dado que los comportamientos individuales están fuertemente impregnados por las costumbres sociales; el marco cultural que condicione la mayor o menor propensión a la utilización de servicios afectará la divulgación y popularización de cada uno en particular. Naturalmente, estas tendencias sociales pesarán más en el caso de los servicios destinados al usuario individual que a los denominados servicios "empresarios".

5. El llamado "ciclo vital" del servicio

Durante muchos años se ha venido divulgando dentro de la literatura sobre marketing el concepto denominado "ciclo vital del producto", basado en que la mayoría de los productos atraviesan ciclos de vida bastante similares: introducción, crecimiento, desarrollo, madurez y declinación. Por extensión, se ha adoptado la denominación también para el caso de los servicios. Pero desde nuestro punto de vista, su utilidad es relativa.

No adherimos a su aplicación por diversos motivos. En primer lugar, algunos productos llevan ciclos tan prolongados —la sal, la madera o las bebidas alcohólicas, por ejemplo—, que son prácticamente imperecederos.[9] En segundo término, aunque las cinco etapas son bastante comunes a todo tipo de

---

[9] **La gerencia comercial,** por Alfred R. Oxenfeldt, Editorial El Ateneo, 1972.

producto, la duración de las mismas puede tener infinita variabilidad, lo que impide utilizar este concepto como herramienta para la toma de decisiones y queda relegado al carácter de simple dato informativo o argumental, siempre analizado *a posteriori*. La tercera observación se basa en que, a diferencia de los ciclos biológicos, el marco socioeconómico-cultural, la acción de competidores o las propias decisiones comerciales y tecnológicas pueden alterar muy profundamente la duración de las etapas del ciclo, anticipando su comienzo o retardando su finalización.

En materia de servicios es aún menos aplicable. La propensión a la imitabilidad que los caracteriza así como su "inestockabilidad", suelen echar por tierra toda predicción acerca del lugar que se está ocupando en el ciclo vital. Muchísimo más conveniente nos parece la aplicación del concepto denominado "curva de familiaridad", que describe el grado de conocimiento o culturización que el usuario tiene con el servicio, luego de un período variable de introducción. Prever ese momento —y ello es posible dentro de ciertos márgenes— puede ser de gran ventaja para revisar políticas de precios y de comunicaciones o para la introducción de innovaciones o nuevos servicios.

6. *Competencia y sustitución*

Poco podemos agregar aquí a lo mucho que se ha escrito sobre el tema de la competencia, desde el capítulo correspondiente en cualquiera de los buenos manuales de marketing hasta los enfoques parcializados de, por ejemplo, Michael Porter. Pero creemos que vale la pena hacer algunas reflexiones sobre dos aspectos:

a. Quiénes son hoy, realmente, *todos* nuestros competidores.

b. Quiénes serán, probablemente, nuestros futuros competidores.

Ambas cuestiones están estrechamente vinculadas a los servicios sustitutivos, utilizando esta última expresión en sentido lato. Porque es bastante fácil individualizar a los competidores directos, cualquiera sea el tamaño del mercado específico, pero ¿cómo identificar a quienes indirectamente toman parte del mercado propio o abastecen segmentos o zonas de nuestro interés? La competencia de un abogado es el conjunto de colegas que abarca la misma especialidad dentro de un determinado radio geográfico, pero ¿acaso no es competencia la tarea de asesoramiento que notarios, contadores o asesores impositivos brindan a sus clientes?, ¿y no lo es algún libro jurídico escrito para profanos como los que enseñan modelos de contratos o los archivos que resumen la legislación y jurisprudencia de una determinada rama del derecho?

Preguntas similares podríamos hacernos en cualquiera de las actividades socioeconómicas y, más aún, en las correspondientes a servicios, en las que la sencillez de la copia invita a ampliar la gama de lo que se está ofreciendo. Nuestra idea es que, mediante estos interrogantes, se pueda identificar con certeza a los colegas y a quienes todavía no lo son, pero que, de alguna manera, limitan las posibilidades de determinado mercado. Este esquema resulta válido hasta en el caso de instituciones aparentemente inamovibles como lo son las "sin fines de lucro". Porque algún factor competitivo ha hecho desaparecer cantidad de clubes, sindicatos, organismos o institutos de beneficencia de la comunidad.

Es cierto que con esta identificación no siempre se logrará evitar los efectos negativos de dichos factores, pero aun en los casos extremos se podrán anticipar reacciones retardatarias y medidas neutralizantes o anestesiantes.

Tal vez convenga en este momento hacer una breve

referencia al tema de la "elasticidad" y sustitución. Llamamos elasticidad a la facultad de cambio de un fenómeno como reacción a una fuerza exterior. Decimos que es "elástica", cuando la demanda de un producto o servicio es muy sensible a la variación del precio de venta. Por ejemplo, en el caso de un club o asociación que aumenta sustancialmente el derecho de ingreso o la cuota mensual, lo que altera en forma notable la proporción de ingresantes y renunciantes.

Pero más peligrosa —porque pasa más fácilmente desapercibida— es la denominada elasticidad cruzada o transversal que se presenta cuando, dados dos bienes o servicios, al variar el precio de uno varía la cantidad demandada del otro, aunque este último no haya modificado su precio. Los servicios están muy expuestos a la elasticidad cruzada, es decir, cuando pueden ser sustituidos no solamente por sus competidores sino por otros servicios indirectamente competitivos.

Deseamos referirnos también a algunos aspectos que hacen a la diferenciación competitiva —tema afín con la diferenciación de producto o servicio tal como es percibida por el usuario, y que trataremos en el próximo capitulo— y a la estrategia de expansión mediante el desarrollo de nuestros servicios o por adquisición de otras empresas o actividades de servicios.

- *Aumentando la esfera de acción mediante adquisiciones*

¿Qué se compra realmente cuando se compra una empresa de servicios? Como en toda adquisición se obtiene un mercado comprador y, casi seguramente, un conjunto de proveedores de insumos materiales o tecnológicos. También es posible que se compren marcas, métodos, procedimientos y la imagen que haya llegado a posicionar la institución adquirida. Y, por supuesto, estarán los activos fijos y tangibles que conforman su infraestructura física. Pero, salvo estos úlitimos, todos los demás activos serán de vida muy efímera, si no se mantiene al **management** o equipo gerencial que lo opera.

¿Cuántas veces hemos visto decaer un restaurant por un aparentemente simple cambio de directivos o de accionistas? ¿De qué vale comprar un estudio jurídico, de auditoría o de arquitectura —por más prestigiosos que sean—, si en la transacción quedan afuera los pilares operativos de ese éxito? Un sindicato, una parroquia, un club o una peluquería valen en tanto quienes lo regenteen sean idóneos y exitosos en la gestión directiva, caso contrario, decaen, se estancan, envejecen o desaparecen.

Se podrá argumentar que lo mismo ocurre con empresas o actividades del sector industrial o agropecuario y es cierto, pero sus posibilidades de corrección son mucho mayores. La indecisión, la inercia o la parálisis en instituciones de servicios es letal, porque la falta o la poca incidencia de activos físicos exige capacidad de reacción inmediata. Es la misma razón por la que una empresa de servicios no soporta una huelga o un cese de actividades prolongado. ¡Cuántas veces la larga enfermedad de un profesional o "factotum" de una institución ha significado una merma considerable de su mercado!

Cuando se preservan equipos gerenciales que han demostrado sólido manejo a pesar del alejamiento de quien los lideraba, la continuidad exitosa de la institución está asegurada. Tal vez, el caso de la Walt Disney Productions sea el mejor ejemplo. El management eficaz puede ser "exportado" para complementar el de otras empresas o instituciones de servicios, y surge entonces la idea de nuevas adquisiciones o fusiones.

¿Cuándo conviene comprar? Hay varias cuestiones a considerar.

En el caso de empresas basadas en la actividad personal, el riesgo en la adquisición es muy grande si no está garantizada la permanencia de la parte principal del equipo gerencial y de operaciones. No tanto porque sean imprescindibles, sino para evitar que emigren a la competencia o resuelvan instalarse en grupo por su cuenta. Pero aun conservando este personal, se corre el riesgo de que con la intervención, sea mediante nuevas directivas o por fusión del **management**, la estructura original se resienta hasta su completa adaptación.

Por eso es que muchos gerentes y hombres de negocios —en especial los de aquellas actividades con marcada orientación hacia el producto antes que al consumidor— se sienten más cómodos cuando adquieren una empresa de maquiservicios, en la que los activos pueden ser mensurados y evaluados comparativamente con su valor a nuevo. Lo mismo ocurre cuando se intenta la fusión de dos clubes o de dos clínicas: si alguna de las instituciones es pura imagen y tiene pocos activos, la probabilidad de concretarla es baja.[10]

Dan Thomas aconseja —salvo que haya escasez de oferta— adquirir siempre bienes nuevos, limitando la compra a los activos intangibles.

Antes de comprar empresas de servicios basadas en el personal es aconsejable hacerse la siguiente pregunta: ¿Qué parte de este negocio sigue siendo interesante en el supuesto de tener que prescindir o reemplazar al personal clave? En general, la respuesta será que, aunque en menor medida, el interés se mantiene. Lógicamente, es probable que el valor se reduzca por el costo de dicho reemplazo en términos de búsqueda y entrenamiento del nuevo staff y el de las pérdidas comerciales temporarias que ello significará.

Existen otros factores que pueden estimular una adquisición. Por ejemplo, una institución o negocio de servicios con particulares características, que la ubica estratégicamente en la comunidad o en el mercado. O cuando la estacionalidad con

---

[10] Dan Thomas, artículo citado

que opera otro rubro es compensatoria del propio período de baja ayudando a nivelarlo y, por lo tanto, a optimizar los recursos gerenciales y de personal en general y, particularmente, los financieros.

7. *Pronósticos de demanda y de otras variables*

a. Su necesidad

Pronosticar resultados es una de las herramientas clave de cualquier actividad vinculada al mundo económico, sea o no con fines de lucro. Utilizada habitualmente por las grandes empresas, mucho menos por las pequeñas y casi nada por las empresas, instituciones o profesionales que prestan servicios, la posibilidad de error a la que se halla expuesta, especialmente en comunidades de alto nivel de turbulencia, como la Argentina, ha generalizado un intenso descreimiento sobre sus bondades. Más adelante trataremos algunas de las causas que han contribuido a esta actitud. Por ahora, digamos que —en nuestra opinión— se trata de un punto de partida imprescindible para la evaluación tanto de la rentabilidad de un negocio como de la viabilidad de una institución o profesión. Por supuesto que la elaboración de pronósticos no es indispensable para una gestión exitosa, pero muchos de los fracasos podrían prevenirse o neutralizarse de ser estimados anticipadamente. Como dice Levy, cuanto menor sea la capacidad de predecir, mayor tendrá que ser la capacidad de reacción.[11]

---

[11] **Planeamiento estratégico,** por Alberto Levy, Ediciones Macchi, 1981.

b. Elaboración de "perspectivas"

Consiste en la preparación de un informe sobre el conjunto de "escenarios posibles" que podrían presentarse en un período dado; una especie de catálogo de marcos socioeconómicos que pudieran, razonablemente, tener lugar. La metodología a utilizar se basa en la aplicación subjetiva de grados de probabilidad de ocurrencia de hechos, acciones o comportamientos objetivamente seleccionados. Los enunciados o hipótesis deberán cubrir dos condiciones: generalidad suficiente y ser susceptibles de verificación.

Etimológicamente, hipótesis significa punto de partida. De ahí la importancia de comenzar la tarea de prospectiva en base a esta construcción de escenarios. Independientemente de la consulta a un especialista, en cualquier empresa, estudio, profesión o institución conviene internalizar la costumbre de imaginar los comportamientos futuros de mercados o segmentos de influencia. Y lo tendremos que hacer en base a un sistema regular y riguroso.

c. Elaboración del pronóstico

Mientras que las perspectivas están referidas al contexto político y socioeconómico, el pronóstico es de orden cuantitativo. Generalmente se hace referencia al pronóstico de ventas, ingresos o facturación, pero de ninguna manera debe estar limitado a estos ítems. La estimación de cuántos asociados tendrá una institución en el futuro, cuántos pacientes atenderá un odontólogo o cuál será el número de socios morosos que sufrirá un club son muestras de factores a pronosticar.

¿Por qué es imprescindible hacer pronósticos? Aunque encontraremos un sinnúmero de actividades donde no se utilizan e, incluso, hasta se ridiculiza su elaboración, esta constituye una de las responsabilidades primordiales de la tarea de dirección. Es que sin pronóstico se carece de cifras sobre lo que es factible que se facture, cobre y —lo que es de máxima importancia para actividades sociales con o sin fines de lucro— obtenga como utilidad. En base a este último dato se podrán planificar racionalmente inversiones y gastos.

Todo pronóstico que se realice para una empresa, institución o profesión con cierta antigüedad en la plaza o comunidad contará con fuentes internas, es decir, datos proporcionados por los registros internos o bien, datos sectoriales o profesionales. Los mismos servirán como base de cálculo para saber cuál es el estado general de la actividad y cuál la posición individual con respecto a ella.

Pero ¿qué ocurre cuando se pretende lanzar un servicio o fundar un nuevo club, por ejemplo? Habrá que apelar a fuentes externas, es decir información de carácter macro (estadísticas nacionales tales como cantidad de médicos por habitante) o información por analogía (la cantidad consumida de productos medicinales por habitante). Lo concreto es buscar algún factor de fácil medición y del que se tengan datos históricos disponibles que pueda ser asimilado al servicio concreto y con el que pueda compararse su evolución. Por ejemplo, los centímetros de publicidad gráfica promoviendo la venta de inmuebles pueden indicar cuál es la tendencia del mercado y cómo juega dentro del mismo determinada actividad de intermediación. En el caso de un sindicato de trabajadores metalúrgicos, la comparación se puede hacer entre el número de afiliados y la producción total —importación incluida— para el mercado interno de hierros y aceros. Buscar un producto, una actividad o un sector "testigo" es una tarea esencial en la preparación de pronósticos.

Existen diversas técnicas de elaboración de pronósticos que se pueden encontrar en cualquier manual o libro especializado. Pero hay que tener cuidado con extraer conclusiones demasiado lineales o simplificadas o con extrapolar datos no muy relevantes. También hay que evitar proyectar tendencias —positivas o negativas— sin considerar que el futuro no necesariamente habrá de comportarse como el pasado.

Ante todo, distinguiremos entre pronósticos a corto y largo plazo. Las técnicas cuantitativas de proyección mantienen mayor vigencia en el primero de los casos y se van debilitando en el segundo. Convendrá hacer siempre una estimación de los clientes activos (sean socios, afiliados, feligreses o pacientes) con los que se contará en el período a pronosticar, el que generalmente está referido a un año. Para ello suele utilizarse el método denominado "los mínimos cuadrados", que mide los desvíos que, en cada punto o porción del período que se analiza, se producen contra el valor promedio de toda la serie de datos. El método es sencillo para quien maneja las operaciones matemáticas básicas y puede ser consultado en cualquier publicación sobre estadísticas.[12]

Cuando se dispone de suficientes datos históricos —de un año como mínimo, aunque puede tratarse de datos propios, de competidores, de servicios análogos, etc.—, es posible calcular la denominada "variación estacional". Se trata de un coeficiente que permite estimar cómo se distribuye estacionalmente la tendencia dentro del año, sea en meses, bimestres o trimestres.[13]

Existe además, otro punto más difícil y, seguramente, más expuesto al error, que consiste en la integración de los datos —cualquiera sea su fuente— dentro del contexto que, en función de los escenarios previstos, se enfrentará en el período a pronosticar. No podemos negar que aunque necesa-

---

[12] **Estadística general aplicada,** por F.E. Croxton y D.J. Cowden, Fondo de Cultura Económica, 1967.
[13] **Prever para vender mejor,** por C. Barceló y A. Torrente, Editorial Sagitario, 1969.

ria, esta acción tiene un alto componente subjetivo y, por lo tanto, discutible. Es aquí donde suele destacarse el pronosticador de fibra e intuitivo, sea comerciante, gerente, directivo o líder. Aparte de la innegable necesidad de condiciones innatas y adquiridas, esta tarea exige un continuo entrenamiento que ayude a manejar con sintonía fina dicha integración.

d. Cómo verificar los pronósticos

• *Conducción por objetivos*

La conducción, administración o dirección por objetivos (en inglés, **management by objectives** o M.B.O.), consiste en un sistema técnico-gerencial basado en la fijación de objetivos susceptibles de ser alcanzados, claramente expresados y documentados, y que tengan carácter comprobable para quienes han de contribuir a lograrlos y sus supervisores.

Es apta para cualquier tipo de actividad, pero extremadamente útil para el caso de los servicios, que no disponen de la planificación de producción a la que están obligadas las industrias primarias y manufactureras. Bien aplicada, constituye una eficaz manera de obligar a planificar seriamente un medio de esclarecimiento acerca de funciones y responsabilidades de los cuadros involucrados en llevar adelante dichos planes, e incluso en el caso de servicios prestados individualmente se transforma en una potente herramienta para optimizar resultados y lograr una correcta autoevaluación.[14]

Sin embargo, esta técnica no ha estado exenta de críticas. Dificultad en la fijación de los objetivos, aptitud sólo para las metas de corto plazo, tendencia a concentrarse en unos pocos

---

[14] "Making MBO efective", por Harold Koontz, **California Management Review,** 1977.

objetivos y falta de precisión para la evaluación del desempeño individual constituyen los principales rechazos. Koontz recomienda la observancia de las siguientes reglas para asegurar la eficacia de la conducción por objetivos y evitar que cunda el desánimo entre quienes están involucrados en su aplicación:

1. Difundir la esencia y la filosofía del sistema.
2. Proveer a los responsables los instrumentos adecuados y la información suficiente.
3. Los objetivos deben ser considerados como un conjunto interrelacionado.
4. Las metas deben ser realistas y, por lo tanto, alcanzables.
5. Fijar diferentes lapsos para objetivos de distinto tipo.
6. Ser permeables a cambios de objetivos.
7. Establecer un método formal y riguroso de revisión de resultados.

La médula del sistema parte de la necesidad de definir nítidamente los objetivos antes de aplicar algún tipo de energía o recursos para lograrlos. La técnica provee un factor de guía u orientación que puede ser asimilado a la navegación a través de las estrellas y el sol que utilizan los marinos.

La conducción o dirección por objetivos implica un compromiso. Dice Odiorne que si uno se compromete al logro de un objetivo ante una persona cuya opinión nos importa, estamos prácticamente obligados a intentar algo al respecto.[15] Este autor clasifica los objetivos en tres categorías:

1. Objetivos normales o rutinarios.
2. Solución de problemas.
3. Metas de innovación.

[15] **Administración por objetivos,** por George S. Odiorne, Editorial El Ateneo, 1973.

La utilidad de esta técnica gerencial se potencia en el caso de organizaciones prestadoras de servicios, porque contribuye a anclar ciertas metas en un contexto de intangibilidad y volatilidad y, además, porque posibilita la discriminación clara de responsabilidades dentro de un medio que, como dijimos, genera una fuerte tendencia a la confusión de roles.

- *Seguimiento del pronóstico*

Aun los más precisos pronósticos pueden verse deslucidos si no van acompañados de una regular y —como establece la técnica de conducción por objetivos— documentada acción de seguimiento o control. Esta tarea debe caracterizarse por su periodicidad y continuidad, evitando limitarse nada más que a los aspectos cuantitativos. Para ello, deben establecerse fechas apropiadas de revisión y el cumplimiento estricto de los términos. De lo contrario, el pronóstico suele convertirse en un instrumento estéril.

e. Pronósticos a mediano plazo

En general, en empresas de servicios no suelen utilizarse los planes a mediano plazo y mucho menos en actividades individuales. Esto ocurre, tal vez, por la falta de inventarios y, en muchos casos, la menor importancia relativa de la infraestructura.

Sin embargo, la elaboración de pronósticos a mediano plazo constituye un aporte valioso para estimar las futuras necesidades del capital de trabajo, infraestructura técnica, etc. Además, puede resultar un eficaz modelo que refleje la imagen acerca de cómo podrá desarrollarse la posición personal futura y su correlación con las expectativas o ambiciones individuales.

Finalmente, en los casos de empresas u organizaciones de multiservicio, proporciona un elemento esencial para anticipar una evaluación estimada del comportamiento de cada uno de los servicios que la integran y, por lo tanto, para la optimización de su mezcla.

f. *Marketing estratégico*

El pomposo título de marketing estratégico no es más que el concepto básico de marketing o de orientación al mercado. Es, en resumen, posicionar los productos o servicios dentro de la mente de consumidores o usuarios. Como dice Wilensky, refiriéndose al ejemplo que pusiera Lord Keynes: "El problema del juego en el que para ganar se debe acertar quién será la finalista del concurso de belleza, no es elegir la muchacha que nos parece más bonita, sino descubrir cuál será la más bonita a los ojos del jurado". Y afirma que, en general, la atención sobre lo que opina el cliente o usuario es más declarativa que real porque los empresarios, gerentes o profesionales suelen "enamorarse" de los bienes o servicios que venden, buscando "ganar el juego del concurso de belleza pero sin dejar de apostar por la rubia de ojos celestes que íntimamente prefieren a las demás".[16]

Cinco son los aspectos que aborda el marketing estratético: mezcla de servicios, posicionamiento, segmentación, diferenciación e integración, que trataremos con algún detalle en el próximo capítulo. Lo importante aquí es destacar que, aun sin saberlo, todo prestador de servicios aplica conductas de marketing estratégico porque se trata de un concepto al alcance tanto de una gran empresa como de una actividad unipersonal.

Competidores y consumidores o usuarios condicionan la

---

[16] A. Wilensky, obra citada.

prestación. Se puede atender o no esos condicionamientos; en el primer caso —escuchando y comprendiendo lo que aquellos opinan o sienten sobre el servicio— se estará actuando con una conducta de marketing estratégico.

g. *Planeamiento, econometría e intuición*

Suele asociarse la palabra planeamiento con intervencionismo estatal. El ejemplo de la planificación pretendidamente integral de los países colectivistas y socialdemócratas estimula esa asociación con burócratas tecnocráticos. Sin embargo, no debemos confundir la planificación con la causa del fracaso económico de esas sociedades. Es la falta de libertad económica la responsable de los resultados negativos y no el instrumento utilizado para la organización de la economía.

Un plan es un conjunto de medidas destinadas a organizar y ejecutar un proyecto. En materia económica, es ese proyecto el que puede ser de carácter restrictivo o libertario.

Pero lo cierto es que todavía encontramos en niveles empresariales y profesionales cierta desconfianza hacia la planificación. Esta posición es, a nuestro modo de ver, tan incorrecta como la de los tecnócratas que creen que pueden tener previstos todos los comportamientos económicos dentro de sus seductoras matrices.

La econometría es una disciplina necesaria para hacer un corte histórico —aunque inservible— de la economía. De ahí a utilizarla en forma de herramienta básica del planeamiento, hay una gran distancia.

Estas son disquisiciones de tipo macroeconómico y, a nivel empresario y profesional, a la hora de las decisiones el planeamiento es insustituible para elaborar proyectos realizables y exitosos. Pero de ninguna manera significa prescindir de la intuición, esa característica del gerente, del empresario o del profesional que lo destaca de sus colegas y lo ayuda a transformarse en líder. Simplemente —como dice Levy—, la estrategia no prescinde de la intuición sino que sólo descarta la improvisación.[17]

---

[17] **Estrategia competitiva,** por Alberto R. Levy, Ediciones Macchi, 1983.

IV. Usuarios

1. Actitudes y propensión a la utilización de servicios
2. Segmentación y clasificación de usuarios
3. Diferenciación e integración de servicios
4. Posicionamiento

1. Actitudes y propensión a la utilización de servicios

a. ¿Qué es un usuario?

Es una persona o institución que tiene necesidades o deseos —manifiestos o latentes— que pueden ser satisfechos a través de determinado servicio. Pero, también, un usuario es quien tiene derecho a usar o utilizar hasta cierto punto un bien material o inmaterial ajeno.

Cuando este derecho de uso está referido a bienes tangibles, queda claro que el valor que el usuario recibe es en contrapartida a aquel derecho que obtuvo a través de cualquier medio legítimo. Pero cuando tal derecho de uso es aplicado sobre intangibles —una marca, una creación intelectual, arte o profesión—, la contraprestación es mucho menos nítida y, en muchos casos, puede dar lugar a conflictos con usuarios a los que se ha descuidado.

Un usuario debe gozar de la máxima prioridad, porque como dice Mc Carthy, "es un jefe por encima de nuestro jefe".[1] Sin él, el prestador no existe. Y aunque muchas veces se considera a los clientes como algo muy seguro, estos premian o castigan la atención o el descuido. Más tarde o más temprano, pero indefectiblemente.

b. Propensión al uso del servicio

Un aspecto que hasta el presente no se ha estudiado en profundidad es el de la propensión a la utilización de servicios, tanto de una sociedad en términos globales como de sus segmentos desagregados. No cuesta ningún trabajo comprender que en sociedades con abundante y, por lo tanto, barata mano de obra se divulguen significativamente los servicios que hacen uso intensivo de ella. Pero en el caso inverso, difieren las reacciones de los distintos mercados frente al encarecimiento que provoca su escasez.

La actitud con respecto a la contratación del servicio doméstico así parece demostrarlo, pues no es solamente la retribución la que regula este mercado, sino el prestigio que en determinadas comunidades tiene la utilización de "servidumbre", y que predispone a pagarlo más.

De todas maneras, sea por el bajo costo de la mano de obra o por razones de psicología social, en algunos países se manifiesta una marcada propensión a su utilización y a derivarles a terceros actividades que en otros tienden a ser llevadas a cabo "por sus propios dueños". Desde ya que conocer con bastante certeza esta actitud o estas costumbres constituye un requisito básico cuando se analiza la posibilidad de una expansión geográfica a nivel nacional o internacional.

Hasta aquí hemos hablado de la relación entre mano de obra y servicios, pero ¿qué pasa cuando los servicios están

---

[1] **Comercialización,** por E. Jerome Mc Carthy, Editorial El Ateneo, 1968.

"maquinizados"? Nosotros pensamos que dicha mayor o menor predisposición a la utilización de servicios está fuertemente asociada a la mayor o menor valoración que de la productividad —cantidad de trabajo o resultado producido en una unidad de tiempo— tenga una comunidad. Esta posición la fundamentamos en que las sociedades más desarrolladas —en las que, obviamente, la mano de obra suele ser escasa y, en consecuencia, cara— tienden a una mayor dosis de contratación de servicios o, en otras palabras, a una mayor derivación hacia individuos u organizaciones especializadas de las actividades que no hacen a la esencia o al objeto principal del quehacer económico del que se trate. Resumiendo, creemos que esta derivación no es más que otra muestra de la economicidad de la especialización y de la división del trabajo en sociedades en las que la productividad es altamente privilegiada o en aquellas otras en que una gran cantidad de mano de obra ociosa no es canalizada a través del empleo público.

c. El consumidor o usuario, piedra angular del ecosistema económico

La ecología es la ciencia que estudia las relaciones entre los organismos y su medio ambiente. Un ecosistema agrupa a los organismos y los medios que se comportan interdependientemente. Lo que el agua y el oxígeno representan dentro del ecosistema biológico es, por analogía, similar al papel que el usuario o consumidor singifica dentro del sistema económico, se trate de transacciones con o sin fines de lucro.

Salvo circunstancias excepcionales —graves crisis por causas naturales o por impericia de los dirigentes—, los cambios dentro del ecosistema no son abruptos y, al igual que en la naturaleza, las mutaciones suelen tener extensos períodos de gestación. Por lo tanto —como las características de los usuarios suelen tener permanencia—, si el servicio mantiene sus condiciones satisfactorias, la lealtad de los usuarios está asegurada. Las actitudes de los clientes están menos expuestas al cambio que la prestación, que, por desvíos, rentabilidad cortoplacista o simple miopía, puede decaer fácilmente en su calidad. Entonces, el ecosistema buscará un nuevo escenario de equilibrio.

Cuando alquien adquiere un bien físico que lo satisface, su disfrute se extiende en el tiempo, actuando ese efecto reincidentemente. Pero el servicio suele ser —salvo el de prestación continua, como el trabajo personal, por ejemplo— efímero por naturaleza, ya que se agota en la medida que ha sido prestado. Aunque una mujer puede obtener repetidos disfrutes del peinado que le hizo su peluquero, convengamos en que la satisfacción es mucho más pasajera que la que nos produce la reiterada utilización de un bien tangible. Por eso, en servicios se generan problemas de fidelidad ante el menor descuido de calidad. Tomemos el caso de una compañía aérea que siempre nos ha brindado un excelente servicio a bordo y en la última oportunidad que la utilizamos, cualquiera sea la causa, nos da una mala atención: es posible que nuestro próximo comentario sea "Ultimamente, el servicio ha decaído". Pero no diremos lo mismo cuando nuestro automóvil se descompone por primera vez.

2. *Segmentación y clasificación de usuarios*

La denominada segmentación de mercados —cuando hay un número de demandantes relevante— constituye una herramienta sumamente conocida y tratada por casi toda la literatura de marketing. Resulta clara la dificultad de abordar un mercado total a partir de un solo oferente, porque se requeriría una potencia de infraestructura y económico-financiera tal que, en la mayor parte de los casos, se verían afectadas las condiciones de rentabilidad. Esta es la explicación en la que se asientan ciertos monopolios legales como, por ejemplo, los servicios eléctricos o ferroviarios otorgados en concesión a particulares.

Si esto es válido para el caso de productos de consumo masivo, en los que las actividades de concentración, igualación y dispersión[2] se ven facilitadas por sus posibilidades de acopiamiento y reserva, mucho más lo será para el sector servicios en el que la segmentación se transforma en máxima prioridad.

Segmentación es el proceso de subdivisión de un mercado en pequeños pero homogéneos minimercados (**markettes**) caracterizados por un conjunto de necesidades dominantes.[3] Esta acción de partir un mercado en una serie de subconjuntos en realidad no es tal: esos segmentos ya existen y nosotros nos limitaremos a reconocerlos, identificarlos o interpretarlos.

Según Hanan —que ha hecho de la segmentación una verdadera especialidad—, hay una primera pregunta que debe hacerse todo planificador de marketing: ¿Cuál es nuestro mercado, en función de lo que los clientes precisan de nosotros? Y propone el ejemplo del mercado de dentífricos que está compuesto por grupos de personas que sienten la misma necesidad de tener limpios sus dientes a la par que prevenir las caries. Esa similar necesidad —afirma— torna a los mercados *homogéneos*; algunos componentes de esos grandes grupos homogéneos pueden llegar a conformar submercados o **markettes** en los que, además de aquella necesidad común a

---

[2] E. Costa Lieste, obra citada.
[3] **Market segmentation,** por Mack Hanan, American Management Association, 1968.

satisfacer, grupos menores se aglutinan según características de tipo económico, identidad, prestigio, comodidad, etc. A estos submercados o segmentos se los puede identificar —en muchos casos— aislando sus *características dominantes*.

Aceptar que solamente una parte del mercado es accesible o que conviene llegar sólo a una porción de él es una verdadera autolimitación que Hanan denomina Proceso de Egobliteración, un acto de humildad que comienza por reconocer que los mercados no son infinitos. A continuación define el *segmento de mercado* como el grupo de personas que comparten una necesidad común y que tendrán una previsible reacción frente a un producto o servicio similar: lo aceptarán o lo rechazarán en bloque.

El poder de la segmentación dentro del campo de los servicios es formidable. De hecho, la mayoría de las profesiones denominadas "liberales" han acudido a ella desde hace mucho tiempo, sea por razones didácticas o por imposibilidad práctica de acceder a una ciencia en toda su amplitud. Surge así el especialista cuya predisposición, vocación e interés económico se conjugan para poder dar un servicio más idóneo y satisfactorio.

Como ya dijimos varias veces, la mayor parte de los servicios son fácilmente imitables. Una forma de proteger los mercados —si no se es líder o número dos— es mediante la segmentación. Especializarse en un submercado puede constituir el único pero eficaz medio que tenga una pequeña empresa o estudio profesional para terciar entre los grandes. Buscando nichos o agrupamientos dentro de un mercado, un prestador de servicios puede identificar un *perfil de necesidad* de cada segmento del mercado a atender. Sobre la base de estos perfiles diseñará, reformulará o adaptará el servicio para el que está dotado por estudios o especialidad.

Tradicionalmente, la segmentación atendía las variables denominadas "duras" (edad, sexo, nivel socioeconómico). Hoy se ha extendido al enfoque de actitudes, de estilo de vida y personalidad.[4] Wilensky va más lejos aún y propone la *segmentación simbólica* que permitiría distinguir los distintos "sujetos" en que se descompone un mismo consumidor y, además, los distintos "objetos" que componen un mismo producto.[5] Obviamente, en el caso de un servicio tendríamos que referirnos a los distintos "servicios" que lo integran, en función de las diversas formas en que lo perciben los usuarios.

Por otra parte, este análisis se puede hacer en base a la estructura de la oferta o de la demanda. Si, una vez identificados los distintos segmentos de un mercado, se considera cómo están servidos los distintos submercados por los competidores, intentando descubrir aquéllos en los que hay fallas u oportunidades factibles de convertir en ventajas diferenciales, se estará segmentando desde el ángulo de la *oferta*. Si, en cambio, ya precisados los perfiles o características dominantes de los distintos segmentos, diseñamos o reformulamos nuestro servicio para amoldarlo a esos factores, lo estaremos haciendo en función de la *demanda*. Ambos criterios son válidos e incluso convendrá combinarlos en tanto sea posible, pero su aplicación simultánea engendra un nuevo punto de análisis y, por lo tanto, mayor complejidad.

Como vemos, segmentar exige un fuerte conocimiento previo del mercado global. Hay que tener gran cuidado y resistir la tentación de segmentar —y especializarse— prematuramente, pues los distintos grupos no se construyen combinando variables. La gestión debe limitarse a identificar los ya existentes, para poder evaluarlos y así, analizar su potencial rentabilidad y su relación con las propias posibilidades y recursos.

[4] "Segmentación —Técnicas y disciplinas aplicadas", por Norah Schmeichel, **Revista de Asociación Argentina de Marketing,** marzo de 1989.
[5] A. Wilensky, obra citada.

De modo que la segmentación no es tarea sencilla. En primer lugar, no cualquier división o agrupamiento de eventuales usuarios o compradores representa un segmento. También se corre el riesgo de basar la segmentación en variables no relevantes y, además, el período de vigencia de una segmentación puede ser muy corto debido a los cambios en el contexto en que se mueve el servicio.

Aclaremos que cuando un producto o servicio es prácticamente indiferenciado (aspecto que tratamos detalladamente en este mismo capítulo), la segmentación es casi imposible de aplicar y queda limitada sólo a variables "duras".

Para colmo, es muy probable que al comenzar esta tarea se descubra que el sector del mercado a estudiar es mucho más complejo de lo que se había calculado y haya que recurrir a investigaciones de mercado de mayor profundidad y, naturalmente, de mayor costo. Y eso no es todo, los estudios de segmentación más modernos pueden clasificarse en dos grandes grupos: los denominados de *escenarios* (como el estudio RISC del grupo IPSA o el STRATEGOS) y los llamados de *consumidor-producto* (como el de segmentación por vínculos, desarrollado por Saber S.A.). Aclaremos que la American Marketing Association sólo reserva el nombre de segmentación para los primeros, denominando a los segundos "estudios de estructura de comportamiento".

Vale la pena hacer una breve explicación sobre esta clasificación. El sistema RISC se desarrolló básicamente en Europa y actualmente se aplica en 19 países —Brasil y Argentina entre ellos—. Está referido a personas urbanas de 15 años o más, seleccionadas por muestras probabilísticas —es decir, proyectables—, entrevistadas individualmente a través de encuestas.[6] En los estudios *consumidor-producto* "encon-

---

[6] "Segmentación — Técnicas y disciplinas aplicadas", por Mónica Markwald, **Revista de Asociación Argentina de Marketing,** marzo de 1989.

tramos que el consumidor no se relaciona con un producto (o servicio), sino que el mismo es una mediación —o una sustitución— de la relación de un consumidor con un otro. Y este otro puede ser un otro real, un otro imaginario o bien, puede ser el mismo sujeto consumidor".[7]

Casi siempre, un mercado es divisible, al menos en dos segmentos y algunos pueden llegar a ser fraccionados hasta en diez. De todas maneras, en general, el segmento más grande llega a representar entre un tercio y la mitad de un mercado.

2.a. Las tres etapas básicas de la segmentación[8]

En el proceso de planeamiento orientado a las necesidades de segmentación de mercado se registran tres etapas básicas que podríamos calificar de sucesivas sustracciones:

1ª. Se segmenta el mercado bruto, conformando grupos en base a su *necesidad* (por ejemplo, en el mercado de comidas, quienes están "necesitados" de comer fuera de su casa).

2ª. Se segmenta cada grupo de "necesitados" de acuerdo a los *beneficios* preferidos por ellos para satisfacer aquellas necesidades (por ejemplo, los que necesitan ir a un restaurant de comidas rápidas).

3ª. Se aísla el número de *grandes usuarios* en relación con los factores geográficos y medioambientales claves, que actúan como modificadores de dichas necesidades e in-

---

[7] "Segmentación — Técnicas y disciplinas aplicadas", por Elsa Usandizaga, **Revista de Asociación Argentina de Marketing,** marzo de 1989.
[8] Mack Hanan, obra citada.

fluyen sobre el tipo de beneficio que se prefiere (por ejemplo, el **markette** de McDonalds: el conjunto de leales y consecuentes usuarios que concurren buscando comidas rápidas, ambiente limpio y estilo moderno).

Un mercado bruto puede ser definido como la suma de una cadena de mercados individuales. Inversamente, un segmento de mercado puede definirse como un grupo de personas con la necesidad de un beneficio específico que subsiste cuando todos los grupos con necesidades marginales diferentes han sido sustraídos de él.

Algunos especialistas prefieren clasificar las *necesidades básicas del mercado* en cuatro grandes categorías generales:

a. *Económicas*
Requieren un tipo de beneficio que permita evitar cualquier clase de gasto o pérdida —esta economía debe entenderse en sentido amplio: dinero, tiempo, esfuerzo, sensaciones, etc.—.

b. *Identificatorias*
Requieren un tipo de beneficio asociado a condiciones de identificación o pertenencia (por ejemplo, modernidad, confiabilidad, tradición, veracidad, etc.).

c. *Prestigiantes*
Se ven satisfechas con algún tipo de beneficio vinculado a condiciones de reconocimiento o gratificación social; puede estar relacionado con la participación o pertenencia o bien con la exclusividad (por ejempllo, sociabilidad, aceptabilidad, privilegio, distinción, etc.).

d. *Frívolas*
Implican algún tipo de beneficio —tangible o intangi-

ble— que permita exhibirse, ostentar o presumir (por ejemplo, destreza, capacidad, bienestar, belleza, etc.).

Toda clase de negocio, transacción o prestación de un servicio tiende a satisfacer una o más de estas cuatro necesidades básicas. Pero una segmentación no puede basarse en sólo una de ellas. Por el contrario, la mayor parte de los segmentos se definen más precisamente mediante la evaluación de "racimos de necesidades", es decir, una constelación de dos o más necesidades básicas que actúan al unísono para definir la esencia de la demanda de un segmento dado.

2.b. *Los grandes usuarios: modificadores de necesidades*

Aunque se haga una segmentación de mercado en base a la necesidad de un beneficio —es decir, que ya se cuenta con un mercado neto—, puede resultar un segmento demasiado heterogéneo para ser rentable en términos comerciales. Dentro de él habrá usuarios con necesidades intensas de ese beneficio, o sea, usuarios de alto volumen, pero también otros con necesidades limitadas y poco regulares.

Siendo los *grandes usuarios* los verdaderos sostenedores de cada servicio a través de retornos de alta rentabilidad por monto invertido, en el análisis de marketing habrá que aislarlos e identificarlos como el núcleo de cada segmento.

¿Cómo aislar a estos grupos de grandes usuarios? Se tiene que investigar a los clientes que compran o usan un producto o servicio en grandes cantidades, o bien los utilizan con una alta rapidez de consumo y lo reponen muy frecuentemente. Estos grupos de grandes y leales usuarios rara vez superan el 20% o el 30% de un segmento potencial total o de la cantidad de clientes activos, pero suelen representar el 70% o el 80% del volumen total de ventas de dicho segmento.

Según Hanan, en mercados altamente diversificados no es inusual encontrar que el 10% del total de clientes son responsables del 60% de las ventas; o que el 75% de éstas provienen de una decena de productos sobre una línea total de ochenta, o bien que el grueso de las ventas de una empresa se deriva de las compras de uno de cada tres clientes. Para algunas categorías de servicios —como alquiler de automóviles para ejecutivos—, menos del 10% de los usuarios significan más del 85% de todas las operaciones. Y solamente el 40% de los médicos de EE.UU. son responsables del 80% de las recetas prescriptas.

Todo negocio, profesión o institución prestadora de servicios descansa sobre la base —relativamente estrecha, por cierto— de los *grandes usuarios*. Cualquier gran mercado se transforma en pequeño cuando, una vez segmentado, se le sustraen los grandes usuarios.

Dicha franja es identificada a través de sus características demográficas o de medio ambiente (edad, educación, ingresos y estilo de vida), que enfatizan el grado de intensidad de sus necesidades y las modifican. Estos "modificadores" definen a los grandes usuarios porque actúan sobre los aspectos más destacables de las necesidades básicas, que son la verdadera base de la segmentación. El mercado de la juventud, por ejemplo, no es un segmento de mercado, porque aunque puede ser específicamente definido en términos de edad —digamos entre 15 y 19 años—, nunca podría serlo en términos de necesidades.

2.c *Atributos de los grandes usuarios*

Las características específicas de los grandes usuarios estarán siempre vinculadas al nivel de ventas, a la lealtad hacia una marca, a la madurez del producto o servicio y a su ciclo de vida o a la moda y estacionalidad, es decir, al *volumen y constancia o regularicad* de uso.

Para identificar el segmento de los grandes usuarios según el *nivel de ventas*, el criterio se debe establecer en función de las características de cada mercado, pero como regla general digamos que debe utilizarse un criterio de uso mínimo, con no menos de un 33% por encima del promedio. Por ejemplo, si los 20.000 aportantes a un sindicato obrero provienen de un total de 500 empresas, el promedio nos da 40 aportantes por cada empresa, y, por lo tanto, habría que considerar como de "grandes usuarios" a los aportes provenientes de las empresas que tienen más de 50 obreros en su dotación.

Con respecto a la *lealtad de marca* —o sea, reposición y uso constante de un mismo servicio—, el criterio también variará de un mercado a otro, dependiendo de la tasa promedio de uso del servicio. De todas maneras, los "grandes" se encontrarán entre los usuarios más recientes y consistentes durante un período de tiempo inmediatamente precedente, días, semanas o meses, según el caso.

Al principio, los *grandes usuarios* predominan entre los llamados "líderes de vanguardia" —los que primero prueban, experimentan y aprueban un servicio—, motivados por la aventura y el cambio. Por el contrario, los "líderes de retaguardia o seguimiento", que tienen una gran necesidad de adhesión o complacencia, son los grandes usuarios durante las etapas de *crecimiento o madurez del ciclo vital*.

2.d Segmento y marca

Un segmento de mercado puede ser definido de cualquiera de estas tres maneras:

a.   De acuerdo a la principal necesidad de los grandes usua-

rios (por ejemplo, la necesidad de comodidades extras al viajar en avión)..
b. De acuerdo a la forma de beneficio que el producto o servicio provee y que es considerada satisfactoria de la necesidad (por ejemplo, la *business class* de los viajes aéreos).
c. De acuerdo a la marca (por ejemplo, PanAm).

La función principal que puede cumplir una marca es la de definir un segmento de mercado en base a los que aceptan un mismo beneficio para satisfacer una necesidad similar. En este último caso, el nombre de la marca sirve incluso para identificar al segmento.

Desde el punto de vista de la segmentación, una marca es definida como un producto o servicio deliberadamente diseñado para satisfacer un segmento del mercado y para no producir ese efecto en otros. Las marcas exitosas generalmente provocan reacciones negativas en los segmentos distintos a aquel al cual están dirigidos.

2.e Segmentación múltiple

Se llama así a la acción de considerar en forma conjunta a dos segmentos de clientes que pretenden diferentes beneficios (por ejemplo, el servicio fluvial Buenos Aires-Montevideo por medio del buque "Luciano Federico", que combinó la necesidad de ferry con el confort de los grandes cruceros).

2.f Segmentación por medio de familia de marcas

Se utiliza cuando en lugar de pretender una participación en el mercado global a través de una sola marca se prefiere hacerlo a través de un conjunto de ellas, cada una de las cuales se orienta a los distintos segmentos de usuarios, y que incluyen una mezcla más o menos común de ingredientes básicos (el caso típico lo tenemos en General Motors, que produce distintas marcas-modelos).

2.g   Segmentos gemelos

Si las necesidades de dos o más segmentos son tan similares que aceptarían un mismo beneficio, no deben ser considerados como segmentos diferentes. Por eso, se deben planificar los servicios para un mercado único y específico y no un mismo servicio para servir a múltiples segmentos.

En ningún caso debe apelarse a dos segmentos partiendo por la mitad el beneficio de las necesidades, porque para tales puntos medios entre dos segmentos no hay, generalmente, mercados, ya que son una verdadera tierra de nadie.

2.h   Segmentos no segmentables

Algunos segmentos aparecen, a primera vista, no segmentables. En la mayor parte de estos casos se trata de grupos con alto grado de innovación e individualidad. No es que les falte una necesidad principal, sino que ella es la de hacer algo personal y distinto de lo que habitualmente se ofrece en el mercado (por ejemplo, quienes elaboran o combinan su propia muestra de tabaco o de comidas naturistas).

En estos casos, existe una necesidad principal que es satisfecha por un tipo de producto o servicio multipropósito del que puede obtenerse un propósito específico. Servir a un segmento "no segmentable" puede ser un magnífico negocio y puede, también, motivar al responsable de marketing para que evalúe constantemente áreas de necesidades insatisfechas.

2.i Segmentos "canibalísticos"

Es un axioma que los segmentos de mercado son mutuamente excluyentes, o sea, que dos o más segmentos no aceptan el mismo producto-beneficio. Pero, inversamente, dos o más beneficios similares pueden ser aceptados por el mismo segmento de mercado y ésta es la base de la competencia entre oferentes (intercompañías). Obviamente, en estos casos la coincidencia en el beneficio ofrecido es deliberada, pero podría ocurrir que fuera accidental entre productos o servicios prestados por la misma empresa, institución o profesional y entonces estaremos frente a una indeseada competencia intracompañía o autocompetencia. Esto ocurre en la segmentación "canibalística" en que, por no definir correctamente las necesidades básicas, uno de los servicios se devora a los clientes de otro.

2.j Costos de la segmentación y sus compensaciones

a. El costo de segmentar
Aunque la base de la segmentación en la mayoría de los mercados se mantiene estable en el corto plazo, se trata de un proceso fluido que no termina nunca, obligando a considerar costos permanentes de investigación, sobre todo de los aspectos emocionales y conceptuales en los que se asienta la prestación del servicio.

b. El costo de mantenerse actualizado
Por ser básicas, la mayoría de las necesidades cambian de una manera evolutiva. Sin embargo, la demanda por beneficios para satisfacer necesidades puede cambiar en forma revolucionaria. Cambios sociales y psicológicos en los mercados pueden alterar su estructura y, en consecuencia, afectar su ciclo de vida. Lo mismo ocurre con

los cambios de tipo económico o tecnológico, que no crean nuevas necesidades sino nuevos beneficios para esas necesidades.

Los mercados industriales tienden a variar más lentamente que los de consumo o servicios. Pero en general —como afirma Hanan—, el planificador de marketing debe ser un verdadero detector del cambio antes que su cronista.

c. El costo de redefinir los costos de comercialización
La segmentación es una herramienta cara, porque es un "marketing por sustracción". En primer lugar, los clientes potenciales son separados del mercado global. Luego, los clientes potenciales clasificados en base a la principal necesidad básica son sustraídos de aquellos otros que pueden ser clasificados en función de otras necesidades. Finalmente, los grandes usuarios potenciales se desagregan de los usuarios de menor o moderado consumo. Lo que queda tal vez sea una miniatura en comparación con el mercado con el que contaba el planificador al comenzar.
Un ejemplo típico lo tenemos al evaluar los costos de publicidad —especialmente el costo por millar— para alcanzar a clientes potenciales en general y el correspondiente para llegar a los grandes usuarios que, seguramente, será de cinco a diez veces mayor.

d. El costo de comercialización multisegmento
Los costos de mantenernos actualizados y de redefinir, a su vez, los costos básicos de comercialización, pueden ser sustanciales. Sin embargo, el principal costo de segmentación reside en mantener la aptitud para financiar los gastos o inversiones de una comercialización

multisegmento. Estos pueden tomar una de las formas siguientes, o ambas:
- Por unidad monetaria
Basada en los nuevos costos directos surgidos más los costos indirectos debidos a la ineficiencia inherente al proceso de convertir un marketing monoservicio en un marketing multimarca.

- Por unidad emocional
Basada en la traumática experiencia de conciliar los negocios a largo plazo referidos a diversidad de marcas con ciclos de vida o madurez que sólo son predecibles a corto plazo y que, probablemente, nunca se transformarán en verdaderos "clásicos" del mercado.
Después de todo, un marketing multimarca requiere múltiples planes de marketing, múltiples líneas de producción o de operaciones y, quizás, múltiples estructuras organizacionales y distributivas para poder manejarse con un servicio duplicado, triplicado o multiplicado.

e. Compensación de la segmentación
¿Cuál es el valor compensatorio de incurrir en los costos de segmentación? Ante todo, habría que admitir que los costos de segmentación no son directamente compensables. Pero la segmentación permite a quien la encara definir la verdadera fuente de ganancias de su negocio total —o la verdadera fuente de sus recursos, si es que se trata de una institución sin fines de lucro— y concentrar su atención en ella. Además, le permite adjudicar su tiempo y sus energías tanto para planificar los recursos a obtener como para dirigir su utilización hacia destinos con los más altos retornos a su inversión.

3. Diferenciación e integración de servicios

3.a. Diferenciación

Ante todo, una breve explicación sobre *diferenciación de servicio* para quienes no estén familiarizados con esta técnica de marketing. Diferenciarse es distinguirse o destacarse de otros por lo que una empresa, institución o profesional ofrece de exclusivo y valioso o que sea percibido como valioso por sus clientes, miembros o potenciales usuarios.

Aunque el concepto de diferenciación está bastante divulgado en el ámbito empresario, sus raíces no siempre son comprendidas. Muchas veces se limita su acción a los aspectos puramente físicos de los productos o al hardware de los servicios, o bien se marca el acento en aspectos que los usuarios no valoran en absoluto o significativamente. Dice Levitt que cualquier producto o servicio puede ser diferenciado, aun los más homogéneos o fungibles que parecen distinguirse sólo a través del precio.[9] Lo ocurrido con los productos panificados —frescos o envasados— en los últimos tiempos es una buena muestra de ello.

Es necesario que un usuario perciba en el servicio una gran dosis de capacidad para resolver sus problemas o satisfacer sus necesidades. Esto se logra a través de dos mecanismos: a) bajando los costos de utilización y b) aumentando "el valor de desempeño del servicio" o la satisfacción del usuario. Es recién en ese momento que el oferente podrá pretender un mayor precio o algún beneficio equivalente como, por ejemplo, una mayor lealtad.

---

[9] "Marketing succes through differentiation of anything", por Theodore Levitt, **Harvard Business Review,** 1980.

No todos los que podríamos llamar productos genéricos son en verdad iguales y, aunque en la mayoría de los casos las diferencias no son fácilmente destacables para el oferente, sí suelen serlo para el usuario en términos del *beneficio esperado*, que debe considerarse sobre las distintas etapas o procesos componentes en que se puede desagregar cada servicio.

Lo que se acostumbra llamar el *servicio esperado* indica que un producto o servicio no tendrá demanda si las expectativas del consumidor o usuario no aparentan ser satisfechas. La diferenciación sólo será posible si se conocen esas expectativas, pero no tiene por qué limitarse a mostrar lo que el cliente espera, el servicio puede estar enriquecido por valores inesperados para aquél.[10]

De todas maneras, debemos abordar el tema con cautela. Muchas veces, los mismos clientes o adherentes no aceptan esos valores que se pretende incorporar al servicio o no desean utilizar los beneficios extras, prefiriendo precios más bajos. También debe tenerse en cuenta que la diferenciación es una herramienta costosa, aunque siempre convendrá buscar o investigar "condiciones mínimas de utilización", tales como entrega en tiempo y lugar, asesoramiento, etc. Tomemos el caso de dos médicos de cualidades técnicas parejas, pero uno de ellos se comunica parcamente con sus pacientes, y el otro lo hace en forma didáctica: es probable que este último alcance un grado de diferenciación mayor y, por ende, obtenga mayor predisposición y lealtad de aquellos.

Para "diferenciarse", una vez que el prestador del servicio ha definido bajo qué métodos, procedimientos y demás condiciones tecnológicas e intangibles brindará su prestación, debe plantearse la exclusividad a percibir por el usuario. No hay que confundir —lo que ocurre muy frecuentemente—

---

[10] T. Levitt, artículo citado.

calidad con diferenciación. Este concepto involucra a aquélla, pero es mucho más abarcativo. La calidad está relacionada con las condiciones arriba mencionadas, la diferenciación, con el beneficio que es percibido como valioso por el usuario, se haya influido deliberadamente o no en esa percepción.

¿Cómo se descubre esa exclusividad diferenciadora? Michael Porter da una serie de guías básicas que no son otra cosa que las razones fundamentales de *por qué* una actividad es considerada *única*, pero que, sin identificarlas, un prestador no podrá desarrollar acabadamente los medios para crear formas de diferenciación o diagnosticar qué tan sostenible en el tiempo es la diferenciación existente. La lógica de la estrategia de diferenciación exige que el prestador elija atributos por los que se diferencie a sí mismo de sus rivales.[11]

Las principales *guías de exclusividad* son las siguientes:

a. Política de la empresa, institución o profesión
   Los oferentes toman o, al menos, debieran tomar decisiones sobre la política que guiará sus actividades. Dicha política se asentará en las características, contenidos, calidad, procedimientos o garantías de los servicios a prestar. Una empresa que se dedica al alquiler de fotocopiadoras, por ejemplo, puede determinar la política de mantener un contacto mínimo quincenal con sus clientes.

b. Eslabones dentro de la cadena de valor
   Cada prestador u oferente constituye un conjunto de actividades que se desempeñan para diseñar, formular, producir, elaborar, distribuir, despachar, prestar y apo-

---

[11] M. Porter, obra citada.

yar sus servicios. Estas actividades están obviamente encadenadas y Porter las representa mediante la *cadena de valor*. El satisfacer las necesidades del usuario frecuentemente implica coordinar actividades eslabonadas, sea dentro de la propia cadena o fuera, por ejemplo, con eslabones de la cadena de los proveedores de insumos.

c. Tiempo de prestación. Posicionamiento
Los acercamientos rápidos o urgentes del servicio al usuario constituyen un factor claro de diferenciación (la respuesta inmediata de un pediatra al llamado de una madre angustiada, por ejemplo). Pero, también, lograr la imagen del pionero de un servicio —tal como veremos al tratar el tema posicionamiento— puede generar, por diferenciación, una buena barrera de entrada a competidores.

d. Ubicación o prestación geográfica
El valor de exclusividad puede surgir de la instalación geográfica de la unidad operativa, tal como las ambulancias de Medical Aid que recorren o están estacionadas en lugares claves próximos al área en la que prestan el servicio médico de urgencia privado.

e. Interrelaciones (con líneas u oferentes "hermanos")
El compartir una misma fuerza de ventas puede representar para el usuario un mejor servicio. Ejemplos: la combinación entre los servicios de un abogado y un escribano o la provisión "a domicilio" de insumos químicos para fotocopiadoras y, al mismo tiempo, el papel para las copias.

f. Tecnologías, patentes o métodos exclusivos
Naturalmente, éstos constituyen factores de diferencia-

ción casi por definición, aunque sólo en la medida que el valor de esa exclusividad sea percibido por los eventuales usuarios. De poco o nada valdrá la representación exclusiva de algún método que no se valora como diferenciador (lo mismo ocurre cuando los exempleados de algún conocido proveedor de servicios creen que con ese solo título lograrán una emigración en masa hacia sus cuentas).

g. Integración
El nivel de integración vertical u horizontal de un prestador puede otorgarle características únicas pero puede ir aún más allá, buscando integrar actividades que habitualmente son desempeñadas por el usuario. Un buen ejemplo es el caso de pago de servicios a través del débito automático en los bancos.

h. Economía de escala
Existen servicios cuya naturaleza impide otra prestación que no sea a través de economías de escala, tal como la generación y distribución de energía eléctrica. En algunos, la escala podrá contribuir a un lógico abaratamiento de los costos. Sin embargo —como hace notar Porter—, en ciertos casos ella puede reducir la flexibilidad de las empresas estrechamente sujetas al factor moda. Y en lo que respecta a los servicios de costos crecientes —donde cada unidad de servicios prestada cuesta el doble o más para elaborarla—, los beneficios de la economía de escala son muchísimo menores. En el siguiente punto —Diferenciación Competitiva—, ampliamos la descripción acerca de cómo la economía de escala puede beneficiar la prestación de servicios y actuar como un factor de diferenciación.

i. Factores institucionales
A veces, los factores institucionales (imagen, lobby, relaciones con sindicatos, prestigio científico, etc.) otorgan un carácter de unicidad y exclusividad considerado valioso por los usuarios. Por ejemplo, nadie duda que la Universidad de Harvard es una de las mejores del mundo, especialmente su escuela de Administración de Empresas, pero hay otras que están a su par e, incluso, tal vez la superen. No obstante, el altísimo prestigio adquirido en algunos países por esa institución, la torna poco menos que insustituible ante los ojos de los potenciales estudiantes.

3.b. La creación de valor a los ojos del usuario

Antes hablamos de los dos mecanismos que generan valor para el usuario, bajar el costo de utilización y aumentar el valor de desempeño del usuario. Abordaremos ahora un breve comentario acerca de cómo Porter considera ambos conceptos.[12]

a. Baja del costo de utilización
Para bajar el costo de utilización de su servicio, un oferente puede apelar a varios aspectos: costo de entrega, precios, tasa de utilización, devoluciones por falla de calidad y, naturalmente, trasladándole al usuario los ahorros o descuentos que pudieran obtenerse en los costos directos o indirectos de la prestación (por ejemplo, las denominadas terapias breves en psicología).
En muchos casos, el usuario llega a conocer muy bien las posibilidades de reducción de ciertos costos, como acontece con las agencias de venta de pasajes aéreos,

---

[12] M. Porter, idem.

pero en otros las desconoce totalmente. Es aquí donde se presenta una clara oportunidad de diferenciarse.

b. Aumento del valor de desempeño del usuario.
Este aumento dependerá de la capacidad que tengan los operadores de un servicio para captar qué es desempeño deseable desde el punto de vista del comprador. Un excelente ejemplo nos lo brinda la introducción de los cheques de viajero, tan bien aprovechado como elemento diferenciador por American Express.
Aquí conviene hacer una referencia a lo que el citado autor denomina "señales de valor", o sea, cómo utiliza un oferente la publicidad, la reputación, el *packaging* de los servicios, el profesionalismo, la apariencia de sus funcionarios y la presentación de sus instalaciones para sugerir valor ante los ojos del usuario. Así, un prestador con un servicio de valor modesto, pero "señalado" con mayor efectividad tendrá mucho más éxito que el caso inverso. Cuando observamos la homogeneidad en la vestimenta con que cualquier funcionario de IBM —especialmente los del área de ventas— se presenta, entendemos que la empresa aplica mucho de esta técnica, no obstante que sus computadoras parecieran estar muy por encima de esta supuesta trivialidad.

3.c. *Diferenciación competitiva*[13]

Aunque se trata de elementos o factores válidos de tener en cuenta en cualquier tipo de actividad socioeconómica, en servicios hay que dedicarles una consideración especial a tres aspectos de incidencia variable pero significativa:

[13] D. Thomas, artículo citado

1. Economías de escala
   Normalmente, un servicio es abstracto y debe ser "elaborado" y "despachado" por una misma persona o un mismo equipo o unidad de gente (por ejemplo, la fotorrevelación). Esto da lugar a una descentralización de dicho proceso de elaboración del servicio a nivel unitario, reduciendo la oportunidad de desarrollar el concepto de economías de escala. Es indudable, entonces, que una cuidada localización de los puntos de "entrega" o "despacho" constituye un valor decisivo como "barrera de ingreso" para la competencia (caso de alquiler de autos).
   Muy distinto es lo que ocurre con los "maquiservicios", por ejemplo los aviones Jumbo, que reducen el nada despreciable costo relativo de las tripulaciones, o los multicines, al disminuir los gastos de proyección, boletería, mantenimiento y publicidad.
   Aunque no desconocemos las enormes limitaciones que se pueden enfrentar, ningún prestador de servicios debe perder de vista la posibilidad de tender a la economía de escala mediante la expansión, la tecnología o la maquinización.

2. Propiedad de tecnología
   Precisamente, los "maquiservicios" suelen presentar ejemplos muy claros de utilización de la tecnología como barrera de entrada competitiva (Xerox,. durante muchos años, por ejemplo). Pero en otros casos, es la exclusividad en materia de métodos, procesos o software la que cumple ese papel. Cuando un sindicato adquiere un tomógrafo computado para su obra social, está introduciendo una ventaja de diferenciación basada en un adelanto tecnológico que opondrá al atractivo de sindicatos competidores o de obras sociales privadas, públicas o

mixtas que, indirectamente, actúan como agentes sustitutivos.

3. Imagen y reputación
Cuanto más abstracto y complejo es un servicio, tanto mayor es la necesidad —y el valor potencial— de desarrollar una vigorosa reputación y de elaborar una sólida imagen que actúen como eficaz barrera de entrada. Lo intangible de estos aspectos dificulta su concepción e implementación, pero descuidarlos puede resultar letal (recordemos la referencia a IBM). Los responsables o prestadores de servicios deberían estar mucho más preocupados por la imagen que por factores periféricos que, aunque imprescindibles, no siempre contribuyen a la construcción de aquélla. Si en un producto manufacturado, la imagen tiene alta incidencia, ¿cómo no la tendrá en relación a instituciones o bienes intangibles?

3.d. Ingeniería de valor

Se vincula a lo anterior el concepto de *ingeniería de valor*. El proceso así denominado está bastante difundido dentro de la industria manufacturera desde comienzos de la década del 70 y, básicamente, busca determinar qué cambios en el diseño o en los métodos de producción pueden hacerse para reducir el costo de fabricación sin llegar a disminuir los beneficios que otorga el producto. Algo similar se puede aplicar en servicios. Para ello, convendrá descomponer el servicio en partes diferentes, tal como se hace para su clasificación, pero sin tomar ahora en cuenta su esencia o qué partes de él son esenciales, sino, por el contrario, considerando las que pueden ser eliminadas o, también, si es posible incorporar los pequeños agregados para mejorarlo.

Por ejemplo, viajes aéreos nocturnos a tarifa reducida o

disminuyendo en los mismos las comidas suntuosas y, en consecuencia, el costo de la 1ª clase. En realidad, las diferencias entre ambas acciones no son sustanciales. En el primer caso, el cliente compra a bajo precio un servicio de transporte que simplemente no tiene comidas o films, y en el segundo está comprando status más allá del champagne o la centolla que le brindan a bordo.

Como en tantos otros aspectos, la ingeniería de valor es un recurso más difícil de aplicar en servicios que en productos manufacturados, porque la misma naturaleza de estos últimos permite una continua evaluación de su aspecto o de sus usos. En cambio, en los servicios no siempre es fácil determinar cuál de sus atributos es el más importante para la decisión de compra del cliente.

3.e. Desarrollando nuevos servicios para diferenciarse

En casi todas las empresas productoras de bienes encontramos una forma, más o menos importante, de departamento de Investigación y Desarrollo (la sigla en inglés es R & D), responsable del diseño y la prueba de nuevos productos y de las modificaciones o reformulaciones que se intentarán introducir en las ya existentes. Naturalmente, en los servicios, la inexistencia de un producto físico torna muy dificultosa la implementación de esta función. Para colmo —y sobre todo en aquellos que se basan en el trabajo personal—, suele ocurrir que en las sucesivas veces en que se presta un servicio se lo hace de manera distinta y, por lo tanto, son difíciles de estandarizar.

Pero de ahí a afirmar que el proceso creativo o la investigación y desarrollo de nuevos servicios son casi imposibles, hay una gran diferencia. En realidad, estamos ante barreras mentales más que físicas. En primer lugar, las máquinas o elementos tangibles que acompañan una prestación pueden ser chequeadas con anticipación. En segundo término, las pruebas cuantitativas y cualitativas —si bien con mayor dificultad— pueden hacerse. Es cierto que quizá habrá un mayor costo para investigar y predecir si el concepto del servicio propuesto ha sido captado por el potencial cliente y si resulta suficientemente atractivo para él.

Por otro lado, esta dificultad puede tener una contrapartida: la mayor flexibilidad para hacer ajustes o correcciones antes de lanzar el servicio, especialmente en aquellos basados en una intervención intensa de mano de obra. Otra de las ventajas de la que muchos servicios gozan es que pueden ser puestos en marcha con bajos volúmenes de ventas y sortear así —al menos inicialmente— las necesidades de producción en escala, tal como lo requieren los productos manufacturados.

Cualquier actividad que actúe en un mercado —tenga o no fines de lucro— tendrá que desarrollar nuevos productos o servicios en el mediano o lejano plazo, si quiere sobrevivir. En el sector servicios, la mayor dificultad o costo para hacerlo —unido a lo complejo que resulta la obtención de patentes protectivas— constituye un fuerte y permanente estímulo para que la imitación de servicios sea una práctica difundida.

3.f. *Diferenciación y diversificación*
mediante adquisiciones
(Ver capítulo III. Mercado, Aumentando la esfera de acción mediante adquisiciones).

Las fusiones, integraciones o adquisiciones de instituciones prestadoras de servicios es un capítulo por demás interesante en términos de diferenciación —y también de segmentación—. La tendencia hacia la concentración y diversificación de empresas observada en la última década, con el objetivo doble de atomizar el riesgo y darles curso a las utilidades de un particularmente prolongado ciclo de prosperidad tanto en Estados Unidos como en Europa y Japón, ha renovado la actualidad del tema. Como en tantas otras materias, conviene hacer una breve referencia a los cuidados que hay que tener en las adquisiciones de instituciones de servicios.

Ya hemos tratado en dos oportunidades el tema de la economía de escala y el hecho de que no siempre es beneficiosa por lo que, ante la posibilidad de una adquisición, habrá que hacer una evaluación sobre las reales ventajas que reportará la compra en esa materia. La prevención es útil para profesionales (médicos, abogados) que muchas veces, seducidos por compartir costos fijos que no son de real significación, no consideran los aspectos negativos de toda "fusión".

Hay que revisar también qué valor patrimonial o tecnológico se está adquiriendo realmente. La mayor parte de las instituciones de servicios no tienen un alto valor patrimonial contable y, en otros casos, las ventajas competitivas que goza el grupo adquirido —tecnologías, membrecía, socios, afiliados, etc.— no son asimilables por el adquirente, más allá de sus intenciones.

De todas maneras, se pueden enumerar cinco ventajas claras para una decisión de adquisición o fusión:

a. Cuando la institución adquirida tiene una demanda de estacionalidad diferente. Por ejemplo, los sindicatos de bebidas gaseosas y vitivinícolas podrían estudiar la conveniencia de integrar sus administraciones, obras sociales y, por supuesto, estrategias.

b. Cuando el comprador o usuario de ambos servicios pertenece al mismo segmento. Por ejemplo, un servicio de alquiler de camiones y maquinarias, y una empresa de personal temporario.

c. Cuando para ambos se puede utilizar el mismo *management* o dotación gerencial. Por ejemplo, una cadena de cinematógrafos resuelve adquirir una de teatros.

d. Cuando se puede incrementar el poder de compra y así reducir significativamente el costo de los insumos. Por ejemplo, cuando varios editores de revistas se asocian orgánicamente.

e. Cuando con la adquisición se mejora lo que podemos llamar la "masa crítica" de los recursos. Por ejemplo, en el caso de fusiones de grupos en los medios de comunicación o entretenimiento.[14]

4. *Posicionamiento* [15]

El concepto de posicionamiento proviene del lenguaje publicitario. Derivado de "posición", que en la jerga militar significa "punto fortificado", no está referido al lugar estadístico que un producto o servicio puede ocupar, sino cómo está ubicado éste en la mente del usuario.

Salvo para un servicio completamente nuevo, siempre encontraremos un "estado" de posicionamiento en el mercado, lo que condicionará la estrategia a seguir. Pero además, este estado de posicionamiento no estará muchas veces limitado a la actividad global, sino desagregado por marcas. Convengamos, entonces, que si bien es muy ventajoso tener bien posicionado un servicio o una especialidad, mucho más lo

---

[14] "Diversification via acquisition: creating value", por Malcom S. Salter and Wolf A. Weinhold, **Harvard Business Review,** 1978.
[15] **Posicionamiento: La batalla por su mente,** por Al Ries y Jack Trout, Mc Graw-Hill, 1982.

será tener al prestador globalmente, sea empresa, institución o profesional.

Tal vez algunos ejemplos contribuyan a clarificar estos conceptos. American Express es una marca "sombrilla" que le permite a esa empresa abordar con potencial éxito casi cualquier servicio o comercio relacionado con el pago diferido a través de transacciones debitadas en cuenta. De la misma manera, cuando un deportista promueve su propia marca de atuendo o de elementos deportivos. Pero se debe tener cuidado, ya que no todo tipo de producto o servicio puede ser promovido por una figura exitosa. Deberá existir algún tipo de connotación armónica entre la imagen posicionada y las características o el perfil del servicio promovido.

Pongamos por caso un economista de nota que aparece en los medios de comunicación apelando en favor de una lotería o bingo. A nuestro juicio, tal cosa sería un error, dado que para la mayor parte de quienes la reconozcan, una persona especializada en analizar y comentar la coyuntura ecnnómica unida a tareas de locución publicitaria, constituye un mensaje o una asociación para que la mente de los usuarios no está preparada. Es que —como los autores citados sostienen— el posicionamiento no puede estar basado en la diversificación, pues diversificación y posicionamiento son, en realidad, polos opuestos.

Una forma de minimizar el riesgo al diversificarse —sin afectar el posicionamiento— es no apartarse mayormente del rubro o sector y, además, protegerse con *marcas múltiples*. Ya que actuando con una sola marca se elimina esa protección, exponiéndose a que esa monomarca perjudique su posicionamiento, si alguna de los distintos servicios —por cualquier causa— fracasa.

El peor enemigo que enfrenta una estrategia de posicionamiento es el gerente o profesional que dice "yo me las conozco todas". No tiende a formarse, informarse ni actualizarse, y su ego, seguramente, le quita la objetividad imprescindible para evaluar o descubrir la posición que intentará ocupar. Probablemente, tampoco dedicará un esfuerzo sostenido, a pesar de que en esta materia el éxito no se alcanza en forma inmediata, aun cuando las cosas se hagan bien.

Lo primero que hay que hacer es interrogarse acerca de cuál es el posicionamiento inicial, es decir, qué es lo que el público piensa del prestador o del tipo de servicio que se piensa lanzar. Muchos profesionales hacen esta evaluación intuitivamente como sucede con el "ojo clínico" de algunos empresarios de espectáculos. Pero, en general, se requiere una investigación con la ayuda de especialistas ya que conviene utilizar técnicas específicas para "rastrear" la mente del público.

Esto no significa que un plan de posicionamiento sólo esté al alcance de firmas, instituciones o profesionales de cierta envergadura, ya que la tarea es posible para cualquier actividad de servicios, aun las unipersonales. Pero está más expuesta a la subjetividad y, además, enfrentará las lógicas complicaciones a que lleva el sondeo de un mercado potencial más o menos significativo.

La investigación debe conducir al descubrimiento de cuál es el concepto que está inserto en la mente del usuario con respecto a determinado servicio, marca o especialidad. ¿Qué piensan los pacientes de un otorrinolaringólogo acerca de sus técnicas, conductas, instalaciones o prestigio comparado? ¿Y los clientes de un abogado? ¿Qué opina el público de los sanatorios geriátricos? ¿Y de determinado sindicalista? Las respuestas son superlativamente importantes, porque para impactar la mente del público se tiene que partir de lo que ya hay en ella.

Por supuesto que la mejor forma de penetrar la mente de un usuario es impactando primero y que se lo recuerde como tal, procurando que este impacto no se diluya (pocos recuerdas que el primer gran centro de ski en Argentina fue

Catedral, porque la aparición de Chapelco y, luego, Las Leñas, desdibujó esa idea). El estudio de productos y, sobre todo, de servicios exitosos está lleno de casos en los que la iniciativa anticipatoria jugó un papel mucho más preponderante —en términos de posicionamiento— que la acción de marketing o que la originalidad o innovación ofrecidas. ¡Christian Barnard será recordado mucho más que la mayor parte de los mejores cardiocirujanos que le sucedieron! Es que en esta materia, aunque lo óptimo es ser el mejor o el más grande, lo importante es ser el primero o, más bien, que el público lo perciba así.

Claro está que no siempre será posible llegar primero —en medicina, por ejemplo, innovar lleva tiempo, esfuerzo y trabajo colectivo— o bien, puede ser que ello sólo tenga relativa importancia, como en el caso de empresas de videocable en que la cobertura geográfica se privilegia más. Pero, en general, cuando alguien ocupa la primera posición, se encuentra en una suerte de fortaleza e, inclusive, no necesita estar permanentemente recalcando ese liderazgo. Eso es posible, aunque uno no haya llegado primero, siempre que los usuarios lo reconozcan como tal (la computadora fue creada por Sperry-Rand pero el posicionamiento como líder lo tiene IBM y hoy, el número uno en centros de ski lo tiene Las Leñas). Lo ideal es ser el primero en llegar a la cima —porque permite presentarse como lo verdadero o lo auténtico—, pero si ello es fácticamente imposible, no será poco alcanzarla después.

¿Qué hacer cuando la cima está ocupada? Dicen Ries y Trout que "a la gente le gusta ver cómo caen de su pedestal los grandes y poderosos o cómo estallan las burbujas". La lucha es posible siempre que no se haga *frontalmente* y, si cuadra, aprovechando percepciones ya afianzadas en la mente de los usuarios ("Tenemos la misma seriedad que el Banco de Boston, pero somos mucho más dinámicos"). Asimismo, habrá que tratar de reposicionar a la competencia, desmoronando la idea básica sobre la que está asentado el líder.

USUARIOS

Pero todo este ataque no frontal deberá ser, aunque insistente, cuidadoso, buscando huecos dentro de la actividad que no estén explotados. Para ello, se necesita poder pensar "contra la corriente", mediante los principios del pensamiento lateral, en especial el que dice: "cualquier modo de valorar una situación es sólo uno de los muchos modos posibles de valorarla".[16]

Ries y Trout brindan también una serie de advertencias o consejos que consideramos conveniente tomar muy en cuenta antes de encarar una estrategia o plan de posicionamiento:

- El éxito alcanzado con algún producto (o servicio) puede y suele hacer confundir a sus directivos, quienes creen que el mismo deriva de la fortaleza de la organización y no que ésta deviene de aquél. Aquí podemos encontrar la explicación de adquisiciones que fracasaron o que, al menos, no se comportaron de acuerdo a las expectativas que generaba la potencia del adquirente (¿pudo evitar Citibank la pérdida de participación mundial de Diners?).

- Tal vez, si uno está en la cima o cerca de ella e intenta satisfacer a todos los segmentos del mercado, pueda mantenerse a flote, pero seguro que no lo logrará si pretende hacer lo mismo desde el llano, porque los recursos o la credibilidad no alcanzarán. Eso obliga a tomar una posición definida y a evitar, por ser inconvenientes, las actitudes elusivas, factor que deberían tomar especialmente en cuenta las dirigencias políticas de oposición.

---

[16] **El pensamiento lateral,** por Edward De Bono, Ediciones Paidós, 1986.

- Generalmente, alcanzar la cumbre suele llevar cierto tiempo. Pero el camino inverso puede ser mucho más rápido cuando no se actúa con *rapidez* —respondiendo dinámicamente a cada concepto nuevo de los competidores sin tomarse mucho tiempo para verificar si funciona o no— y con *flexibilidad* no exenta de sutileza, ya que en gran parte de los casos no son los extremistas quienes llegan al éxito, sino quienes descubren nichos dentro del espectro al que nos dirigimos. Este criterio parece haber sido empleado por Carrefour Argentina en lo que se llamó "la guerra de los supermercados".

- La estrategia básica de posicionamiento deberá tener permanencia, salvo que cambien significativamente las condiciones del contexto. En cambio, las tácticas —es decir, las maniobras de corto plazo destinadas a viabilizar la estrategia a largo plazo— deberán manejarse con gran ductilidad.

V. Costos e ingresos

A. *Costos*
1. Generalidades
2. Algunas advertencias sobre la relación costos y servicios
3. Variabilidad o proporcionalidad de los costos
4. El costeo directo y sus posibilidades
5. Principales rubros de costos

B. *Ingresos*
1. Precios e ingresos
2. Estrategia y política de precios
3. Cauce de discrecionalidad
4. Precios y conducta del usuario
5. Mecánica para la fijación de precios
6. Discriminaciones de precios (bonificaciones, descuentos o recargos)
7. Descomposición de precios
8. Rentabilidad económica o social. Indice de vulnerabilidad

A. *Costos*

1. **Generalidades**

El costo de un producto o servicio es el conjunto de gastos o egresos efectuados para su producción o elaboración y para su posterior distribución, prestación o entrega. Por ejemplo, el costo de los servicios prestados por un médico incluye tanto las horas destinadas a entrevista, revisión, diagnóstico y tratamiento, como la amortización del instrumental utilizado, de la inversión hecha en su formación profesional y del diseño o creación de una técnica exclusiva, si la hubiere.

La utilidad de registrar los costos se asienta en cuatro finalidades:

a) controlar el desarrollo de la prestación o de las operaciones, detectando errores y aplicando medidas correctivas.

b) elaborar presupuestos de gastos y egresos.

c) establecer bases claras de compras o contratación de insumos, sean productos o servicios.

d) fijar precios de venta, honorarios o contribuciones.[1]

Los costos pueden clasificarse en seis grandes grupos:

1. *Directos:* Directamente vinculados al producto o servicio y que no se producirían en caso de no prestarlo o discontinuarlo (por ejemplo, las máquinas lavadoras de un lavadero y tintorería son costo directo —mejor dicho, su amortización— de la sección lavado; si su dueño decidiera continuar sólo con la de limpieza a seco, ello quedaría claramente demostrado).

2. *Indirectos:* Aquellos que se producen aunque haya cero nivel de producción o prestación (por ejemplo, el alquiler del local).

3. *Amortizaciones:* Conjunto de reservas destinadas a reponer aquellos bienes que, sin destruirse con su primer uso o utilización, se van deteriorando física o tecnológicamente (instrumentos, herramientas, instalaciones, infraestructura, etc.).

4. *Seguros:* Incluye todos los egresos o reservas cuyo destino es prevenir o neutralizar siniestros con consecuencias económicas.

5. *Supervisión:* Agrupa todos aquellos gastos o inversiones

---

[1] **Costos industriales,** por Vicente Mussini, EUDEBA, 1968.

realizadas con el objeto de supervisar, verificar o auditar los procesos de producción, elaboración o comercialización del producto o servicio, u obtener patentes o tecnología para hacerlos posibles. Aquí también tendríamos que incluir todos aquellos costos provenientes de auditores, consultores o especialistas que sea necesario contratar o que tengan incidencia en el servicio que se presta.

6. *Financieros:* Es el conjunto de egresos destinados a solventar la producción, elaboración o comercialización de un producto o servicio. Incluye tanto la inversión financiera inicial o de puesta en marcha, como la financiación del capital de trabajo u operativo.

Conviene destacar que es en los costos directos e indirectos en los que hay mayor grado de libertad para buscar su reducción o racionalización, y también, aunque en menor medida, en los de supervisión. En general, es poco lo que se podrá hacer con respecto a los seguros, finanzas y, mucho menos, amortizaciones. Pero entre los tres primeros se ubican los gastos de infraestructura no amortizables, las compras de insumos — incluyendo mano de obra, o sea salarios y beneficios sociales—, los gastos administrativos no financieros y los gastos de comercialización.

2. Algunas advertencias sobre la relación costos y servicios

Sobre los *costos crecientes* (aquéllos en los que la producción o prestación de una unidad más significan costos iguales o mayores que los de la anterior) ya dijimos que no gozan de los beneficios de la economía de escala. Son muchísimos los servicios condicionados por los costos crecientes, cuyas posibilidades de reducción son casi insignificantes. Pero existen ciertos recursos defensivos que, en algunas actividades, se pueden implementar. Por ejemplo, transformar un servicio de usuario individual en uno de usuarios múltiples (como los profesores de tenis, que dan clase a cuatro alumnos simultáneamente). O mediante la desagregación de alguna etapa delegable (como hacen algunos peluqueros, que derivan la prestación de sus clientes a un asistente, o los médicos con el llenado de fichas y preparativos menores que son delegados en enfermeras).

La *"inestockabilidad"* de los servicios y, en muchos casos, de sus insumos torna la actividad muy vulnerable en períodos de *inflación*. Esta debilidad se ve agravada cuando las tasas exceden el 10% o el 15% mensual debido a que cada día que se demora en cobrar el servicio prestado se produce una pérdida que va del 0.33% al 0.50% del capital de trabajo. Los cobros total o parcialmente anticipados evitan el deterioro pero, obviamente, reducen el mercado. Este factor negativo es particularmente manifiesto en las entidades sin fines de lucro que ven diluirse sus fondos de caja, lo que los obliga a redoblar la presión por el lado de los ingresos y, en consecuencia, a estimular la renuncia o alejamiento de sus aportantes.

También nos hemos referido a la frecuente *confusión de roles* que se soporta en las instituciones de servicio, sobre todo en las pequeñas o unipersonales. En estos casos es común que se mezclen la retribución del trabajo material o intelectual de quien lo lidera, con el rendimiento del capital o del negocio, confundiendo la real rentabilidad de la prestación.

Estas advertencias deben hacer reflexionar acerca de la imprescindible necesidad que todo responsable de una empresa, institución o actividad profesional tiene de mantener un profundo y detallado conocimiento de los costos. Es difícil que se los desconozca en una prestación unipersonal, pero ocurre frecuentemente en empresas o instituciones pequeñas o medianas. Y, muchas veces, su supervivencia depende de este conocimiento. "Existen en nuestro país organizaciones que desconocen sus costos y que obtienen, no obstante, suculentos dividendos" (...pero) "el fabricante que vende a precios inferiores a los del mercado, como consecuencia de falencias en sus costos, deteriora su propio mercado y afecta desfavorablemente a toda la rama de su industria", según expresa nada menos que el autor del **Tratado de Costos,** Dr. Juan Carlos Vazquez.[2]

Dos tipos de problemas generan esta ignorancia o conocimiento incompleto de los costos:

a. Dificultades en identificar cuáles son los *costos relevantes* para calcular la rentabilidad de un servicio en particular.
b. Dificultades en desarrollar métodos o *criterios de asignación* o de alocación de esos costos relevantes.[3]

El dominio de los costos —inevitable en lo que se denomina "servicios empresarios", porque los mismos clientes exigirán un "análisis de costos"— debe contemplar dos criterios claves: los costos deberán ser desagregados tanto como sea posible y cada eslabón de esa desagregación deberá relativizarse o porcentualizarse de manera que la menor variación en alguno de ellos permita evaluar la incidencia en el costo total. A menor estabilidad económica mayor deberá ser la acción en este sentido, porque cada uno de los eslabones tendrá diferente ritmo de indexación o variación.

3. Variabilidad o proporcionalidad de los costos

Existe una clásica división de los costos en *fijos y varia-*

---

[2] **Tratado de Costos,** por Juan Carlos Vazquez, Aguilar Argentina, 1978.
[3] "Cost accounting comes to service industries", por John Dearden, **Harvard Business Review,** Sep-Oct, 1978.

bles, es decir, según permanezcan o no inamovibles ante las variaciones en los volúmenes de prestación. Pero ocurre que *medidos unitariamente*, los denominados costos variables permanecen fijos y, viceversa, los llamados fijos sufren variación al dividirlos por una cantidad que se alterará con cada unidad que agreguemos o quitemos, paradoja que permite hablar de la variabilidad de los costos fijos y de la fijeza de los variables. Por eso, nosotros preferimos referirnos a costos *proporcionales y no proporcionales*, dado que esta denominación connota más apropiadamente la relación entre los costos y los volúmenes en que se prestan los servicios.

Los costos semifijos —o *semiproporcionales*— son aquellos que no tienen una proporcionalidad lineal que acompañe las variaciones en la producción o prestación, sino que al graficarla, ella presenta una forma de "serrucho". Es decir, que crecen o decaen en el mismo sentido que dichas variaciones, pero no con la misma proporcionalidad (por ejemplo, cuando se incorpora un supervisor cada diez servicios prestados o una enfermera cada tantos pacientes).

Cualquiera de los seis tipos de costos apuntados más arriba puede actuar proporcionalmente o no a las ventas o prestaciones. Es vital conocer el comportamiento de cada uno de ellos para determinar el *punto de equilibrio* (o de ruptura, como también se lo llama por su traducción del inglés: break-even-point). Este indica el volumen de facturación necesario (ventas de unidades, valor de las cuotas, suscripciones, etc.) para que sus ingresos netos cubran exactamente los costos, tanto proporcionales como no proporcionales.

Pero no es tan sencillo. Los costos son una materia por demás voluble, ya que se producen permanentemente variaciones que los afectan:[4]

[4] **La producción de utilidades mediante el método de absorción de costos fijos (en las empresas de servicios),** Alexander Hamilton Institute, 1979.

COSTOS E INGRESOS

a. Cambios en los costos no proporcionales
    Sea por incidencia de la inflación, de una optimización en las compras, por una escasez de oferta, etc.

b. Cambios en los costos proporcionales
    Por similares razones a las apuntadas en a) y, además, por cuellos de botella en materia de insumos.

c. Cambios en los volúmenes de facturación
    Lo que altera la parte o tasa de absorción de los costos no proporcionales que incluye cada unidad prestada (ver abajo: *costeo directo,* ya que en ese sistema de costos, los no proporcionales se consideran totalmente aparte).

d. Cambios en los precios, cuotas, honorarios, etc.
    Como consecuencia de cambios en la economía o con motivo de la reformulación del servicio.

e. Cambios en la mezcla de servicios ofrecidos
    Aun en las entidades monoservicio se presentarán —en la mayoría de los casos— distintas categorías, tipos o modelos del mismo servicio, cuya demanda variará heterogéneamente.

Por otro lado, a menudo los servicios derivan sus ganancias (o ingresos) de la "venta" de mano de obra, de piezas de repuesto o del tiempo técnico-intelectual del profesional que lo presta. Es necesario entonces, distinguir muy nítidamente cuáles de estos "insumos" deben facturarse con utilidad bruta y cuáles no, cuáles con menor utilidad y cuáles por debajo del costo o totalmente gratis (es el caso de las entrevistas introductorias de consultores, abogados o médicos). Lo que pretendemos remarcar, no es tanto que todo "insumo" debe facturarse, sino que, si no se lo hace, se esté consciente de ello.

De lo expuesto, surge naturalmente la necesidad de obtener alguna unidad constante —una suerte de moneda equivalente— o estable del servicio que permita una mensura en cualquier situación del contexto económico o del sector, y asegure su comparabilidad (el día o el kilómetro en el alquiler de autos, la consulta o el paciente en el médico, el promedio de compras por socio en el caso de las tarjetas de crédito).

A su vez, esta unidad constante deberá ser utilizada en períodos lo suficientemente cortos como para permitir acciones correctivas, si se juzgan necesarias. En nuestra opinión, el lapso no debe exceder de un mes, para así poder analizar los resultados junto al balance contable mensual, instrumento ampliamente difundido entre las grandes y medianas empresas, pero —lamentablemente— no lo suficiente entre las pequeñas unidades, las instituciones sin fines de lucro o los profesionales independientes.

4. El costeo directo y sus posibilidades

El *costeo por absorción* es un método de registro contable que consiste en asignar una porción de los costos fijos o no proporcionales a cada una de las unidades producidas o prestadas. Es decir, ellos son combinados con los variables o proporcionales y luego llevados juntos a costos unitarios para un volumen de producción o prestación dado. Su principal problema radica en que ante la mínima variación en el volumen de unidades se altera todo el cálculo. Resulta apto para el registro de los costos históricos —o sea, ya ocurridos—, pero no para estimar costos en función de diferentes pronósticos de ventas o ingresos.

En 1875, el ingles John Walker recomendó la utilización de promedios trimestrales de costos de mano de obra y materiales para proyectarlos en iguales trimestres del siguiente año. Evidentemente seguía utilizando costos históricos. El norteamericano Harrington Emerson, en 1910, propone la utilización de costos *standards* proyectables. Su idea es perfeccionada por G. Chester Harrison, quien diseña un "método de costo standard", al que rechazan los contadores pero aprueban ingenieros y empresarios.[5]

Sin embargo, como continuaba el problema de los cambios de volumen, la compañía Westinghouse complementó el método con lo que se llamó "presupuesto flexible", que mostraba por separado las incidencias de dichos cambios en los costos, pero se producían gruesas distorsiones en los casos de fuerte estacionalidad, grandes variaciones de los inventarios o costos no proporcionales muy altos. La solución vino a través del mismo Chester Harrison junto a Jonathan Harris —aunque por vías separadas—, con lo que se llamó *costo directo standard* y que se aplicó por primera vez en una empresa de Pittsburg, en 1947, por un exmiembro del equipo de costos de la Westinghouse.

El sistema se abrió camino entre los sectores operativos y comerciales de las empresas, pero no gozó de las preferencias de los contadores; sólo lo admitían como control gerencial interno y no para balances e informes financieros externos, demorando su enseñanza en los centros universitarios.[*]

El sistema de *costeo directo* mantiene separados los costos proporcionales de los que no lo son, de modo que se

---

[5] **Costos Directos Standard,** por Wilmer Wright, Editorial El Ateneo, 1969.
[*] Quien esto escribe debe agradecer al Dr. Roberto Prado, Profesor Titular de Costos, de la Fundación de Altos Estudios en Ciencias Comerciales, en 1970, por posibilitar el acceso al conocimiento del costeo directo en momentos en que aún no se había difundido su enseñanza en la Universidad de Buenos Aires (N. del A.).

pueda disponer de costos reales ante cualquier volumen de producción o prestación. En la figura y tabla 1 se pueden apreciar gráficamente las características del método y sus posibilidades para estimar los ingresos futuros en base a distintos pronósticos y, en consecuencia, el punto de equilibrio.

¿Por qué el separar los costos en proporcionales y no proporcionales permite conocer los costos reales cualquiera sea el volumen de prestación? Otro ejemplo nos mostrará claramente la respuesta: Supongamos que tenemos *costos no proporcionales totales (C.N.P.T.)* —tomemos el ejemplo de un mes— por un valor de U$S 20.000, que el *precio unitario de venta (P.U.V.)* es de U$S 8,00 y el *costo proporcional unitario (C.P.U.)* de U$S 5,00. Ahora, consideremos dos casos: a) la *facturación* es de 10.000 prestaciones y b) la *facturación* es de 12.500 prestaciones. Tendremos la posibilidad de calcular tanto el *punto de equilibrio* como la utilidad, en ambos, de la siguiente forma:

$$\text{Punto de equilibrio} = \frac{C.N.P.T.}{P.U.V. - C.P.U.}$$

$$P.Eq. = \frac{20.000}{8,00 - 5,00} = 6.666 \text{ unidades}$$

$$\text{Utilidad} = \text{Cantidad } (P.U.V. - C.P.U.) - C.N.P.T.$$

Caso a);
Ut. = 10.000 (8,00 - 5,00) - 20.000 = 10.000

Caso b);
Ut. = 12.500 (8,00 - 5,00) - 20.000 = 17.500

$$\text{Costo no proporcional unitario} = \frac{\text{C.N.P.T.}}{\text{Cantidad}}$$

En el primer caso, el *costo total por unidad* será de U$S 7,00 (U$S 5,00 más U$S 2,00, que resultan de dividir U$S 20.000 por 10.000 unidades), en el segundo, de sólo U$S 6,60, dada la menor incidencia por unidad de los costos no proporcionales, que permanecen fijos mientras cada unidad sigue aportando un margen de U$S 3,00. A esta última diferencia —entre el precio de venta unitario y el costo proporcional unitario— se la llama *margen de contribución o contribución marginal.*

Cuando el prestador sólo brinda un servicio, se le llama *costo directo* al valor del C.P.U. (costo proporcional unitario). Pero es necesario aclarar que en el caso de proveer más de un servicio o más de una línea de servicios, el costo directo puede abarcar tanto a aquél como a los costos no proporcionales, aunque *directamente* atribuibles a un servicio, es decir, a aquellos costos fijos o semifijos que no existirían de no prestarse ese servicio o esa línea de servicios. Esta disquisición cobrará importancia cuando tratemos la rentabilidad por cada servicio, línea o sucursal. En el caso de un médico clínico, por el contrario, el costo directo será el tiempo de consulta y los costos indirectos serán los no proporcionales (alquiler del consultorio, luz, teléfono, salario de la enfermera, etc.).

Figura 1
A. CUADRO DE COSTOS TOTALES

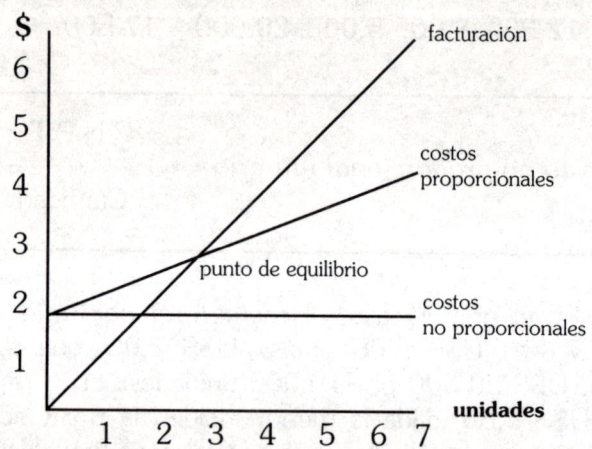

B. CUADRO DE COSTOS POR UNIDAD

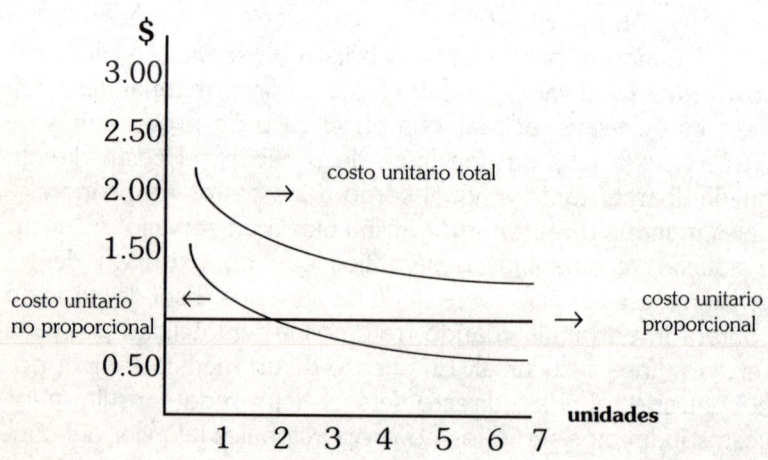

Tabla 1

A. *Referencias*

C.P.U. (Costo proporcional unitario) $ 0.70
C.N.P. (Costo No Proporcional) $ 1.50
P.V.U. (Precio de Venta Unitario) $ 1.07

B. *Ejemplo*

COSTOS ACUMULADOS

Cantidad	C.P.Ac.	C.N.P.	C. Total	P.V.Ac.
1	0.70	1.50	2.20	1.07
2	1.40	1.50	2.90	2.14
3	2.10	1.50	3.60	3.21
4	2.80	1.50	4.30	4.28
5	3.50	1.50	5.00	5.35
6	4.20	1.50	5.70	6.42
7	4.90	1.50	6.40	7.49

COSTOS UNITARIOS

Cantidad	C.P.U.	C.N.P.U.	C.T.U.
1	0.70	1.50	2.20
2	0.70	0.75	1.45
3	0.70	0.50	1.20
4	0.70	0.37	1.07
5	0.70	0.30	1.00
6	0.70	0.25	0.95
7	0.70	0.21	0.91

Consultando las figuras, resulta fácil comprobar que un aumento (o disminución) en el costo no proporcional producirá una variación en el punto de equilibrio, pero no alterará el margen de contribución, mientras que un aumento (o disminución) en el costo proporcional producirá no solamente un cambio en el punto de equilibrio, sino en el margen de contribución. Finalmente, una modificación en el precio de venta hará variar tanto el punto de equilibrio como las tasas del margen de contribución.[6]

5. Principales rubros de costos

Los rubros de costos que componen una actividad de servicios pueden reunirse en seis grandes grupos:

1. Inmuebles
   Estos costos deben considerarse en sentido amplio: alquileres o la renta que la propiedad debiera producir, impuestos, gastos de mantenimiento y todos los gastos accesorios (luz, teléfono, limpieza, etc.).

2. Personal
   Nos referimos a todo tipo de remuneración y gastos conexos abonado a funcionarios asistentes —salvo el personal de ventas, reclutamiento o promoción—, tales como honorarios de directores o gerentes, sueldos y cargas sociales, viáticos, etc. Recalcamos que en los servicios unipersonales debe preverse una retribución a valores de mercado y considerarla como un costo independiente.

---

[6] **Estrategia de comercialización,** por Alberto R. Levy, Ediciones Macchi, 1970.

3. Insumos
   También debe enfocarse con un sentido muy amplio: desde el combustible para vehículos o máquinas para personal temporario, desde fichas o diskettes para el registro de datos hasta las simples tarjetas de presentación o un recetario médico.

4. Comercialización
   Incluimos aquí a todos aquellos costos en que se incurre para acercar clientes, miembros, adherentes, socios, afiliados, feligreses, pacientes, alumnos, etc., y prestarles el servicio, o para mantenerlos en su condición de tales. Desde la publicidad masiva —directa o indirecta— hasta la promoción personal, desde las publicaciones periodísticas —que siempre tienen un costo, aunque sea en el tiempo invertido para elaborarlas— hasta las actividades de relaciones públicas, o desde la publicación en la guía telefónica hasta el tarjetón comunicando cambio de domicilio.
   En marketing decimos que las verdaderas ventas son las ventas cobradas. Este concepto deberemos extenderlo a todo tipo de actividades de servicio, aun las más humanistas o espirituales, porque es la única manera de asegurar su sostenimiento, supervivencia o engrandecimiento. La *cobranza,* por lo tanto, o la recaudación de fondos o aportes, implicará siempre un costo que habrá de registrar y en el que se deberá incluir, también, alguna provisión para *"incobrables",* aquellos que habiendo comprometido un pago o aporte, incumplen, cualquiera sea la causa (en algunas actividades con fines de lucro se establece una reserva contable con este fin, formada por un porcentaje sobre la facturación total, por ejemplo del 0.5%).

5. Administración y finanzas
   Agrupamos aquí todos los costos en que se incurre para administrar el servicio (compras, presupuesto y control de gestión, administración de personal, etc.) y para financiarlo (inversiones, créditos, pagos, etc.). Obsérvese que estos costos habrán de presentarse —al igual que los de comercialización— en todo tipo de prestador de servicios, aunque se trate de uno sin fines de lucro o unipersonal.

6. Asesores externos
   En la mayor parte de los casos, estos costos podrían insertarse en Administración y Finanzas, pero, especialmente en las pequeñas empresas o en las de prestaciones unipersonales, la contratación de asesores externos suele tener una incidencia muy significativa en los costos totales (honorarios de abogados, contadores, consultores, asesores de seguros, etc.), y conviene considerarlos como rubro aparte.

B. *Ingresos*

1. Precios e ingresos

Ante todo convengamos que al hablar de *precios* nos referimos a todo tipo de *ingreso* que se obtenga por la prestación del servicio, lo que incluye donaciones, cuotas, o aportes, siempre que sean en moneda. Quedan excluidos, por lo tanto, las contribuciones en especie, el trabajo personal y el trueque o canje de servicios, porque si bien son mensurables monetariamente, considerarlos como ingreso distorsiona severamente el cuadro de resultados y confundiría la gestión. Estos tres recursos pueden resultar muy útiles y de ninguna manera debemos descartarlos. Pero, aun de manera informal, habrá que contabilizar los egresos e ingresos que producen. El trabajo "gratis" de un pariente o amigo, el préstamo de un juego de escritorio o sillones o la atención de un médico a su colega sin cobrarle, son prestaciones que deben ser evaluadas y comparadas con la contrapartida recibida a cambio. Porque no siempre ésta se recibe o compensa suficientemente.

2. Estrategia y política de precios

En general, una *política* consiste en un esquema establecido anticipadamente para aplicar en situaciones de tipo repetitivo, mientras que una *estrategia* se utiliza más frente a situaciones especiales o puntuales.[7]

De todas maneras, siempre que se pretenda establecer una política o una estrategia de precios, previamente hay que definir cuál es el "blanco" del mercado o universo al que se quiere alcanzar. Esto implica no prestar atención solamente a los costos, sino también a cómo piensan y actúan quienes componen ese segmento de usuarios. Además, una fijación racional de los precios no puede determinarse sin coordinar esta acción con las características del servicio, su demanda, estacionalidad, posibilidades geográficas y, sobre todo, su imagen y posicionamiento (esta es la razón por la que un médico especialista consagrado puede cobrar honorarios varias veces superiores a los de muchos de sus colegas).

3. Cauce de discrecionalidad

A todos estos condicionamientos se los agrupa en lo

---

[7] "Multi-stage approach to pricing", por Alfred R. Oxenfeldt, **Harvard Business Review,** jul-ago 1960.

que se suele llamar *cauce de discrecionalidad* en la fijación de precios.[8]

Dentro de este cauce de discrecionalidad se debe tener en cuenta, por lo menos, los siguientes factores que directa o indirectamente condicionan las decisiones a tomar:

- Grado de intervención del Estado.
- Inflación estimada para el período.
- Elasticidad-precio y elasticidad-cruzada del servicio.
- Acceso al crédito bancario y comercial.
- Pronóstico de la demanda en el período.
- Estacionalidad del servicio.
- Blanco del mercado al que se apunta.
- Posibilidades de segmentación y determinación de los segmentos a servir.
- Posibilidades de diferenciación o ventajas diferenciales obtenidas.
- Etapa del "ciclo de vida" o grado de familiaridad del usuario con el servicio.
- Grado de competencia existente y sus precios.
- Distancia de la prestación (geografía de precios).

A partir del análisis de estos doce factores se podrá verificar si es posible cumplir en un período dado el *objetivo de precio* prefijado. Absolutamente todas las actividades de servicios —independientemente de los fines de lucro o altruistas que persigan— tienen un objetivo de ingreso de usuarios o beneficiarios (cantidad de donantes, socios, afiliados, pacientes, votantes, feligreses o clientes). Y algún precio o contribución pagarán esos usuarios.

En la fijación de precios es posible perseguir distintos objetivos: penetración de mercado, promoción de una marca o línea, rápido retorno a la inversión, lograr prestigio en base

---

[8] **Estrategia de comercialización,** por Alberto R. Levy, Ediciones Macchi, 1970

a un alto precio o bien, "descremar" el mercado (o sea, cuando la novedad o el atractivo inicial del servicio permite lograr que los "usuarios-primicia", es decir, los iniciadores que gustan ser reconocidos como tales, estén dispuestos a pagar un precio mayor).

Dentro de aquellos doce factores no están contemplados dos que pueden llegar a incidir en las políticas y, en algunos casos, con importancia superlativa. Nos referimos a los proveedores de insumos y, en las actividades en que son necesarios, a los clientes-usuarios intermedios. Muchas veces se dependerá de ellos en forma sustancial lo que condiciona sensiblemente la formación de precios. Aunque el caso más patente es el del comercio mayorista, colocado casi siempre entre la "tenaza" formada por el fabricante y sus clientes minoristas, nos referimos a proveedores en sentido amplio como, por ejemplo, las obras sociales en el caso de los médicos o el club que otorga la concesión de su "buffet". De más está decir que las políticas que se mantengan con ellos deberán contemplar esta debilidad y tratar de prever contractualmente los posibles abusos de esta relación de dependencia.

4. Precios y conducta del usuario

Como vimos, toda empresa productora de la industria manufacturera suele dar formas precisas para la determinación de los costos de cada unidad de producto, aun a diferentes volúmenes de producción. Por eso, parte de su juego estratégico podría ser el convertirse en un productor de bajo costo y utilizar esa posición como arma competitiva. Recordemos que Porter reconoce dos tipos de ventaja competitiva: diferenciación de producto (o servicio) y liderazgo en costos (o sea, en precios bajos).[9]

---

[9] M. Porter, 1985, obra citada.

Pero en el negocio de servicios, precisar cuál es la unidad del servicio ya es bastante difícil por lo que mucho más lo será calcular su costo. Dicha dificultad es muchísimo menor en el caso de los "maquiservicios", pero subsiste. De ahí que, en estas actividades, la determinación de los precios se basa mayormente en el valor que las mismas proporcionan antes que en los costos en que se incurre para prestarlas.[10]

Generalmente, este valor es determinado por los compradores y, en alguna medida, por los oferentes competidores. Dice Dan Thomas que "los usuarios tienden a tener una sensación de lo que deberán pagar por el servicio en particular, aunque la fuente de esta sensación no es muy clara". ¿Por qué, por ejemplo, estoy dispuesto a pagar en el Maxim's de París diez veces más de lo que cuesta esa comida? Además, la comparación entre servicios similares o parecidos no siempre es sencilla (¿cómo me hubieran cortado el pelo en otra peluquería que a la que fui hoy?).

Lo que tiene que quedar en claro es que el factor precio juega un papel distinto en los servicios que en los productos, sobre todo si éstos son de consumo masivo. El precio no es tan importante cuando una empresa contrata a un consultor o un padre elige el colegio para sus hijos —o, por lo menos, no tendrá un rol tan terminante en esa decisión— dado que la selección no se fundará en lo que resulte más barato.

Hay dos conceptos económicos básicos referidos a la relación precio-comportamiento económico del consumidor:[11]

1. *La ley de la demanda* (o sea, se comprará mayor número de unidades a precios bajos que a precios altos).

2. *Elasticidad de la demanda frente al precio* (o sea, la

---

[10] D. Thomas, artículo citado.
[11] **La gerencia comercial,** por Alfred R. Oxenfeldt, Editorial El Ateneo, 1972.

sensibilidad de los compradores con referencia a los cambios de precios). Decimos que una demanda es *elástica* cuando ésta se comporta en forma proporcional inversa: a mayor suba de precio menor demanda. Una demanda es *inelástica* cuando ante una suba no exagerada del precio, la demanda se mantiene estable o decae menos que proporcionalmente —siempre en forma inversa— a dicho incremento.

La *elasticidad cruzada* resulta de la sensibilidad del comprador frente a aumentos diferentes entre dos servicios sustitutivos o concatenados. Ejemplo del primer caso sería la reacción del comprador ante la suba abrupta del precio de las fotocopias y un aumento relativo menor del costo de las fotoduplicaciones; ejemplo del segundo, cuando ante un aumento muy significativo en el precio de la nafta, se produce una caída de la demanda de transporte de combustibles líquidos en camiones cisterna, debido al menor expendio de ese combustible en las estaciones de servicio.

En economías inflacionarias, las decisiones erróneas en materia de fijación de precios son sencillamente corregibles con el solo transcurso de un breve lapso —más corto cuanto más alta sea la tasa de inflación—, pero en situaciones económicas estables, los errores se pagarán durante mucho tiempo con el castigo de los usuarios que obligarán a ingentes y caros esfuerzos para reconquistarlos. Independientemente de ello, las decisiones sobre precios son siempre delicadas ya que de su acierto o no se depende para tener ganancias o pérdidas, tanto económicas como de clientela.

Kotler reconoce cuatro situaciones de gran importancia en lo que hace a la fijación de precios:[12]

---

[12] P. Kotler, obra citada.

a. Cuando se están por fijar por primera vez.
b. Cuando las circunstancias inducen a un cambio de precios.
c. Cuando la competencia inicia un cambio de precios.
d. Cuando se ofrecen varios servicios cuyas demandas y costos están relacionados entre sí.

5. Mecánica para la fijación de precios

Por su parte, Costa Lieste distingue tres criterios para aplicar en la mecánica de la fijación de precios: a) "costo-más", b) rendimiento sobre las inversiones y c) cálculo de probabilidades.[13]

a. *Mecánica del "costo-más"*
Consiste, como su nombre lo indica, en agregar un valor absoluto o relativo al costo total de un producto o servicio (o al costo directo, como margen de contribución para enjugar los costos indirectos). Es el método más difundido por su sencillez de cálculo, ya que no requiere ningún tipo de investigación de mercado, y además suele estar asociado con cierta idea de precio "justo", sobre todo frente a gobiernos de tipo intervencionista. Pero adolece de graves defectos: no analiza la demanda ni la política de precios de la competencia; tampoco maximiza la rentabilidad potencial del servicio y, además, está vulnerablemente expuesto en períodos inflacionarios.

b. *Mecánica del rendimiento sobre las inversiones*
En ésta se determina una tasa-objetivo de rentabilidad sobre las inversiones realizadas en cierto período. Su

---

[13] E. Costa Lieste, obra citada.

mayor apariencia científica le ha otorgado algún prestigio, pero en la práctica la fijación de una tasa de retorno es un acto tan arbitrario como el valor aplicado en el "costo-más".

c. *Mecánica del cálculo de probabilidades*
A través de sucesivos pasos se van calculando diversos valores de costos propios y de la competencia, y luego, la estimación del grado de probabilidad que tiene cada oferente de tomar el negocio u obtener un usuario. Aunque aparentemente es más complejo, cuando uno se habitúa a su cálculo éste se torna sencillo y aplicable a todo tipo de actividad de servicios que no goce de un monopolio de hecho o de derecho. Los pasos a seguir son los siguientes:

1. En una tabla (ver Tabla 2), colocar una columna con los precios propios y los estimados para la competencia.
2. En la siguiente columna asignar probabilidades —subjetivas— de cotización a determinado precio, por parte de los oferentes.
3. Luego, incorporar las probabiliidades en forma acumulada.
4. En la última columna incluir la probabilidad (subjetiva) de cada oferente para obtener el negocio o al cliente.

Tabla 2

1 Precios	2 Probabilidad individual	3 Probab. acumulada	4 Probab. de obtención
menos de $ 100	0.15 (15%)	0.15	0.70
$ 100 -120	0.40 (40%)	0.55	0.40
$ 120-150	0.40 (40%)	0.95	0.10
más de $ 150	0.05 (5%)	1.00	—

Lo que queremos decir al hablar de probabilidad subjetiva es que ese grado se asigna en función de la experiencia en el mercado o de la información que se pudiera obtener sobre cada uno de los oferentes (por eso no hay necesidad de que la columna 4 acumule un valor de 1.00).

A este cuadro lo tendremos que complementar con el de los beneficios o de la utilidad esperada (ver Tabla 3):

Tabla 3

Precios	Utilidad Neta	Probabilidad de obtención	Beneficio esperado
$ 100	$ 20	0.70	$ 14
$ 120	$ 60	0.40	$ 24
$ 150	$ 70	0.10	$ 7

Estimando la utilidad neta que se obtiene a cada nivel de precios y multiplicando estos valores por la probabilidad de obtención asignada, se calcula el beneficio o utilidad esperada.

El esquema inidca que con un precio de $ 120, aunque hay menor probabilidad de obtener clientes o negocios, en el largo plazo se podrá maximizar el beneficio. Este es por demás útil cuando se lo aplica a servicios personales —que tienen un tiempo físico máximo de atención— o aquellos en los que la expansión está sujeta a inversiones significativas o a costos semiproporcionales de envergadura. Obsérvese que resulta aplicable a la mayor parte de las actividades de servicio, aun para las que se prestan sin fines de lucro, pero que están sujetas a aportes o cuotas en moneda.

6. Discriminaciones de precios (bonificaciones, descuentos y recargos)

Se denominan discriminaciones de precios a todos los cambios que se introducen en los mismos en función de factores que, sin integrar el costo de la prestación en forma directa, se hallan estrechamente vinculados a él —sea aumentándolo o disminuyéndolo—; por ejemplo, el volumen adquirido, la distancia del comprador, la estacionalidad del servicio o la forma y tiempo de pago.

Estas discriminaciones existen siempre, aunque sea informalmente, como cuando se cobra "según la cara del cliente". Por lo tanto, desde un punto de vista de marketing será por demás conveniente tener junto a las políticas de precios, políticas de discriminación. Y, por supuesto, comunicarlas a los usuarios.

Por tratarse de excepciones, toda discriminación debe manejarse con gran prudencia para no irritar a quienes están habituados a precios o mecánicas determinados. Cuando un banco fija un precio arbitrario —desproporcionado al costo— por enviar un simple extracto con el movimiento de la cuenta corriente, está precisamente introduciendo un factor de irritación que puede generar pérdida de clientes, efecto mucho más grave que los costos que pensaba enjugar con esa recaudación.

Con los descuentos por volumen —llamados cuantitativos— hay que tener el cuidado que ya hemos advertido al tratar el tema de los costos crecientes o que, al menos, no decrecen ante una economía de escala. En estos casos, lo mejor será manejar el cuadro sobre *Indice de Vulnerabilidad* que mostramos más adelante. En cambio, con las discriminaciones por distancia —llamadas geográficas—, el cuidado debe centrarse en que los recargos no alcancen tal significación que promuevan servicios sustitutivos o similares, localizados cerca del usuario. Lo mismo en cuanto a la discriminación de precios por estacionalidad —cronológica—, ya que aprovechar un pico de demanda elevando los precios del servicio más allá de ciertos límites relativos puede llevar a un cambio de hábitos (muchos prestadores de servicios lo han podido comprobar en lugares de vacaciones).

Aun en las economías estables, pero mucho más en las

inflacionarias, los recargos financieros según la forma y tiempo de pago constituyen una necesidad imprescindible, si se quiere evitar la erosión permanente del capital de trabajo. En servicios son pocos los insumos que se pueden "stockear", no existen bienes tangibles en proceso o terminados exentos de la devaluación del dinero ni, en general, activos patrimoniales que permitan endeudarse y adquirir activos financieros indexados o en monedas duras.

El tiempo, por lo tanto, es enemigo de la propia rentabilidad. Siempre que se pueda o lo admita el cliente, debe cobrarse una parte anticipada y, en todos los casos, cuando se calcule el objetivo de rentabilidad o de utilidad bruta, debe acudirse a la rentabilidad "testigo" o *costo de oportunidad*, que surge de comparar la rentabilidad de un servicio con la que produciría esa misma inversión en una operación financiera. Pero además, hay otro factor, que podríamos llamar costo de oportunidad intelectual o espiritual, a tener en cuenta, sobre todo en los servicios unipersonales: ¿se justifica cobrar tarde y devaluadamente un servicio en lugar de haber aplicado el tiempo que nos ocupó, a tareas intelectuales, espirituales, afectivas o de entretenimiento? Como hemos sostenido anteriormente, lo más importante no es tanto el haber realizado una inversión que no es óptima, sino el hecho de ignorarlo.

7. Descomposición de precios

En algunas industrias manufactureras —las terminales automotrices, por ejemplo— se exige a los proveedores la presentación de análisis de costos, por lo que costos y beneficios se exponen bastante transparentemente. Lo mismo suele ocurrir cuando se trata de servicios prestados a empresas. En general, cuanto más familiarizado esté un consumidor o usuario con el producto o servicio tanto más conocerá y dominará los costos del proveedor, obteniendo una fuerza extra para su poder de negociación.

Salvo que se maneje con segmentos de mercado muy particulares, que detente un posicionamiento privilegiado o se encuentre en una situación casi monopólica de oferta, todo prestador de servicios debe estar técnicamente preparado para "descomponer" su precio de venta. Nada fastidia más que cuando un club aumenta la cuota sin informar a qué se debe ese incremento —descontando la inflación— y en dónde se gasta lo recaudado. Comunicar la descomposición de precios es un eficaz recurso de marketing, porque le permite al usuario conocer las razones por las que se cambia un precio a la par que contribuye a fijar una imagen de seriedad del oferente.

8. Rentabilidad económica o social. Indice de vulnerabilidad

En el mundo contemporáneo, cualquier actividad que se encare —aun las más espirituales o filantrópicas— tendrá que asentarse sobre un presupuesto económico y operativo. Y así como nos hemos referido a un criterio lato en materia de precio, con la misma amplitud consideraremos el tema de la rentabilidad. Rentabilidad significa cuantificación de los fines u objetivos propuestos para la prestación, de la obtención de los medios económicos y materiales necesarios para su consecución y de los resultados obtenidos en un período dado.

a. Objetivo de rentabilidad

Fijar un objetivo de rentabilidad constituye una tarea que, inconsciente o manifiestamente, hace todo el que encara una actividad económica o profesional. Es cierto que, muchas veces, esta acción sólo podrá limitarse a las pautas, costumbres o posibilidades de la sociedad en la que se presta el servicio. Pero nada es inmutable en este mundo y, si uno se plantea la obligación de determinar un objetivo y verifica que no se compadece con los usos y costumbres, tal vez pueda descubrir alguna alternativa que se aparte parcial o totalmente de éstas y se acerque más a aquél.

La rentabilidad en sentido estricto queda limitada a la que se obtiene como porcentaje de ventas o como porcentaje del capital invertido. Pero si la consideramos desde el ángulo que hemos anotado arriba veremos que el objetivo y sus resultados verificables son aplicables a una fundación, una iglesia, un sindicato, un partido político, etc.

b. *Cálculo de la utilidad bruta*

Ya nos hemos referido al margen de contribución o margen bruto (también, utilidad bruta o *gross profit*), cuya función la describimos como el valor absoluto (en unidades físicas o monetarias) o relativo (porcentual) que contribuye a enjugar los egresos y costos indirectos. Si bien muchos lectores dominan seguramente la técnica para su cálculo —por lo que les pido que pasen al punto siguiente—, otros pueden no estar familiarizados con ella, aunque conozcan el concepto. Por eso, damos las bases para aplicar dicha técnica:

Supongamos que en un estudio consultor de ingeniería no hay capacidad ociosa intelectual ni material (oficinas, computadora, etc.) y surge un cliente que solicita un proyecto interesante, pero que obligará a inversiones e incorporaciones de equipo humano (costos directos). Sin embargo, los honorarios habituales para este tipo de proyecto dejarían una contribución poco significativa a los costos generales del estudio. Antes de rechazar al cliente, se le puede presupuestar el proyecto con un margen mayor, digamos el 40%. La fórmula a utilizar será:

$$\frac{\text{Costo directo del proyecto}}{\text{Unidad menos margen deseado}} = \text{Precio de venta}$$

La Utilidad Bruta será entonces:

Precio de Venta - Costo Directo = Utilidad Bruta

Suponiendo que el costo directo del proyecto, que incluye los costos proporcionales y no proporcionales, fuera de un valor de U$S 5.000, tendríamos:

$$\frac{5.000}{1 - 0.40} = \frac{5.000}{0.60} = \text{U\$S } 8.333$$

8.333 - 5.000 = 3.333 (o sea, el 40% de 8.333)

Nos permitimos insistir con este tema, porque es muy común en pequeños comercios o actividades unipersonales que el cálculo del "porcentaje de ganancias" se haga sobre el costo directo (en nuestro ejemplo, agregándole un 40% a los U$S 5.000, que dará un precio de venta de sólo U$S 7.000). Recalcamos que el margen bruto de contribución o utilidad bruta debe siempre calcularse sobre el precio de venta y no sobre los costos directos.

Indice de vulnerabilidad

El índice de vulnerabilidad constituye una excelente herramienta de evaluación y control de la organización o gestión en los siguientes casos:

1) cuando se prestan varios servicios dentro de una línea (turismo local, receptivo y emisor, por ejemplo);
2) cuando el servicio se realiza a través de distintas sucursales o centros de prestación (un médico que atiende en más de un consultorio y más de una obra social);
3) cuando se maneja un pequeño número de clientes con diferente margen relativo de contribución (en las auditorías contables o en los estudios de arquitectura, por ejemplo).

El sistema es de sencilla aplicación y su única limitación radica en la necesidad de disponer de una correcta y oportuna información administrativa y de tener claros algunos criterios de asignación de costos cuya alocación puede resultar dudosa. Una vez familiarizados con la mecánica de los porcentajes verticales y horizontales, la toma de decisiones correctivas o protectivas se facilita sorprendentemente.

Cuadro del Indice de Vulnerabilidad - Referencias

a. Las *columnas numeradas* pueden representar distintos servicios, líneas de servicios, sucursales, clientes o tipos de clientes, consultorios, parroquias, etc.
b. Los *porcentajes* de las *columnas* son verticales, es decir referidos al valor de ventas en moneda (fila 3).
c. Los *porcentajes* de las *filas* son horizontales, es decir, referidos al valor de TOTAL de cada ítem.

d. Siglas:
    C.D.P.:   Costo directo proporcional
    C.D.N.P.: Costo directo no proporcional.
    M.C.:   Margen de contribución.
    C.I.P.:   Costo indirecto proporcional
    C.I.N.P.: Costo indirecto no proporcional
    U.N.:   Utilidad neta
    I.V.:   Indice de vulnerabilidad.
e. El Indice de Vulnerabilidad es un número entre **0** y **1** que resulta de dividir los valores de fila 7 sobre fila 3 (y en la columna TOTAL representa la utilidad por peso vendido).
f. En el ejemplo, los valores de venta por unidad son:
    Servicio 1 $ 2
    Servicio 2 $ 4
    Servicio 3 $ 12
    Servicio 4 $ 8

COSTOS E INGRESOS

INDICE DE VULNERABILIDAD

CONCEPTO	TOTAL	1	%	2	%	3	%	4	%
1. *VENTAS* en unidades	1.600	500	-	800	-	50	-	250	-
2. *VENTAS* en unidades %	100.0%	31.3%	-	50.0%	-	3.1%	-	15.6%	-
3. *VENTAS* en $	6.800 (100%)	1.000	100%	3.200	100%	600	100%	2.000	100%
4. *VENTAS* $ en %	100.0%	14.7%	-	47.1%	-	8.8%	-	29.4%	-
5. *C.D.P.* en $	1.800 (26.5%)	600	60.0%	200	6.3%	200	33.3%	800	40.0%
6. *C.D.N.P.* en $	2.000 (29.4%)	200	20.0%	1.200	37.5%	100	16.7%	500	25.0%
7. *M. de C.* en $	3.000 (44.1%)	200	20.0%	1.800	56.2%	300	50.0%	700	35.0%
8. *M. de C.* en %	100.0%	6.7%	-	60.0%	-	10.0%	-	23.3%	-
9. *C.I.P.* en $	500 (7.3%)								
10. *C.I.N.P.* en $	2.000 (29.4%)								
11. *UT. NETA* en $	500 (7.3%)								
12. *I. de V.*		0.20	-	0.56	-	0.50	-	0.35	-

VI. Operaciones

1. La distribución en las prestaciones de servicios.
2. Localización geográfica de las prestaciones.
3. Exportación de servicios.

1. La distribución en las prestaciones de servicios

El término *distribución* lo tomamos metafóricamente del marketing de productos tangibles, pues no se puede literalmente hablando, "distribuir" el servicio. Pero de alguna manera debemos referirnos al cómo y al dónde instalar las distintas bocas a través de las cuales se prestará la actividad (oficinas, consultorios, filiales, locales, etc.).

La estrategia en materia de distribución de prestaciones consiste en planear, implementar y controlar las redes que conectan al prestador con el prestatario, y por las que fluyen, tangible o intangiblemente, los servicios. Hasta aquí, todavía estamos hablando de *bocas de expendio o de prestación* del servicio, pero la estrategia tiene que ir un poco más allá, e incluir el aprovisionamiento de insumos claves, sean tangibles o no, que por la naturaleza misma del servicio que se presta será imposible "stockear". Por ello, podremos distinguir:

I. Bocas de abastecimiento

Aunque, a veces, las bocas de abastecimiento son similares a las bocas de expendio, otras no es así o resulta más conveniente mantenerlas separadas. Algunas cadenas de supermercados tienen un depósito mayorista, común a todos sus eslabones, al que acuden para su abastecimiento diario. Esta es la misma razón por la que numerosos abogados instalan su estudio cerca de los tribunales o muchos médicos operan con laboratorios de análisis cercanos a sus consultorios.

En los casos en que la *rapidez* con que se obtenga el insumo constituye un factor clave, convendrá que la boca de prestación se encuentre dentro de la zona de influencia del abastecedor, si ello es posible. La existencia de una playa de estacionamiento cercana a un restaurant o una *boite* es casi obvia, pero la necesidad mantiene su validez en el caso de una peluquería, una agencia de viajes, un consultorio o un club.

La *distancia* puede no ser un factor importante, cuando la entrega del insumo en el punto de prestación, en tiempo oportuno y cantidad adecuada, está asegurada y a cargo del proveedor, pero sí lo es cuando corre por cuenta del comprador.

Hay insumos que, aunque son indirectos, tienen una incidencia significativa. Por ejemplo, ¿cómo medir la pérdida que los cortes de energía eléctrica pueden provocar en la prestación profesional de un escribano, un médico o un auditor externo? Y aquí surge la necesidad de enfatizar dos cosas: el carácter de la relación que se mantiene con los abastecedores y la necesidad de proveedores alternativos.

En servicios el cuidado y la deferencia con que se trate a los proveedores pesarán significativamente cuando la expansión de la propia demanda sólo pueda ser satisfecha gracias a la buena disposición de aquéllos. La arrogancia, la descortesía o el incumplimiento se pagarán, más tarde o más temprano, muy caro.

Pero, por otro lado, tampoco se debe reposar en el abastecimiento de un único proveedor, porque ante el menor inconveniente que lo afecte, sea por impericia o fatalidad, puede desmoronarse la más ceñida red de lealtades que se haya establecido con los usuarios, pues el incumplimiento —encadenado al del proveedor— quizás los perjudique significativamente.

II. Bocas de prestación

El traslado de productos tangibles al consumidor intermedio o final se hace a través de un *canal de distribución*, o sea, un conjunto de unidades físicas, pertenecientes o no al productor, por donde aquéllos circulan. En servicios, la definición no resulta igual de clara, porque el canal, muchas veces, no aparece tan definido, fijo ni extenso.

Es relativamente sencillo reconocer el canal de distribución de un abogado, un odontólogo, un peluquero o un *restauranter:* estudio, consultorio y salón. Sin embargo, en el caso de arquitectos, consultores, traductores o buscadores de personal surgen algunas dificultades.

Para despejar un poco el tema, refirámonos a las *funciones* que cumplen los canales de distribución. En rigor, las mismas debieran ser llevadas a cabo por el productor o el prestador directamente para hacerles llegar sus producciones a los consumidores finales, sólo que los intermediarios o eslabones del canal las desarrollarán más eficientemente. Esas funciones son las siguientes:

a. Contacto

Acerca o conecta a los usuarios tanto desde el punto de vista cuantitativo (función de *conexión,* relacionada con el número de usuarios y el número, ubicación o distancia de las bocas), como del cualitativo (función de *acceso*, relacionada con la oportunidad, la eficiencia, la simultaneidad, etc.).

b. ***Promoción***
Informa, asesora y persuade a los nuevos usuarios y busca mantener leales a los ya clientes.

c. ***Stock y fraccionamiento***
Acumula, almacena o fracciona los elementos e insumos que posibilitan servir las necesidades de los usuarios y potenciales.

d. ***Transporte***
Traslada hasta el usuario la prestación misma, a quien habrá de ejecutarla, o el producto o resultado de la ejecución.

Estas cuatro funciones no tienen por qué ser cumplidas por un solo canal. Ejemplifiquemos con el caso del arquitecto: la función de *contacto* la cumpliría toda su acción de entrevistas con clientes o potenciales o su presentación a concursos selectivos, a la par que la atención en su estudio o atelier; la función de *promoción* estaría cumplida por varios eslabones que van desde los avisos profesionales en diarios y revistas especializadas hasta los carteles de obra o las tarjetas personales; la función de *stock y fraccionamiento* es más difícil de precisar, porque se realiza sobre un insumo puramente intelectual, como son el estudio, la especialidad y la experiencia acumulados en toda su vida profesional, "fraccionados" para aplicar a ese servicio en particular; finalmente, la función de *transporte* la cumpliría la entrega del plano de la obra, en cuanto al servicio de dibujo o diseño, y la obra terminada, en cuanto al servicio de construcción.

Ahora, veamos varios ejemplos de servicios:

- Cosméticos, tipo Avon: las cuatro funciones estarían prestadas por ese único canal que es la vendedora o "experta".
- Inmobiliaria: la oficina cumple la función de contacto y stock-fraccionamiento, pero la de transporte estará a cargo del promotor y la de publicidad será cumplida por los avisos en diarios o carteles.

- Banco: los locales de atención al público satisfacen la función de contacto y la de stock-fraccionamiento —considerando también los cajeros automáticos—, la de promoción o publicidad la brindarían los medios de comunicación por los que se canalizan los avisos, y la de transporte, la "instalación" de la información en la casa o local del usuario, como en el caso del Boston Net o del Servicio de Atención Telefónica del Citibank.

- Autotransporte: aquí no tendríamos función de transporte y casi tampoco de publicidad —salvo que las "paradas" y las guías impresas así sean consideradas—, mientras que la de contacto estaría dada por la "parada" y la de stock-fraccionamiento por la terminal.

- Empresa de limpieza: las funciones de contacto y la de transporte estarían cubiertas por la misma dotación de limpieza —que también cumpliría, parcialmente, la de promoción—, mientras que la de stock-fraccionamiento por el depósito central y la de promoción, a través de avisos publicitarios de cualquier índole.

Evidentemente, el cumplimiento de estas funciones no

es una tarea sencilla y, además, puede estar sujeto a discrepancias. Nadie dudaría que el canal de distribución propio de un diario o una revista es el puesto de diarios o kiosco, es decir, su punto de venta. Pero los restantes medios de comunicación que publicitan sus avisos promocionales son, al mismo tiempo, un canal en cuanto a la función de promoción. Es más, en los últimos lustros han surgido programas radiales o televisivos a cargo de periodistas o comentaristas cuyo insumo informativo está proporcionado por los diarios y revistas antes que por las agencias noticiosas. O sea que aquellos ganaron un nuevo canal, mientras que estas lo han perdido parcialmente.

¿Cuál es la importancia de poder separar las cuatro funciones? Permite individuializar qué aspectos no están servidos por los propios canales de distribución para, si es viable, proceder correctivamente. Por ejemplo, una línea aérea, en general, no presta servicio de transporte en tierra (lo que en la jerga de los servicios turísticos se llama "transfer"); aunque ello es complementado muchas veces por las agencias de turismo, podría ser ofrecido por los transportadores aéreos como un servicio puerta a puerta para los pasajes de primera clase.

Además, permite descubrir qué factores cumplen el verdadero papel de canales de distribución. En una empresa de personal temporario, la verdadera boca de expendio es el teléfono, pero en el reclutamiento de personal, la boca de contacto es incuestionablemente la oficina a la que llegan los postulantes; con respecto a estos, la función de promoción la cumple la sección clasificados de los diarios, mientras que con respecto a los clientes, la guía telefónica puede ser un factor significativo.

Por otra parte, en algunos tipos de servicios el canal es la forma tangible que asume el servicio terminado. Tal ocurre con el informe de un consultor o la terna presentada al cliente por el buscador de recursos humanos. De la misma manera, con el servicio de limpieza de oficinas o fábricas o con el aumento de los niveles de protección a la infancia que logra U.N.I.C.E.F. En otros, en cambio, el canal estará representado por la infraestructura que lo posibilita: la sede del club o los consultorios médicos proporcionados por un sindicato. Por eso, el desagregamiento de las cuatro funciones ayudará al mejoramiento de la prestación y a la optimización de los costos.

III. Despacho al usuario

Este tema se relaciona con la función transporte de los canales de distribución. Trata los distintos modos en que llega el servicio al usuario. Al respecto, hay diferencias que no siempre se identifican con facilidad.

En el caso de la venta de cosméticos tipo Avon, la función de transporte la cumple, como dijimos, la promotora, pero la función de despacho la realiza el departamento que se ocupa de expedición. En los restantes ejemplos mencionados en el punto anterior (inmobiliaria, banco, autotransporte y limpieza), ambas actividades descansan sobre las mismas personas o de similar categoría funcional. Discriminar estas dos funciones siempre que sea posible, posibilitará articularlas en forma ventajosa y sin que se estorben mutuamente.

El criterio básico para el despacho al usuario debiera ser el de "entrega a domicilio" (o entrega cercana al domicilio). En un principio, cuando recién se inaugura un servicio que viene a satisfacer cierta necesidad latente e imperiosa del mercado, puede ser atractivo que el cliente se movilice para buscar el canal, pero una vez que se familiarice y haya recorrido gran parte de la "curva de aprendizaje", preferirá a quien le acerque la prestación. Este criterio ha contribuido al éxito del servicio de coches de *remisse*, hoy parcialmente competido por los radio-taxis.

La función transporte y la función despacho pueden transformarse, entonces, en eficaces barreras para la entrada de nuevos competidores. Tomemos el ejemplo del negocio político o ideológico: antes los afiliados, simpatizantes o adherentes a determinada posición se acercaban a un local partidario en el que se vinculaban con sus correligionarios y líderes. El tejido de lealtades partidarias se arraigaba fuertemente en ese concocimiento personal que, en muchos casos, devenía en una pasión bastante intensa y hasta fanática hasta ciertos caudillos. El "transporte" que brinda un partido político —sea del servicio ideológico o del de aglutinamiento de intereses de diverso tipo— hasta la casa del afiliado o votante recién se logra con la utilización de la prensa y especialmente, de la radio y la televisión, que son sus nuevos canales de distribución.

No es que los antiguos canales hayan perdido completa vigencia —el manejo de la "maquinaria interna" de los partidos encuentra en ellos una herramienta eficaz—, pero en la competencia por el electorado hay que impedir que el contrincante se posicione mejor, para lo cual el dominio de una buena parte de los medios de comunicación masiva será un elemento importante —obviamente si se cuenta, además, con un candidato, una campaña o con los mensajes apropiados—.

El esquema es igualmente aplicable a un club o a cualquier institución sin fines de lucro e, inclusive, a un médico. En muchos casos, el canal de distribución fue y sigue siendo la sede social o el consultorio, y nada se hace para acercarse a los miembros o pacientes a través de un canal nuevo. La chapa en la puerta de un médico ya no es el canal eficaz para la derivación de pacientes ni tampoco alcanza el trabajo hospitalario. Aproximarse a la casa de los usuarios será la mejor forma de procurar su lealtad; no hacerlo so pretexto de evitar actitudes "mercantilistas" que no serían bien vistas por los miembros venerables del club o los consejos académicos es confundir los términos. No estamos hablando de campañas publicitarias, sino de mantener una comunicación recíproca —hacia ellos y no, como siempre, desde ellos—, con cierta periodicidad.

Salvo excepciones, el mensaje a los usuarios es para pedir una cuota extraordinaria o para informar la mudanza del consultorio. ¿Qué resultaría de pedirles una opinión o preguntarles cómo les fue con el último tratamiento?

2. Localización geográfica de las prestaciones

Para algunas prestaciones, la localización geográfica de las bocas de expendio —y, a veces, de abastecimiento— tiene particular importancia. Generalmente, el responsable de la comercialización de una empresa de servicios tiene un conocimiento empírico de las zonas donde resultaría conveniente instalar una boca de expendio. Pero tratándose de organizaciones no empresarias o de profesionales independientes, puede ocurrir que esa experiencia no exista o no esté suficientemente afinada. Para ellos describimos a continuación un sencillo pero objetivo sistema de selección de los blancos geográficos óptimos, en base a criterios básicos que permitan determinar el número y ubicación de aquellos.

a. Listar los rubros o factores que tienen o podrían tener relevancia en la utilización del servicio, desde el punto de vista de *la distancia, el transporte hacia y desde los usuarios, el acceso y las comunicaciones*.

b. Confeccionar un ranking de zonas en función de la *cantidad de usuarios potenciales*, definiendo previamente el universo al que se apunta (empresas, población, propietarios, predios, graduados, socios, trabajadores, viajeros, automotores, etc.). Estas zonas deberán representar la unidad más pequeña que se disponga en base a censos, guías o listados, aunque variará según el tipo de servicio. Por ejemplo, una vez determinado el barrio para la instalación de un comercio, sería de utilidad un análisis del número de habitantes que cada manzana de ese barrio tiene.

c. Definida provisoriamente la o las zonas de mayor interés, deberá hacerse un *análisis de competencia geográfica* que incluya a los competidores directos e indirectos, tanto los actuales como a los potenciales o sustitutivos. Es decir, tomando el concepto de competidor en sentido muy amplio (para una escribanía, una inmobiliaria puede ser un competidor, si se consideran sus posibilidades de derivar escrituras públicas a otras escribanías).

d. Una vez determinada la localización teórica más adecuada y sus alternativas inmediatas, convendrá realizar una segunda *evaluación* para ver cómo se compadecen esas localizaciones con las funciones que cumplen los canales de distribución. Para ello, habrá que asociarle —subjetivamente— a cada una de las funciones algún peso o gravitación mediante ponderaciones y, luego, aplicar probablidades, también subjetivas, sobre ellas, lo que conducirá a tener un *valor esperado* de cada localización.

Supongamos que se quiere definir la instalación de un estudio jurídico, típico caso en el que el canal está representado por la instalación física del estudio u oficina. La *distancia* deberá ser considerada relevante desde dos vertientes: como boca de abastecimiento convendrá buscar un lugar cercano a los tribunales y como boca de expendio, cercano al domicilio de la mayor parte de nuestros clientes o, al menos, de los grandes usuarios. A partir del concepto de marketing, no cabe duda que debe privilegiarse a los usuarios, pero una buena infraestructura de comunicaciones telefónica y telefáxica —o sea de *"transporte"*, como función— puede compensar la distancia. De cualquier modo, normalmente los tribunales de justicia se hallan en zonas de buena *accesibilidad* y con abundancia de medios de *transporte*, factores que también compensan la negatividad de la distancia (como boca de expendio).

En el ejemplo, la mayor parte de los clientes potenciales —pequeños comerciantes, profesionales y particulares— provendrían del barrio de Belgrano y por sus características no tendrían en algunos casos teléfono ni, mucho menos, telefax; por eso, la *distancia* vuelve a constituir un factor relevante en la relación cliente-canal, pero desde allí hay buenos medios de transporte hasta los tribunales. En un segundo paso, tendremos que zonificar la ubicación de cada uno de los clientes y, por supuesto, la de los potenciales, "mapeándola" sobre un plano, de manera tal que logremos una primera aproximación al lugar más conveniente de instalación. Luego, realizaremos el análisis de competencia verificando la cantidad y la calidad de nuestros competidores que actúan en la zona preseleccionada.

Para graficar la segunda evaluación conveniente sobre la localización de la boca de expendio, consideremos tres alternativas dentro de la misma zona: a) local individual a la calle, b) local compartido con colegas (interno) y c) local compartido con un escribano (en un primer piso, a la calle). A cada función le asignaremos un peso entre 1 y 3 y, a su vez, a cada local le adjudicaremos un valor por función entre 1 y 5 que, multiplicado por el peso, dará el *valor esperado* de cada canal.

| | | Local a || Local b || Local c ||
		Valor	VE	Valor	VE	Valor	VE
Contacto	2	4	8	3	6	5	10
Promoción	2	5	10	4	8	4	8
Stock-fragm.	1	1	1	5	5	2	2
Transporte	3	5	15	4	12	4	12
TOTAL			34		31		32

En este ejemplo, la función de contacto se refiere a la potencialidad para acercar o acercarse a los usuarios, y la de promoción a la capacidad del canal para atraer nuevos usuarios. La función de stock-fraccionamiento la hemos interpretado como la posibilidad del canal para conservar los archivos, documentación y jurisprudencia necesarios para el estudio y resolución de los casos y la de brindar atención alternativa con profesionales que permanecen en el estudio, mientras el profesional del ejemplo no está, cualquiera fuera la causa.

3. *Exportación de servicios*

Hemos preferido incluir la exportación de servicios dentro del capítulo de operaciones antes que en el de mercado, teniendo en cuenta que la prestación de servicios fuera del área de "elaboración" de los mismos está mucho más relacionada con los nuevos canales de prestación o distribución que con los mercados del exterior que atiende. En efecto, pensamos que, desde el punto de vista didáctico, es mucho más importante analizar la aparición del film o del videotape, por ejemplo, como medios, antes que el análisis cuantitativo de los mercados a los que las copias pueden destinarse.

La importancia del intercambio de servicios es cada vez más significativa dentro del comercio mundial. Pero, a pesar de ser éstos responsables del 60% del producto bruto mundial, todavía la participación del sector dentro del comercio internacional es baja: 8% en 1980.[1] Claro que en ese entonces no se había desarrollado en plenitud el "boom" de las computadoras personales, cuya utilización y usufructo ha rendido beneficios impensados a las que en sus comienzos fueron pequeñas —y casi amateur— empresas de servicios. Ahora, la conjunción telectrónica permite que un sinnúmero de actividades de servicios puedan exportarse, pues sus limitaciones temporales o espaciales han sido, parcial o totalmente, neutralizadas.

Procesamiento de datos; programación de computación; entretenimiento; educación; servicios jurídicos, contables, bancarios y de seguros; investigación y desarrollo; publicaciones; publicidad, relaciones públicas, comunicaciones e información, son todas actividades que pueden extenderse a escala mundial con las únicas restricciones de sus "envases" o "fletes" y, desde luego, las reglamentaciones.

La importancia de la soberanía económica —tantas veces utilizada como argumento en favor del proteccionismo industrial— aparece también como bandera en materia de prestación de servicios. A veces, la cuestión adquiere caracteres virulentos

---

[1] **Los servicios y el proceso de desarrollo,** Organización de las Naciones Unidas, U.N.C.T.A.D., 1986.

por parte de quienes sí están dispuestos a pagar cánones o regalías por patentes de producción industrial, pero no por tecnologías, métodos o procedimientos desarrollados en el campo de los servicios. Es que, nuevamente, se confunden los términos al apelar a fundamentos ideológicos o sentimentales antes que de racionalidad económica. Porque la accesibilidad al copiado de algunas tecnologías de servicios no justifica una protección privilegiada hacia prestadores que sólo se limitaron a imitar lo que otros desarrollaron. Ese proteccionismo sólo llevará al estancamiento y terminará por reeditarse el fenómeno de la "sustitución de importaciones" industriales que, por hacerse sin reparar en los costos y retrasos que implica en el mediano plazo, terminó en un completo fracaso latinoamericano.

Hasta un organismo como la C.E.P.A.L. —claramente identificado como promotor de las políticas de proteccionismo industrial— determinó que el comercio internacional de servicios "era una importante cuestión que había que estudiar". Se basó para ello en que, en 1980, los pagos mundiales por servicios totalizaron más de cuatrocientos diecisiete mil millones de dólares, cifra cinco veces y media mayor que la alcanzada, por el mismo concepto, en 1970. Es decir, que aunque con baja incidencia en el comercio mundial los servicios tienen una altísima participación en los balances de pagos.

El citado estudio de la U.N.C.T.A.D. presenta dos explicaciones para la baja participación de los servicios en el comercio internacional:

- Debido a las características especiales de sus procesos de producción o elaboración, la mayoría de los servicios tiende a ser prestada y utilizada dentro del país.
- Algunos servicios —como transporte o espectáculos— tienen que ser "consumidos" al mismo tiempo que se van elaborando o prestando.

En realidad, las explicaciones son poco convincentes.

La primera es sólo una descripción de lo que suele ocurrir también con productos manufacturados de baja tecnología y gran peso (como la industria del mueble). La segunda podría aplicarse igualmente a productos industriales perecederos y, además, no contempla la exportación de ciertos subproductos, como los "charter" y los videos para transmitir en diferido.

Si bien es cierto que los mayores importadores y exportadores de servicios fueron los países de la Comunidad Económica Europea, Japón y EE.UU. —que, en su mayoría, tienen una balanza de pagos con superávit en servicios salvo Alemania—, durante el período 1979-1981, la comercialización internacional de servicios fue superavitaria en 39 países de los 120 analizados en el trabajo mencionado, pero lo más interesante es que 21 de estos 39 eran los llamados "países en desarrollo".

Ejemplos de exportaciones de servicios hay muchos: estudios de auditoría contable, agencias de publicidad, empresas de construcción, empresas de transporte de todo tipo, empresas de software, estudios de consultoría, sistemas de enseñanza, las bolsas de valores, los servicios postales y de *courrier*, viajes y turismo, pólizas de seguros, comunicaciones, espectáculos, etc. Además, queremos incluir otros menos apreciados como tales y que pueden despertar en los lectores algunas ideas asociadas:

1. *Servicios públicos*
   (instituciones estatales o privadas)

Filantrópicas	(Fundación Rockefeller)
De bien público	(Fundación Vida Silvestre)
Reguladoras	(I.A.T.A.)
Religiosas	(distintas Iglesias)
Políticas	(Internacional socialista)
Energía	(Itaipú)

Defensa	(N.A.T.O.)
Sindicales	(C.I.O.S.L.)
Deportivas	(Comité Olímpico Internac.)
Energía	(Euratom)

2. *Servicios de comunicación y culturales*

Diarios y revistas	(Revista Hola)
Radioemisoras	(B.B.C.)
Telemisoras	(C.N.N.)
Editoriales	(McGraw Hill)
Agenc. de noticias	(E.F.E.)
Bases de datos	(Delphi)
Enseñanza	(Michigan University)
Encuestas	(SOCMERC)
Telefonía/telex	(E.N.Tel)

3. *Servicios de transporte*

Aéreo	(Aerolíneas Argentinas)
Automotor	(La internacional)
Marítimo	(E.L.M.A.)
Ferroviario	(El Transcordillerano)
Encomiendas	(World Courrier)
Mudanzas	(Van Lift)

4. *Servicios de apoyo empresario*

Seguros	(La Meridional)
Ingeniería	(Ingeniería Tauro)
Investig. de mercado	(Mora y Araujo, Noguera y Asoc.)
Catering	(Bs.As. Catering)
Exposiciones	(Banpaku)
Arquitectura naval	(Germán Frers)

OPERACIONES

    Estudios jurídicos   (Marval & O'Farrell)
    Auditorías   (Spilzinger & Asoc.)
    Personal temporario   (Manpower)
    Publicidad   (Lautrec Publicidad)
    Tecnología hotelera   (Sheraton)

5. *Servicios de entretenimiento*

    Turismo   (Las Leñas)
    Deportivo   (Luna Park)
    Artísticos   (Changuito Producciones)
    Televisivos   ("La aventura del hombre")

6. *Servicios para individuos o para el hogar*

    Emergencias   (Assist Card)
    Supermercados   (Disco)
    Peluquería   (Roberto Giordano)

7. *Servicios financieros*

    Bancos   (Banco de Galicia)
    Financieras   (Exprinter)
    Tarjetas de crédito   (Argencard)

VII. Promoción y comunicaciones

1. Comunicaciones. La comunicación que importa
2. Los tipos de comunicación

1. *Comunicaciones. La comunicación que importa*

Aunque parezca obvio, es importante no confundir la emisión de comunicación con la comunicación misma. Esta última sólo se perfecciona con su recepción por el destinatario, lo que no significa, necesariamente, obtener una respuesta.

Nuestra vida diaria está llena de intentos de comunicación que no se completan: teléfonos que no contestan, taxis que no se detienen, cartas que nos son devueltas, etc. Y este fenómeno se repite en la comunicación comercial o institucional, muchas veces en mayor escala, porque en ellas se utilizan medios por los que no resulta fácil individualizar al destinatario.

Esta impotencia receptiva de la comunicación no es unidireccional. Creemos que la mayor parte de los problemas empresarios, institucionales o profesionales, se reducen —si excluimos la intervención del Estado— a un déficit de información acerca de: la caída en el nivel de la cantidad de ventas o prestaciones; excesos en los egresos o inversiones; cuentas incobrables, y —externamente— la competencia y el mercado.

En general, la información interna existe y, desde luego, la externa también. Pero no siempre llega a tiempo o con precisión. "Una gran parte de la información obtenida en la guerra es contradictoria, una aún todavía mayor es falsa y la mayor parte es de carácter dudoso", decía Clausewitz. Para la toma de decisiones se necesita información confiable y oportuna.

Salvo el excepcional caso de que quien toma la decisión posea también mayor información, habrá que idear e implementar los medios para que la información sea transmitida eficazmente desde las fuentes organizativas hacia los centros de decisión.[1]

Comunicar es transmitir mensajes (mediante palabras, símbolos, gestos, señales, códigos, etc.), pero en una segunda acepción significa relacionarse con algo o con alguien. Dos ciudades están comunicadas cuando tienen un camino que las une o están conectadas a través de uno o más medios de comunicación. Pero si nadie transita ese camino ni utiliza los medios, estaremos ante una potencial comunicación pero no se habrá transmitido nada ni se habrá entrado en relación con nadie.

Un ejemplo clarísimo de comunicación potencial lo da la luz de un faro. Sólo cuando es avistada por los tripulantes de un barco, la comunicación se ha perfeccionado, hasta ese momento era una tentativa. Esto nos lleva a considerar el tema de los *públicos* a quienes dirigimos la comunicación. ¿El faro de Punta Mogotes está comunicándose con los miles de turistas que, por tierra, pasan cerca de su foco de influencia? Como vemos, en materia de comunicaciones hay públicos

---

[1] **El comportamiento administrativo,** por Herbert A. Simon, Aguilar S.A. de Ediciones, 1964.

que importan, públicos que, indirectamente, pueden llegar a importar y públicos superfluos.

Pongamos por caso que se desea instalar una cadena de guarderías infantiles destinadas a hijos de obreros y empleados de empresas comerciales o industriales. Se considerará la siguiente clasificación:

Públicos que importan

- Niños
- Padres
- Empresarios
- Jefes de Personal

Públicos que pueden importar

- Municipios
- Sociedad Arg. de Pediatría
- Ministerio de Acción Social
- Maestras jardineras
- Guarderías y otros competidores

A los colaboradores, en las organizaciones que no son unipersonales, se los debe mantener bien informados, pues es la única manera de que una buena parte de ellos hagan suyos los objetivos de la institución o de la empresa, ya que, conociendo las normas y procedimientos que conducen a su logro, los motivará y alentará en su desempeño.

2. Los tipos de comunicación

Existen seis tipos distintos de comunicación en marketing:
a. Publicidad
b. Promoción
c. Venta personal
d. Difusión
e. Relaciones públicas
f. Venta a distancia

a. ***La comunicación publicitaria***

Sin duda, los resultados que una comunicación publicitaria produce constituyen un factor de medición apropiado aunque parcial. A veces, productos o servicios con campañas poco adecuadas o con gran desperdicio de audiencia o lectores, obtienen grandes éxitos de venta y, en cambio, campañas sobresalientes no han logrado el favor del mercado o, por lo menos, no lo hicieron en la medida buscada, por algún error de marketing. En una palabra, juzgar a la publicidad por las ventas o adhesiones obtenidas puede dar lugar a error.

Dentro del sistema de comunicaciones de una organización, institución o profesional, surge la publicidad a la que Oxenfeldt define como "comunicación persuasiva no personal", y Ries y Trout como "todas las formas mecanizadas para alcanzar un mercado". Estas definiciones no tienen en cuenta el caso del "hombre-sandwich" ni el pregón de los vendedores ambulantes. Nosotros sugerimos incluir dentro de publicidad a todo intento de comunicación persuasiva en el que las personas juegan un papel accesorio en la emisión de la forma o el contenido del mensaje.

La comunicación más efectiva es esencialmente sensorial, visual y auditiva en la mayor parte de los casos. Si a ello se agrega realismo y mensajes en extremo simplificados, tal vez sea posible ubicarse en la mente del potencial usuario. Claro que cuando hablamos de realismo, no estamos destacando la realidad del servicio, sino la imagen real que de éste percibe el receptor del mensaje. Es decir, hay que concentrarse en el extremo receptor pensando que sólo una pequeña parte del mensaje logrará legar y, de ahí, en la necesidad de simplificación que torne efectiva la acción.

Objetivo de la publicidad

La publicidad tiende a modificar las predisposiciones y el comportamiento de posibles usuarios o adherentes brindando información, sustituyendo sus deseos o preferencias, buscando crear una fuerte predisposición, habituándolos a nuevos usos y, en general, creando un ambiente favorable. Según Levy, busca crear, excitar, acelerar o incrementar la demanda o adhesión. En resumen, pretende generar la expectativa o la ilusión de que el servicio satisfaría las necesidades, tal cual se anuncia.

La creatividad por sí misma carece, en términos comunicacionales, de valor, el que se adquiere solamente cuando la misma es desarrollada en función de un objetivo publicitario o de posicionamiento.

Publicidad y motivaciones

El acto de compra o de adhesión es casi siempre complejo y por ello, una vez conocido el contexto psicológico en el que se mueven los eventuales clientes o seguidores, se debe tratar de separar las motivaciones y frenos que pesan sobre los individuos en relación al servicio o idea.[2]

Las *motivaciones* son fuerzas psicológicas positivas, es decir, que tienden a la decisión de compra, de consulta o de adhesión. Suelen estar fijas o permanentes en un individuo, pero sólo existen con referencia a un contexto y a un producto o servicio determinados. Pueden ser de tres clases:

a. Hedonistas: son los impulsos de compra basados en la necesidad de obtener placeres o comodidades.

---

[2] **Del estudio de la motivación a la creación publicitaria y a la promoción de ventas,** por M. Joannis, Editorial Paraninfo, 1969.

b. Oblativas o caritativas: basadas en el deseo de hacer el bien o desarrollar acciones altruistas, especialmente hacia seres queridos.

c. Autoexpresivas: basadas en la necesidad de demostrar que uno existe.

La habilidad de quien promueve el servicio o la idea radicará en detectar cuál de estas tres clases de motivaciones está participando con mayor peso.

En cuanto a los *frenos,* digamos que son fuerzas psicológicas negativas, es decir, que tienden a impedir la compra, consulta o adhesión. Se pueden clasificar como:

a. Inhibiciones: se hallan fuertemente ligadas a las motivaciones y son como verdaderas motivaciones que están social o culturalmente desvalorizadas (como la culpa al comer chocolate, dice Joannis). Por ello, resulta muy difícil separarlas de las motivaciones que dirigen hacia el acto de compra.

b. Temores: Son impulsos negativos causados por necesidades reales o imaginarias inherentes al servicio o a sus consecuencias (el temor al S.I.D.A. al concurrir a un consultorio odontológico, por ejemplo). Uno de los frenos más importantes es el desconocimiento del precio.

Publicidad y medios de comunicación

Aunque el medio no fuera el mensaje —tal como lo confirma la famosa frase de Marshall McLuhan—, no cabe duda que influirá fuertemente en él. Pero lo que más complica la selección del medio es su superabundancia y la diversidad o dispersión de horarios con que son emitidos y recibidos. O sea que existe una imposibilidad cuantitativa para que el usuario recepcione los impactos, que resulta mayor aún para que asimile sus contenidos.

Lo que nos interesa medir en primer término no es el *rating* o *readership*, es decir, los destinatarios indiscriminados de un medio audiovisual o gráfico, sino los receptores pertinentes, salvo en los servicios de consumo masivo —a los que podemos homologar en este tema con los productos de consumo—, y se debe verificar directa o indirectamente quiénes son los destinatarios activos, inactivos o potenciales que conforman la audiencia o el espectro de lectores.

Conociendo con buen "nivel de resolución" los hábitos de lectura, audiencia, trabajo y ocio del blanco específico de mercado será posible aplicarse a la —a nuestro juicio— indelegable tarea de selección de medios (y la ubicación, frecuencia, horario, tamaño, etc., de los mensajes). De la misma manera, en cuanto a la posible necesidad de bloqueo de medios, es decir, asegurar la contratación de espacios en los medios seleccionados para neutralizar la posible reacción de competidores que, seguramente, "descubrirán" en seguida las bondades de los mismos.

Con todos estos elementos resueltos, el objetivo de comunicación "recibida" se torna accesible, la evaluación de la acción intentada tiene menor margen de error y se puede medir la decisión en términos de recepción y no de emisión.

La dinámica publicitaria

La medición o conocimiento de los hábitos de los usuarios debe tener cierta regularidad, que dependerá de la mayor o menor volubilidad del mercado al que se sirva. Los cambios pueden ser muy dinámicos. Cambia el cliente, cambian sus hábitos, cambian los medios de comunicación, cambian las necesidades y, por si fuera poco, el contexto socioeconómico también cambia.

Al comenzar una actividad —o en el lanzamiento de un nuevo servicio— se necesitará una fuerte asignación publicitaria que permita hacerla conocer y, si fuera el caso, posicionarla (como tuvo que hacer Makro para anunciar la puesta en marcha de un hipermercado mayorista, medio inexistente para ese entonces). También se puede necesitar acción publicitaria sostenida cuando se quiere habituar a nuevos usuarios (como en su momento hiciera La Pañalera, antes de la aparición intensa en Argentina de los pañales descartables), y cuando se busca desarrollar nuevos mercados geográficos o nuevos usos (como el de la "raspadita" de los billetes de lotería). Finalmente, si el hábito decrece y comienza la decadencia se podrá apelar con cierta intensidad comunicacional —aunque vigilando su potencial rentabilidad— a nuevas ventajas diferenciales físicas o simbólicas y, sobre todo, al menor precio por ventaja en costo (en el caso que dispongamos de esta ventaja competitiva).

La comunicación persuasiva

Pero lograr comunicaciones "recibidas" no alcanza para crear, excitar, acelerar o incrementar la demanda. Se necesita de la *comunicación persuasiva*. Decimos que existe comunicación persuasiva cuando el comunicante prepara conscientemente sus mensajes y elige los canales que ejercen un efecto calculado o estimable sobre la actitud o comportamiento de un público específico.

Esto que parece una simpleza o una perogrullada no siempre es tenido en cuenta por el hombre de marketing o por la agencia publicitaria. Muchos mensajes y medios utilizados son escogidos en base a lo que piensa el vendedor acerca de su producto o servicio, en lugar de trasladarse a la mente del comprador, que es donde realmente la decisión tendrá lugar. Pero no es sencillo hacerlo. En primer lugar, existe la dificultad de la atomización de los compradores y en segundo término, el laberinto mental es difícil de descifrar. La investigación cuantitativa muchas veces no pasa de la superficie y la cualitativa —si bien busca en las verdaderas motivaciones— suele ser menos nítida y, además, no puede proyectarse.

La única manera de complementar estas herramientas es con la relación personal cara a cara —sea por vendedores, promotores, encuestadores, supervisores, etc.—, que posibilita retroalimentar, en una tarea sin solución de continuidad, la información sobre el mercado y hacer los ajustes y las correcciones necesarias.

Con estos elementos es posible, entonces, introducirse en una de las misiones más complicadas pero más gratificantes que puede brindar la publicidad de servicios: la tangibilización del servicio, tanto mediante el mensaje como del medio de comunicación a utilizar.

Las cuatro etapas de la comunicación publicitaria

Tradicionalmente se nos ha enseñado que existen cuatro etapas en la comunicación publicitaria, proceso al que suele denominarse con la sigla AIDA y que consiste en:

1ª. Conseguir Atención.
2ª. Lograr Interés.
3ª. Despertar el deseo.
4ª. Obtener Acción de compra.

En nuestra opinión, esta clasificación en etapas peca por defecto y, en determinadas situaciones, por exceso. No siempre se cumplen, o no es intención cumplirlas, la tercera y cuarta etapas, al encararse una acción publicitaria. Cuando el Citibank patrocina el espectáculo de Luciano Pavarotti en el escenario montado en la vía pública, sólo busca *posicionarse* favorablemente en la comunidad. Otras veces, lo que pretende es obtener la *complicidad* de una parte de la población, como en el caso de las solicitadas de los partidos políticos, instituciones ideologizadas o grupos de las denominadas "fuerzas vivas". Finalmente, la tercera etapa puede tener como objetivo el *habituar* o *familiarizar* a los eventuales usuarios. Con esta complementación, es que el esquema puede ser didácticamente útil.

La mezcla comunicacional

Nos referimos así a la red de comunicaciones y sus interrelaciones entre los públicos, los medios o canales, los mensajes y los ambientes o contextos en que todos ellos se sitúan. ¿Cuáles son sus funciones? Según Kotler son seis y —adaptadas a servicios— las describimos a continuación:

I. *Anunciativa*
Permite hacer conocer el servicio.

II. *Explicativa*
Facilita la acción didáctica en la presentación de un servicio.

III. *Recordatoria*
Estimula la recordación del servicio.

IV. *Informativa*
Proporciona datos o pistas para solicitar el servicio.

V. *Prestigiante*
Busca acreditar al prestador.

VI. *Aseguradora*
Intenta brindar confianza y seguridad para una utilización sin prejuicios.

Publicidad e intangibles

Por antonomasia, los productos de consumo masivo están asociados a publicidad. Tanto es así, que al encarar el tema en el terreno de los servicios resulta difícil apartarse de las estrategias, los conceptos y hasta de la jerga utilizados en las campañas de productos tangibles, lo que en muchas ocasiones lleva a cometer errores de trabajosa corrección.

Una de las mejores maneras de cambiar los patrones de conducta tanto de publicitarios como de gerentes o responsables de prestación de servicios y evitar así el uso de técnicas aptas sólo para productos tangibles, es cambiando el lenguaje a utilizar: hablando de servicios y pensando en servicios.

En las empresas manufactureras, la realidad física y la presencia de los productos da la posibilidad clara y concreta de intentar una descripción de aquéllos o del negocio de la empresa que los elabora. La dificultad en servicios es enorme: ¿Cómo describir la tarea de un consultor estando frente a alguien que nunca trató directa o indirectamente con consultorías? ¿Han visto lo complicado que les resulta a los catadores de bebidas definir las características de los distintos sabores, si no es apelando a comparaciones? La imagen de un producto se vende por sí misma, ubicado dentro de una vidriera en cualquier negocio minorista o, mejor aún, en una "góndola" de supermercado. Pero, en principio, no hay vidrieras ni góndolas para servicios.

De todas maneras, convendrá siempre distinguir los públicos a los que está destinada la publicidad. Así, mientras ella es dirigida al individuo es casi igual para productos como para servicios, pero si es destinada a grupos —o sea a un espectro de compra, como en las empresas— se asimila más a la publicidad de productos industriales de transformación. Finalmente, en el caso de usuarios masivos, se podrá verificar que el comprador de servicios tiene un conocimiento más preciso y acabado que el de productos de consumo y, por lo tanto, mayor nivel de exigencia.

Es difícil que la tangibilización de un servicio vía publicidad pueda resultar igual con mensajes que, aunque similares, serán propalados por distintos medios; naturalmente, nos referimos a casos de tangibilización simbólica.

Un verdadero hallazgo lo constituyen —a nuestro juicio— esos avisos en medios gráficos, en los que se "acumulan" los logos o isotipos de los principales clientes del avisador, sobre todo si son firmas de primerísima línea, tanto nacionales como extranjeras. Ese mensaje se puede, inclusive, adaptar a cine o televisión parcializando su espectro. Pero, ¿cómo aplicarlo en el medio radial? Aunque se pudieran nombrar las firmas —nunca a medio centenar o más—, el efecto no sería igual.

¿Y cómo hacerlo en un mensaje para una compañía de seguros de retiro, por ejemplo? Podría utilizarse —se trata sólo de una idea para ejemplificar el concepto— a través de la foto y de la voz de una persona de edad aunque saludable, para vincularse al concepto de *jubilación* o *retiro*. Luego, mediante fotos del edificio de la aseguradora, se buscará asociar con *permanencia*. Con imágenes de padre-hijo se buscará la identificación con la idea de *hoy-mañana*.

Pero hay un criterio de tangibilización que se presta a casi todos los medios y en casi todas las ocasiones: nos referimos a la exposición, en forma mesurada, de datos estadísticos. Los números son una abstracción, una creación del hombre y por eso se transforman en un sinónimo de racionalidad y respeto. Lo que afirman los números rara vez puede ser desmentido exitosamente, salvo con otros números. En el caso de una compañía de seguros de retiro, la presentación de datos sobre el número de siniestros indemnizados o la cantidad de pólizas emitidas en los rubros más sensitivamente vinculados al seguro de retiro —como el de vida—, serán de gran efectividad, sobre todo si se lo combina con otros elementos o factores de tangibilización ya señalados.

Principalmente, hay que tener prudencia. A veces, con el objeto de otorgar calidez o de "humanizar" un producto o servicio, se apela a la publicidad humorística —una forma sutil de tangibilización— y, dentro de ella, a la utilización de mascotas. Lo mismo ocurre con la participación de bebés o niños. Estos mensajes indirectos no tienen validez universal y se debe proceder con mucho cuidado, procurando "testear" su aceptación, pues más allá de la simpatía que despertara el aviso podría producirse cierta discrepancia entre la connotación de la mascota, del mensaje infantil o del humorístico, con el servicio ofrecido.

En ciertas ocasiones, la tangibilización la hará el propio medio de comunicación o el espacio elegidos. Un mismo aviso de seguro de retiro patrocinando un programa humorístico u otro periodístico, producirá efectos completamente distintos; de la misma manera, si lo publicamos en una revista frívola o en una de economía. En los casos del programa periodístico o la revista económica, se cumplirán las mismas connotaciones que con los mensajes estadísticos o numéricos.

El presupuesto publicitario

Existen varios criterios de asignación del presupuesto

publicitario. Aunque todos ellos distan de ser perfectos, los enumeraremos para los lectores que pueden no estar familiarizados con el tema:

- *Porcentaje sobre ventas:* es uno de los criterios más difundidos debido a su sencillez de cálculo, pero tiene el grave inconveniente que cuanto más aumentan las ventas tanto más se dispone de presupuesto y viceversa, lo que no siempre resulta armónico con las necesidades.

- *Paridad competitiva:* implica una actitud pasiva y, muchas veces, puede significar acompañar en el error a los competidores. No obstante, la acción de estos no podrá ser dejada de tener en cuenta y, en algunos casos, puede obligar a modificar los propios planes.

- *Análisis marginal:* se busca relacionar matemáticamente el costo de adicionar una unidad más al número de adherentes o contribuyentes y el de la acción publicitaria para lograrlo.

- *Retorno a la inversión:* es similar al criterio de calcular un porcentaje sobre ventas, aunque agrega un nuevo factor de imprecisión al obligar a distinguir largo o corto plazo.

- *Objetivo-tarea:* consiste en calcular las inversiones necesarias para alcanzar los objetivos de marketing propuestos y luego hacer jugar esos costos con los ingresos que dicha acción —y el de otros factores inerciales como el posicionamiento o la imagen— producirán. Aunque es indudablemente el enfoque más profesional, no deja de ser algo teórico, ya que en la práctica habrá que limitarlo a los márgenes que las máximas autoridades dispongan.

Lo cierto es que cualquiera sea el criterio aplicado, el factor "lo que se puede" termina condicionando sustancialmente su fijación. Por lo tanto, lo que tiene que importar es el establecimiento de un criterio con cierta objetividad, sin caer en el consabido "hay que hacer publicidad porque están cayendo las ventas". Porque aunque fuera verdad esta relación automática de publicidad y ventas, ¿por qué no se hizo antes que éstas cayeran? Lo cierto es que la publicidad puede actuar como los abonos en la agricultura, pero nunca como la semilla.

Una vez determinado el presupuesto total a invertir en comunicaciones, también habrá que decidir su distribución entre los distintos medios y posibilidades. No podemos dar pautas rígidas en este sentido. La investigación previa es clave, tanto con respecto al servicio como a los hábitos de lectura, audiencia o entretenimiento de los usuarios y potenciales. Tras ella se tendrá mayores posibilidades de decidir acertadamente. Repetimos, el empirismo y la investigación serán la mejor guía.

Costa Lieste[3] comenta la diferencia que hay —según la experiencia verificada hasta el momento en que escribiera su citado libro— entre el presupuesto para venta personal y el de publicidad: en general, se aplica al primer medio entre tres y cuatro veces más que al presupuesto publicitario pero la relación varía según los productos (desde 0.4 en cigarrillos hasta más de cinco veces en maquinaria agrícola).

---

[3] E. Costa Lieste, obra citada.

Catálogo de inversiones publicitarias

A continuación damos una lista de todos los costos de comunicaciones y publicidad que suelen registrarse contablemente según la revista **Printer's Ink,** quien distinguió secciones "blanca, negra y gris" para ubicarlos, transcripta por Oxenfeldt[4]. Lo hacemos, no tanto considerando una correcta alocación contable de los gastos, sino tomándola como un catálogo de ideas para la acción publicitaria.

Lista blanca
(Gastos indudables de la cuenta publicidad)

ESPACIOS

Publicidad paga en: diarios, revistas, publicaciones comerciales, rurales y escolares, vehículos, programas de espectáculos, vía pública, puntos de venta, elementos u otros objetos promocionales, folletos, guías, envases o etiquetas, catálogos, circulares, películas, publicaciones en circuitos cerrados y *house-organs*, diapositivas, videos, publicidad para el exterior, materiales o manuales para distribuidores, radio, televisión; también mediante publicidad directa postal (direct mail) y en general, todo material impreso o litografiado empleado directamente con objetivos publicitarios.

ADMINISTRACION

Salarios pagados en el departamento de publicidad, como así también, los materiales e instalaciones. Comisiones y honorarios de agencias, redactores o asesores publicitarios.

---

[4] A. Oxenfeldt, obra citada.

MECANICA
Arte, tipografía, grabado, matrices, fotografías, producción para distintos medios, diseño de envases.

VARIOS
Transporte de material publicitario, incluyendo franqueo y todo otro honorario vinculado a la acción publicitaria (por ejemplo, por decoración de oficinas, stands, etc.)

Lista negra
(Gastos que, aunque no pertenecen estrictamente
a la cuenta de publicidad, son frecuentemente
asignados a ella)

Muestras gratis, avisos en programas de beneficencia, donaciones, envases (propios), etiquetas, circulares y manuales de instrucciones, honorarios de agentes de prensa y relaciones públicas, papelería (que no ha sido usada por el departamento de publicidad), listas de precios, tarjetas comerciales, películas de ventas (videos, diapositivas), *house-organs,* bonificaciones a clientes, ofertas, adhesiones a cámaras e instituciones, atenciones y regalos a clientes, balances e informes anuales, salones de exhibición, convenciones de ventas, materiales para vendedores, beneficios a empleados, actividades recreativas (clubs), costos de viaje de vendedores e información de ventas para clientes.

Lista gris
(Gastos que están en situación límite,
entre publicidad y otras cuentas)

Muestras, demostraciones, degustaciones, ferias, exposiciones, encuestas, alquileres (luz, calefacción, teléfonos, etc.)

del departamento de publicidad como, también, la amortización de los equipos que en él se utilizan, automóviles y premios otorgados al departamento, agencias "cautivas" de publicidad e investigación de mercado, tests para selección de vendedores, portafolios o valijas con publicidad para vendedores, sus catálogos, investigaciones de mercado, carteles en fábricas u oficinas, aportes para publicidad de cámaras gremiales o en avisos colectivos o institucionales de asociaciones o cámaras del ramo.

b. *Promoción de ventas*

Es un tipo de comunicación similar a la publicitaria, pero sin la utilización de medios de comunicación masivos (Levy). Abarca un campo muy grande, desde la promoción cara a cara —casi una venta personal— hasta la acción de colocar un globo aéreo o un cartel luminoso, o desde la instalación de un stand en un supermercado hasta los regalos o presentes de fin de año. O sea que podríamos agrupar dentro de ella a toda actividad no masiva tendiente a crear preferencias, estimular la demanda y lograr o conservar adherentes.

La acción promocional suele estar ligada a operativos de corta duración —salvo que haya una constante rotación de públicos— y con objetivos precisamente especificados. Es muy conveniente en la introducción del servicio y actúa como la "venta al gusto" de los productos tangibles (degustación). Estas demostraciones cumplen la doble función de hacer conocer el servicio y de permitir la familiarización del potencial usuario, tal como hizo Banelco en el lanzamiento de su tarjeta para cajeros automáticos.

Regalos y elementos promocionales

Aunque se trata de medios utilizables tanto en servicios

como en la promoción de productos de consumo, no cabe duda que en el caso de aquéllos pueden cumplir una tarea de tangibilización o asociación tal que contribuyan a mantener nítida la función del servicio en la mente de sus usuarios o potenciales.

La selección de regalos o elementos promocionales no siempre resulta fácil y a veces es motivo de conflictos porque intervienen los gustos de familiares de los responsables de la empresa o de su área comercial. Proponemos aquí un método objetivo de selección y evaluación.

Ante todo, hay que definir si se quiere que los regalos pasen o no desapercibidos a terceros, es decir, que tengan un valor promocional que se extienda más allá de la gratificación proporcionada a su destinatario. Si esta es la intención, tras elaborar una lista con los regalos posibles, convendrá evaluarlos individualmente, según las siguientes condiciones:

- *Capacidad de exhibición* de cada artículo.
- *Poder de destaque* frente a los objetos o a las situaciones en que serán usados.
- *Duración* en función de su perennidad, fragilidad, obsolescencia, etc.
- *Precio* comparativo entre los distintos artículos.
- *Condiciones de embalaje y transporte.*

Si se adjudican valores entre uno y cinco a cada artículo de acuerdo a su menor o mayor conveniencia con respecto a cada condición, obtienen un puntaje que facilitará la decisión.

c. **Venta personal**

La relación cara a cara

La venta personal es uno de los pocos medios que

permiten explorar las verdaderas necesidades o motivaciones del eventual comprador o adherente, las que seguramente son más amplias o distintas a las que, en apariencia, se manifiestan cuando éste descubre o conoce la existencia del servicio o bien, cuando ya lleva algún tiempo como rutinario usuario del mismo.

La visita personal constituye el mejor camino para innovar o reformular los servicios, porque en la influencia e intercambios recíprocos con el interlocutor se puede ir diseñando la solución a necesidades que ni él y, mucho menos, el oferente podían entrever antes que la visita se materializara.

Pero, además, resulta el mejor mecanismo para lograr la tangibilización de la que tanto hemos hablado. Cuando el interlocutor es fisonomista o las visitas se hicieron en forma reiterada, aquél asociará por mucho tiempo el servicio con la cara o la persona que lo visitó.

Finalmente, la visita postventa actuará como instrumento complementario de control de calidad y verificador del grado de satisfacción aportado por el servicio.

Requisitos para la venta personal

Pero la oferta del mejor servicio de plaza hecha a través del más intuitivo y perseverante de los vendedores no alcanzará resultados óptimos si no se cumplen dos requisitos que son de máxima significación: I) un programa de visitas personales y II) capacitación, entrenamiento y actualización de las personas dedicadas a la tarea de contacto.

I) Un *programa de visitas de venta personal* es un esquema organizado, planificado, registrado meticulosamente en archivos, con objetivos clara y precisamente fijados y con un cumplimiento controlado.

El programa debe contemplar dos cuestiones:

1º. *Blanco elegido*
Esta tarea no conviene delegarla en el personal que finalmente realizará los contactos. Aunque sin abundar, hay personas que tienen sobradas condiciones para seleccionar o elegir en forma apropiada el blanco de mercado a alcanzar. Pero aunque pueda parecer económico será imperceptiblemente costoso si lo hace alguien con experiencia insuficiente o conocimientos incompletos del medio en que se aplicará el programa.
En cambio, con un blanco bien precisado, una persona idónea o potencialmente dotada para el contacto estará en muy buenas condiciones de aprovechar exitosamente el programa.

2º. *Fuerza disponible*
Con excepción de los servicios unipersonales, todos o casi todos los componentes de la dotación humana del oferente del servicio —desde la más alta dirección hasta el más modesto de los funcionarios— son elementos potencialmente aptos para la tarea de contacto.

II) Muchas veces, se está dispuesto a transformar a los vendedores en los empleados mejor remunerados de la institución, pero no a darles la *capacitación y educación* necesarias para que aprovechen óptimamente sus contactos. En general, se tiende más a valorar a los "vendedores-estrella" o a los que "con garra y corazón" pelean, palmo a palmo, su venta.
Y no es el caso de repudiar el trabajo duro o la innata dote de la persona "entradora" o "vendedora". Al contrario, se trata de requisitos apreciables y convenientes, pero de ninguna manera exclusivos e imprescindibles. A nuestro juicio, las condiciones más importantes en un

vendedor de servicios son su capacidad para asimilar los conocimientos teóricos y los fundamentos prácticos de su prestación a la par de su predisposición a involucrarse en la elaboración o producción de la misma. Sin ellas, el servicio nunca estará expuesto en forma completa o afinada o, lo que es peor, será "sobrevendido".

La capacitación de la fuerza de ventas —así sea unipersonal— debe ser periódica. Aparte del natural "achanchamiento" y de la adopción de mecánicas "muletillas", valen los mismos argumentos que utilizamos más arriba al referirnos a la dinámica de la publicidad. Capacitar es invertir, repasar la capacitación *(brush up)* es como un necesario *service*. Sin capacitación, los vendedores se van tornando máquinas obsoletas, lentas y antieconómicas y, lo que es más grave, se perderán, por desactualización, los parámetros para una justa evaluación de su tarea.

El deterioro de un integrante de la fuerza de ventas suele atribuirse a un casi natural proceso de agotamiento. Muchas veces es así. Pero otras no, como lo demuestra el hecho de que esa misma persona podría lograr alto rendimiento promoviendo el servicio de algún competidor. Es que el cambio seguramente implicará capacitación y, por lo tanto, un nuevo estímulo.

d. Difusión

Levy llama difusión *(publicity)* a toda estimulación no personal de la demanda a través de técnicas periodísticas de comunicación.[5] Tomando en sentido amplio el término demanda, habría difusión, por ejemplo, en los comunicados semanales de la Confederación General del Trabajo argentina,

---

[5] A. R. Levy, obra citada, 1970.

en los que casi siempre se involucra a los jubilados y pensionados, buscando adherirlos o congregarlos en torno a esa institución.

El contacto con la prensa

En la medida que un servicio crece y se desarrolla comunitariamente, comienza a transformarse en objeto de interés público y, por lo tanto, periodístico. Esta vinculación con los medios de comunicación es altamente valiosa en términos de difusión e imagen, pero no siempre deseaba por los responsables del servicio. Actualmente se registra una revalorización de la difusión —aun en la Argentina, donde el "no te metás" pareció dar buenos resultados— y tanto las empresas o instituciones como sus dirigentes suelen apelar a tomas de posición pública a través de la prensa. Los casos de Jorge Born y Francisco Macri en nombre de sus organizaciones —Bunge & Born y Sevel (Fiat-Peugeot), respectivamente— han constituido, recientemente, una sorprendente y saludable innovación.

A veces se busca deliberadamente un bajo perfil público, pero otras, el contacto con los representantes de la prensa es rehuido por no saber del todo bien cómo manejarse con ellos o porque se les sospecha mala fe. Esto último es un prejuicio. Con alguna excepción, a ningún periodista le gustará labrarse fama de persona poco ética o de mala fe y, por añadidura, cerrar una nueva fuente de información.

Tenga siempre presente que los medios quieren más noticias y menos gacetillas, más información y menos "chivos". Generalmente, se reconocen tres claves a aplicar en el contacto con la prensa:

1. Informar cosas que sean realmente importantes:
Para un periodista, la parte medular del informe va

primero y así, en forma decreciente, hasta terminarlo (de esta manera, se asegura que, aunque el artículo sea "mochado" por su jefe por razones de espacio, lo principal de la historia será salvado). Ahora bien, ¿qué es importante para el público masivo o la audiencia de determinado medio? Entonces, antes de concretar un encuentro con la prensa hay que tener bien en claro qué es lo que se quiere transmitir —sea que la entrevista fuera solicitada por el prestador o por el medio— y si se estima que esa información será relevante para sus destinatarios.

2. Interpretar el contacto como una ayuda mutua:
Para el medio, la información que se le proporciona es un verdadero insumo y, si en algunas oportunidades la entrevista tiene cierto aire inquisidor, hay que atribuirlo a que el periodista puede estar escudriñando cuán sólido es el material que va a recibir. No debe considerarse una traición si lo que finalmente es publicado o sale al aire resulta mucho menos que lo que se proveyó. La noticia tal vez no fuera tan relevante y, generalmente, los periodistas tienen razón.

3. En lo posible no apartarse del objeto de la entrevista:
Será útil elaborar, previamente, un esquema mental de la entrevista que incluya una breve presentación y las dos o tres noticias de mayor importancia. Si es posible, convendrá tener preparado un resumen —una carilla, máximo dos— en el que cada párrafo no sea mayor de 4 ó 5 renglones y, desde luego, algunos datos sobre su actividad o su persona. Todos estos elementos le permitirán a ambas partes mantenerse concentrados en la razón de ser de la reunión.

e. *Relaciones públicas*

Existen numerosas obras especializadas que contienen distintas definiciones y explicaciones de lo que significan las relaciones públicas. Con el objeto de ponernos de acuerdo, describimos cuál es —a nuestro juicio— su papel: es la disciplina que, habiendo identificado los distintos públicos que directa o indirectamente están relacionados con el servicio, atiende sus diferentes intereses, y planea y ejecuta un programa permanente de acciones destinadas a granjearse el entendimiento y la aceptación de esos públicos.

Un capítulo aparte dentro de esta función la merece la denominada acción de *"lobby"* o *lobbying* (en castellano, camarilla de cabildeo o cabildear, es decir, la acción de procurarse con maña partidarios en una corporación), que es la ejercida ante funcionarios de los poderes de gobierno o de los entornos que en ellos influyen.

Esta tarea es, en muchos casos, legítima y así se la reconoce en EE.UU., donde sólo se exige la inscripción en los registros respectivos del Congreso o de otros organismos de poder. Hasta en las sociedades más primitivas ha habido manifestaciones de esta índole, pero ahora han tomado forma orgánica y se practican con mayor transparencia, pues se reconoce la imposibilidad fáctica que tienen los legisladores, ministros y demás funcionarios de conocer todos los temas y las distintas circunstancias en que pueden aplicarse.

La mayor vulnerabilidad a que suelen estar expuestas las instituciones de servicios frente a los funcionarios gubernamentales ya que son marcadamente fáciles de prohibir, reglamentar o expropiar, tornan al *lobbying* en una función que no puede descuidarse y que, si no es posible encararla individualmente, requerirá agrupar a oferentes y, eventualmente, a usuarios para asumirla.

f. La venta a distancia

La ampliación del radio de influencia de los medios masivos de comunicación ha provocado una extensión enorme del mercado potencial de cualquier producto o servicio, cuantitativamente hablando (en los EE.UU., en un solo día actualmente se puede llegar al 25% de la población).[6] Es decir, la publicidad puede generar una demanda por parte de nuevos compradores o usuarios que los productores o prestadores no siempre están en condiciones de cumplir o en todo caso, sólo pueden hacerlo a un costo muy alto: la transmisión de la imagen o de la palabra escrita se hace hoy en forma casi instantánea, mientras que *el transporte del producto o del servicio* puede ser caro y diferido.

Este desacople entre publicidad y ventas está planteando cambios significativos en las estructuras de comercialización. Actualmente, el "flete" de una *visita de ventas* significa un valor igual o más alto, según las distancias, que el de la persona que la realiza, quitándole rentabilidad a su función a pesar del insustituible poder y efectividad que ella tiene.

Ambos factores —costo de distribución y costo de visita—, en estos casos, perjudican la rentabilidad y transforman en marginales muchas bocas de expendio, por lo que están surgiendo mecanismos de reemplazo, por ejemplo, los que se agrupan en la denominada *venta a distancia*.

Dentro de los sistemas de venta a distancia en el área de servicios encontramos algunos muy antiguos, como el que dio lugar a la aparición del cheque, originalmente una orden de pago entre banqueros. Pero, en general, son los grandes inventos en materia de comunicaciones y transporte los que han posibilitado su prodigioso desarrollo. Primero fue el correo,

---

[6] Arthur Nielsen (h), reportaje aparecido en **Ambito Financiero,** 22-8-1988.

luego el telégrafo y más tarde el teléfono. Y si el telex resultó un avance notable, el telefax parece asombroso. Ya en algunos países se pueden hacer contrataciones de distinta índole a través de bases de datos y, en Francia, a través de los 2.237.000 Minitel instalados hasta 1986 entre los abonados al servicio telefónico, entre otras cosas se pueden adquirir 2.340 tipos de servicios inscriptos o consultar información sobre los mismos.[7]

La *venta por correo o marketing directo,* como también se la llama, es una actividad especializada de ventas que ha cobrado un importante desarrollo, en especial por el impulso que le brindó la masificación de las tarjetas de crédito. Muchos de los principios, guías o requisitos que la condicionan son, obviamente, similares a los del *direct mail* y, por lo tanto, a ese punto, que abajo tratamos, nos remitimos.

Al igual que en la venta personal, en la venta a distancia se puede actuar *activa o pasivamente,* es decir, aproximándose al potencial usuario o esperando que él se acerque. Pero la verdadera fuerza de estos medios radica en la venta activa, buscando compensar con inmediatez, simultaneidad y cierta personalización las desventajas que tienen frente a la venta personal.

Todo mensaje que se elabore para ser aplicado a la venta a distancia convendrá que se ajuste a esta estructura:[8]

- Presentación sintética del servicio.
- Motivo explícito del acercamiento.
- Proposición concreta y específica.
- Aclaraciones o especificaciones particulares.
- Apelación final.

Si es posible, convendrá tratar de identificar cuáles son los puntos clave de interés que los potenciales usuarios pare-

---

[7] "La lettre de teletel", **Hors** Serie Nº 1, Décembre, 1986.
[8] **La venta por teléfono,** por Jan L. Wage, Ediciones Deusto, 1973.

cerían tener en cuenta. Por lo general, no pasarán de una docena y con ellos se podrá elaborar —secuencialmente, si fuera posible— un "diálogo piloto", en el que se imaginan las respuestas a cada uno de los mensajes previstos.

Otro de los capítulos de la venta a distancia está constituido por la venta telefónica. Dentro de ella, queremos referirnos especialmente a la llamada *venta telefónica dirigida (VTD)* —cuyo concepto, por extensión, puede aplicarse a todo tipo de venta a distancia—. Esta no se dirige indiscriminadamente a un grupo más o menos grande de usuarios ni de potenciales, sino que enfoca a unos pocos usuarios a quienes se conoce en sus hábitos y costumbres como tales. Evaluando estacionalmente sus necesidades, se pueden estimar las mismas para un momento determinado y así, hacer una oferta con un servicio o una ventaja selectiva. Es un sistema no muy utilizado a pesar de su sencillez y bajo costo y cuya aplicación resultaría muy adecuada para numerosos servicios (transporte aéreo, centros de vacaciones, hoteles, etc.).

Publicidad directa postal **(direct mail)**

La publicidad directa o *mailing*, que, en realidad, debiera llamarse publicidad individualizada, es un procedimiento de transmisión directa de mensajes publicitarios escritos o impresos, a individuos seleccionados, mediante una distribución controlada. Abarca (según el Congreso Mundial de Publicidad Directa del año 1939) tanto a la publicidad directa postal como a la venta por correspondencia, la distribución puerta a puerta, la edición de boletines, *newsletters, house-organs* y la inserción *(inserts)* de piezas o impresos en publicaciones, embalajes, etc.[9]

[9] **Tratado de publicidad directa,** por Fernand Hourez, Editorial Luis Miracle, 1965.

Sus ventajas

Se trata de un medio apto para cualquier tipo de bien, pero algunas de sus características lo tornan especialmente adecuado para aplicar en cierto tipo de servicios. Veamos, entonces, sus ventajas globales y, en cada caso, haremos las referencias que juzguemos apropiadas.

Diferimiento

El medio ambiente permite controlar, regular o dosificar el número y localización geográfica de los impactos. Esta característica es en extremo valiosa para empresas pequeñas o servicios unipersonales, los que, en publicidad masiva, pueden verse desbordados por la demanda.

Extensión

Teóricamente, su alcance abarca todo el planeta. Este aspecto no es de significación para algunos servicios personales o cuyo "transporte" sea costoso, pero sí lo es para los restantes con posibilidades geográficas amplias.

Medición

Constituye una forma de publicidad mensurable en término de respuestas o por conversión de compras y, por lo tanto, permite evaluar el rendimiento de la inversión.

Espectro

En las empresas, la decisión de compras está sometida a un sector o espectro que influye en la compra, pero que no siempre está expuesto de igual manera a los medios masivos de comunicación. La publicidad directa garantiza alcanzar a todos los componentes sin excepción y al mismo tiempo.

Discreción

Curiosamente, se trata de una de sus principales ventajas —cuando el bajo perfil es necesario— y muchas veces es causa de su poco prestigio, dada la poca repercusión que alcanza en sectores de la comunidad no vinculados directamente a la actividad y que, obviamente, no se encuentran incluidos en la lista de direcciones *(mailing list)*.

¿Cuáles son las principales dificultades u objeciones que enfrenta este medio?

1. La tasa de respuesta
   En general —aunque dependiendo de varios factores—, la tasa de respuesta estará entre un 0.5% y un 5% del total de las piezas enviadas. Se han dado casos de mayor índice —entre 15% y 20%—, pero son verdaderas excepciones. El servicio, su precio o cuota, la estacionalidad, la coyuntura económica o política, etc., influyen sensiblemente sobre la tasa de respuesta. Pero, repetimos, dentro de aquellos valores se podrán estimar los resultados y presupuestar inversiones y utilidades.

2. La pereza del lector
   No cabe duda, el lector es siempre perezoso y por ello se lo asocia con la imagen de un cesto de papeles repleto de folletos y piezas postales destruidas **antes de ser leídas.** No compartimos tal generalización. La pereza no sólo existe en el lector de correspondencia, sino también en el lector de diarios y revistas, y en el receptor de cualquier otro medio de comunicación masiva. Lo mismo que le ocurre con el *zapping* a la publicidad televisiva, pasa con el desperdicio de la publicidad directa. Es que esta merma puede medirse o estimarse y, por lo tanto, suena más dramática, pero ¿cuántos avisos salteamos mientras leemos el diario?

3. El mailing-list
   Formar una lista de potenciales usuarios no es tarea sencilla (cuando se supera el centenar de nombres). La

utilización de computadoras PC —especialmente el programa DBASE III Plus— ha facilitado mucho las cosas. Pero hay que conseguir los listados, luego depurarlos, muchas veces completarlos y finalmente grabarlos. El costo en tiempo y dinero no es poco y al terminar la tarea seguramente ya habrá que introducirle reformas, agregados, etc., pues los listados suelen estar sujetos a gran movilidad. A la "mortandad" que desapariciones, ceses, mudanzas o fusiones provocan, debe agregarse las incorporaciones de nuevos usuarios o potenciales socios y, para colmo, los continuos cambios de razones sociales, direcciones, teléfonos, etc. Aproximadamente cada dos años convendrá hacer una revisión general y una intensa depuración ya que el costo de impresión y envío de cada pieza lo justifica.

El análisis de las piezas a enviar y su uso recurrente

Presumiendo que se cuenta con un mailing-list adecuado, el segundo aspecto clave consistirá en la elección de la pieza a despachar. *Pieza* es algo más que el mensaje. Su formato, tamaño, vistosidad, creatividad y calidad de impresión actuarán como la apoyatura que en los avisos gráficos o televisivos cumple el medio de comunicación. Se requiere, entonces, una cuidadosa selección de esos aspectos y convendrá —para correr menos riesgos— consultar a una agencia de publicidad. Pero quedará para el oferente la tarea de verificar si la pieza se ajusta a su objetivo de comunicación y si observa el orden secuencial requerido: presentación, motivo del contacto, argumentación, proposición y cierre.

El sistema de *direct mail* no tiene la contundencia de otros medios. Una forma de compensar esta debilidad consiste en darle forma de campaña, lo que implica que se envíe más de una pieza. Aunque una misma pieza puede repetirse hasta dos o tres veces —sobre todo, si se cambian los colores entre envío y envío—, mucha más fuerza tendrá una cadena de avisos. Esta debe estar formada por una serie de piezas integradas de manera tal que la mente del lector no se "distraiga". O sea, puede cambiar —y no significativamente— el decorado, pero debe permanecer el mensaje o, al menos, su esencia.

*Algunos factores a tomar en cuenta
en materia de costos, medidas o calidades*

Tamaño: Verificar las medidas en la pieza abierta, cerrada y plegada. No sería la primera vez que, por no hacerlo, las piezas no sirvan para los sobres disponibles.

Peso: Desde el momento en que el servicio postal cobra el franqueo en base al peso, hay que tener en cuenta que un par de gramos de más significan varios kilos al pesar miles de piezas.

Papel: Se debe seleccionar el tipo de papel, su gramaje, su textura y su color. De la calidad y armonía de estas condiciones dependerá una parte de la connotación que transmitirá el mensaje. Será preferible disminuir el número de piezas a escatimar la inversión en el papel.

Tintas: Aquí sólo cabe advertir que un cambio inteligente de tintas puede darle a una misma pieza un carácter distintivo y conformar así una verdadera serie integrada, apta para una campaña.

Texto: La buena redacción es una calidad al alcance de mucha gente, pero la redacción publicitaria es una materia especializada y debe estar en manos de profesionales. La mejor redacción puede verse deslucida por una tipografía inadecuada (¡letra grande, si el probable lector es mayor de 40!).

Formas: La pieza puede tener distintas formas, hay amplia libertad para ello sin que afecte la eficacia de la acción. Pero debe preverse antes que todo esté listo para el despacho: doblado, trazado, troquelado, perforado, emblocado, engomado, etc.

Arte: Tanto el boceto como el arte original —es decir, el definitivo— representarán costos que no siempre son tenidos en cuenta al momento de presupuestar la campaña de *direct mail*. Lo mismo ocurre con las películas o planchas de *offset* necesarias para la impresión de las piezas.

Envío: El primer aspecto a considerar aquí será el "envase", sea éste sobre o faja. Aunque la mayor parte de los sobres son recibidos —y destruidos— por las secretarias, los mismos no pueden desentonar fuertemente con la calidad de la pieza que contenga. El segundo aspecto es la rotulación del "envase". El costo superior de las etiquetas autoadhesivas se verá compensado por la mayor rapidez en la tarea de rotulado o tipeo. Desde ya, al tener grabado en computadora el *mailing list*, las etiquetas surgirán impresas en el formulario continuo. Incluso en el caso de ciertas piezas —boletines o revistas—, ellas se pueden utilizar al mismo tiempo como elemento de cierre obviando el sobre o la faja.
El tercer aspecto es el de mayor incidencia económica: nos referimos al franqueo. Si el **mailing** es

numeroso, las estampillas serán un factor de complicación y pérdidas. Existen franqueadoras automáticas, por su costo sólo amortizables si se piensa apelar a este medio con recurrencia, y mejor aún, el sistema de Franqueo Pagado previsto por el servicio de correos. El uso de correos privados prácticamente duplica el valor, aunque garantiza la entrega de las piezas.

La necesidad de un programa de direct mail

El principal aspecto a tomar en cuenta cuando se analice la posibilidad de encarar un *mailing* promocional será considerarlo no como una acción aislada o coyuntural, sino como un paquete programado para un período anual o, al menos, estacional. Este planteamiento —tanto en su estrategia como en su cronograma— constituirá una sólida base de comparación con otros medios alternativos y de evaluación de los resultados obtenidos. No utilizar un programa transformará a este método en una inversión desperdiciada o, en el mejor de los casos, poco optimizada.

g. *Marcas, logos e isotipos*

Apenas se comienza a gestar la idea de encarar una empresa —comercial, industrial, de servicios—, lo primero que se hace es diseñar o mandar a diseñar un *logotipo*. No está mal que se quiera afirmar la identidad de la incipiente empresa o institución, sobre todo ante uno mismo y quienes lo rodean.

Pero nuestra postura es escéptica en esta materia. ¿Quién recuerda con precisión el logo de IBM, General Motors o Bank of America? Muy poca gente, máxime si no está vinculada al tema de su producción o prestación, sea como miembro, proveedor o usuario. El de Mercedes Benz y, en menor medida, el de Philips son símbolos casi universales, o el de Y.P.F. para los argentinos, pero no dejan de ser excepciones.

Ante todo distingamos entre *logotipo* e *isotipo*, que habitualmente tienden a ser confundidos. Logotipo (del latín logos = discurso y typus = modelo ideal que reúne los caracteres de todos los seres de la misma naturaleza) está referido al símbolo que contiene la palabra que identifica a la empresa, institución o marca (como el de SONY y el de Ford). Isotipo (del latín, isos= igual) se refiere al símbolo, casi siempre figurativo y rara vez abstracto (como la estrella de Mercedez Benz o la mano con la rosa del Partido Socialista). Pero un isotipo aislado es difícilmente identificable —salvo las excepciones apuntadas o casos similares—, por lo que conviene exponerlo junto al logotipo o integrarlos (caso de Philips).

Desde ya que algunos productores de bienes tangibles se ven favorecidos por la difusión que permanentemente le están brindado millones de emplares diseminados a través de los mercados, a excepción de lo que ocurre con "commodities" o bienes fungibles e indeferenciados.

En materia de servicios, el logotipo —además de ser un factor de pertenencia para el personal de las empresas o instituciones— puede resultar una herramienta útil para tangibilizar y homogeneizar el concepto del servicio que se presta y se busca posicionar. Pero no hay que invertir mucho dinero en ello. La popularización del logo no es un fin en sí mismo, sino que será —o debiera ser— la consecuencia del éxito en ese posicionamiento. Aunque no somos indiferentes a su uso, aconsejamos no esperar resultados significativos por su adopción y, mucho menos, en corto plazo.

En cuanto a las *marcas,* son extremadamente valiosas cuando están razonablemente despegadas de la firma o el individuo propietario. Observemos que algunas satisfacciones genéricas pueden ser expresadas por las características objetivas del producto o servicio (por ejemplo, una playa o una pista de ski), pero otras —status, calidad de servicio— las expresan las marcas (en estos ejemplos, Buzios o Las Leñas). Esto se debe a que la parte más importante de la decisión de compra, asistencia o adhesión es, a nuestro criterio, el proceso de selección. Este proceso se hace siempre sobre valores diferenciales, entre los que está la marca, y a veces es el único valor diferencial.

El criterio básico en esta materia es que el fracaso o traspié de una marca no debiera arrastrar a sus titulares. Este concepto es hábilmente utilizado por las productoras de consumo masivo, como Molinos o Lever, pero lo es menos en servicios. El lanzamiento de un servicio distinto al que ya hemos acreditado en plaza o en la comunidad se hace muchísimo más sencillo cuando es identificable con el anterior. Pero ¿por qué arriesgar parte del prestigio del Citibank con el círculo de ahorro Citiplan, si este podría verse perjudicado por disposiciones oficiales que no controla? En cambio, si ello ocurriera con Transcard o con Ticket Restaurant, el nombre del Citibank no se vería afectado.

Por otra parte, las marcas pueden estar asociadas fáctica o simbólicamente a desarrollos tecnológicos, científicos o intelectuales —y todo lo que se suele llamar *know-how*—, generando una predisposición invalorable dentro del espectro de usuarios. IBM ve enormemente facilitada la introducción de cualquier producto o servicio vinculado o conexo al rubro computación o procesamiento de datos dado que su nombre connota en forma instantánea eficacia científica en tal ramo. Más difícil —como pudo verificarlo— le será la incursión en otras máquinas de oficina o, si lo decidiera, en instrumentos musicales electrónicos.

En la selección de nombres o marcas de servicios debe actuarse con suma cautela: lo que se introducirá en la mente del usuario no será el servicio, sino su nombre. Será preferible que éste no supere las dos o tres sílabas y que tenga propiedades acústicas adecuadas, tanto en sonoridad como en sencillez de pronunciación. En general, existe mayor preocupación por cómo se ve el nombre que por cómo se lo oye. Craso error. Y cuidado con las siglas: sólo son más cortas visualmente, pero —a veces— más largas en su vocalización (Víctor es de más corta pronunciación que J.V.C., como se llama, en definitiva, la Japan Víctor Co.).

Hay otras prevenciones. Como dicen Ries y Trout —quienes brindan un alto número de aportes al tema en *Posicionamiento*—, hay que evitar los nombres regionales "porque la gente no logra separar la realidad de la percepción" (por ejemplo, los de casi todas las compañías aéreas). Otro caso es el de "añadidos" como, por ejemplo, "light" o "suaves" porque en mercados muy competidos pueden generar confusión entre los usuarios.

La utilización del nombre de una persona "real" ofrece cierto flanco vulnerable, porque situaciones o aspectos vinculados a ella pueden tener repercusiones desagradables. No obstante, la experiencia no confirma estas prevenciones. Helena Rubinstein, Christian Dior y cientos de ejemplos muestran que un buen posicionamiento no siempre se ve afectado por aquellas situaciones.

h. *Imagen*

La imagen consiste en la representación de algo en la mente. Una persona, una empresa o una institución está siempre transmitiendo una imagen, aunque no se lo proponga o lo ignore. Esa transmisión se hace por medio de símbolos o señales y, también, a través de sus actos sociales cotidianos. Pero más que surgida desde quien o desde lo que se expone, la imagen resulta de la percepción que los distintos públicos se forman de ellos. Eso no obsta para que la comunicación de la imagen sea una responsabilidad del comunicante o emisor y, por lo tanto, a él imputables las interpretaciones erróneas, nunca al receptor.[10]

En este tipo de error suelen incurrir, precisamente, los hombres públicos, cuando culpan al periodismo por distorsiones de sus dichos; no se reconoce que la comunicación estuvo mal emitida dando lugar a una interpretación que no coincidió con las intenciones del emisor. A veces, esta distorsión es fruto de algún "ruido" psicológico o interferencia (un chirrido, una explosión, un trueno, etc.) que distrae a los receptores, es decir, de la aparición de un efecto discordante entre el emisor y el receptor del código. A estos ruidos apelan los magos o ilusionistas para hacer pasar desapercibidos los trucos.

Así como hay que asegurarse que la transmisión de la imagen esté exenta de ruidos, también es necesario prevenirse de la entropía o pérdida de la información (concepto asimilado a la física). Aunque están relacionados, ruido y entropía son distintos. Todo ruido produce entropía pero no toda entropía es consecuencia de un ruido. Bernstein afirma que hay menos entropía en un texto leído que en uno escrito y —comenta risueñamente— mucho menos aún en una carta de amor que en un formulario de impuestos.

El mentado "cambio de imagen" no es una cosa sencilla. Como dijimos, una imagen es una percepción por parte de un receptor. Por lo tanto, es engañarse a uno mismo creer que con algunas modificaciones externas es posible obtener cambios significativos en la forma en que se es visto. En todo caso, lo que se puede hacer es un autocuestionamiento acerca de cómo se está actuando social e institucionalmente, es decir, acerca de la propia personalidad.

---

[10] **La imagen de la empresa y la realidad,** por David Bernstein, Plaza & Janés Editores S.A., 1986.

PROMOCION Y COMUNICACIONES

Resumiendo, antes que nada se debe investigar si es un problema de imagen o de identidad. La *identidad* —según Bernstein— representa el total de las formas con que una compañía (o bien una persona o institución) ha decidido identificarse con todos sus públicos, mientras que la *imagen* es la percepción que de ella tienen esos públicos. Simplificando, la identidad es cómo se es o se pretende ser, y la imagen es cómo se es visto. ¿Por quiénes? Por el personal, los colaboradores, los grupos de influencia, la comunidad comercial, económica y financiera, los poderes públicos, los medios de comunicación, los usuarios efectivos y potenciales, y el público o población en general.

La consecuencia en los principios, la coherencia de las posiciones sostenidas y la consistencia en los discursos y manifestaciones de una persona u organización constituyen la mejor prevención frente a ruidos y entropía. Un muy buen ejemplo lo encontramos entre la imagen lograda por la Sociedad Rural Argentina, el menor nivel alcanzado por la Unión Industrial Argentina y el mucho más bajo que gozan los llamados "Capitanes de la Industria" o los sindicatos. Si estos últimos grupos desearan revertir esa imagen, no será cuestión de iniciar una campaña de comunicaciones con intenso número de impactos, sino de implementar un programa que llevará mucho tiempo, asimilándose más a una carrera de resistencia que a una de velocidad.

Queda para el final una breve referencia al "Código McKinsey", de McKinsey & Co., las famosas "7 eses" —por la letra inicial que en inglés tienen los siete factores más importantes, según ellos, de la administración de empresas— que popularizaran Thomas J. Peters y Robert H. Waterman, Jr. en **En busca de la excelencia**[11] y que antes ya había difun-

---

[11] T.J. Peters y R.H. Waterman Jr., Editorial Norma, 1984.

dido Richard T. Pascale y Anthony G. Athos en **Los secretos de la técnica empresarial japonesa.**[12] Cuando hablamos de comunicación de imagen estaremos siempre tomando en cuenta el modelo de las 7-S: Estructura, Estrategia, Personal, Estilo gerencial, Sistemas y procedimientos, Valores compartidos y Habilidades y Aptitudes (en inglés: structure, strategy, staff, style, systems, shared values and skills).

---

[12] R. Pascale y A.G. Athos, Ediciones Grijalbo, 1983.

VIII. Factores claves en servicios

A. La administración del tiempo
1. ¿Qué es el tiempo?
2. Valor e importancia del tiempo
3. La relatividad del tiempo
4. El tiempo y los servicios
5. El uso del tiempo
6. La "pérdida" de tiempo
7. El "tiempo libre"
8. Administrando el tiempo
9. El planeamiento del tiempo

B. El personal
1. La importancia del personal
2. El respaldo del personal
3. Requisitos para la retención del personal
4. Necesidad de la descripción de tareas
5. Remuneraciones y beneficios
6. Aptitudes y liderazgo

C. Control de calidad del servicio
1. Servicios y control de calidad
2. El concepto japonés de control de calidad
3. Qué es calidad
4. Identificar las causas, no los síntomas
5. Instrumentos para detectar fallas y errores
6. Los objetivos de un programa de control de calidad
7. Requisitos de un programa de control de calidad
8. Condiciones para la utilidad de un programa de control de calidad
9. La creación de un programa de control de calidad
10. Costos de un programa de control de calidad
11. La calidad delegada y su responsabilidad
12. La capacitación de todo el personal para garantizar la calidad del servicio
13. Los denominados "círculos de calidad"
14. Auditoría de calidad y auditoría del propio sistema de control de calidad
15. Las siete herramientas del control de calidad

A. La administración del tiempo

1. ¿Qué es el tiempo?

Decía Balzac: "El tiempo es el único capital de las personas que no poseen otra fortuna que la inteligencia". El diccionario lo define como la "duración de un fenómeno", "duración limitada" o también, como "lugar o espacio para hacer algo". Servan-Schreiber, por su parte, afirma que es aquello que mide una transformación. "Así, mientras el paso de un huevo crudo a duro es de cuatro minutos, la transformación del carbono 14 se mide en millones de años." Y continúa, "tendemos a medir el tiempo de acuerdo a nuestros propios cambios o a los de aquellas personas o cosas que nos rodean. El tiempo, para los humanos constituye un recurso no renovable que puede perderse y jamás ganarse, pero que siempre puede ser mejor aprovechado".[1]

---

[1] **Cómo dominar el tiempo,** por Jean-Louis Servan-Schreiber, Emecé Editores, 1986.

2. Valor e importancia del tiempo

No siempre el *principio de escasez* otorga valor económico a las cosas. Y tal es lo que ocurre con nuestro tiempo. A pesar de la finitud de la vida humana, tanto desde el punto de vista personal como desde el profesional, no solemos hacer una utilización ventajosa de él. Es más, en muchas ocasiones las tareas u obligaciones familiares, sociales o laborales nos impiden disfrutar de la cuota de tiempo que deliberadamente debiéramos destinar a "perderlo".

Se trata de un tema poco estudiado en general, que ha recibido escasa atención por parte de las ciencias de la administración en particular, aunque algunos grandes tratadistas de management —como Peter Drucker o el premio Nobel, Herbert Simon— se han ocupado de asignarle significativa importancia en los resultados gerenciales.

Resulta increíble que sólo se lo haya tratado excepcionalmente porque con sólo pensar que el tiempo no es "stockeable", ya podemos evaluar la importancia de esta variable —nunca más apropiado el término— y su imprescindible asociación con productividad o rendimiento.

Cada sociedad tiene una especial manera de valorizar el tiempo, dependiendo de múltiples factores culturales una visión más o menos "pasatista" del transcurrir de los acontecimientos. Así como la ética sajona ha acuñado la frase "el tiempo es oro", símbolo del altísimo valor que se le otorga, los españoles prefieren utilizar "tómate tu tiempo".

Lamentablemente, los argentinos —en su gran mayoría— no apreciamos con el justo valor su aprovechamiento o su desperdicio. Y cuando hablamos del tiempo laboral, esta observación cobra mayor crudeza: ¿o no es eso lo que ocurre cuando muchos empleados llegan puntualmente... a desayunar o muchas empleadas... a maquillarse?

Pero mejor aún resulta la valorización del tiempo si

distinguimos entre tiempo *presente* y *futuro* o, en otras palabras, acerca de cómo nuestras decisiones del presente afectarán nuestro futuro. Esto se puede dramatizar si pensamos que en EE.UU. —como consecuencia de un continuo desarrollo económico y de una creciente internacionalización de su comercio— se invirtió más en investigación en un año que en la primera mitad del siglo. ¿Cómo no vamos, entonces, a asignarle importancia al planeamiento a largo plazo?[2]

Es cierto que la inflación ha producido profundas distorsiones en las conductas económico-sociales y ha permitido que, aún sin una esmerada planificación, se hayan podido obtener beneficios significativos y, a veces, en mucho mayor medida que los obtenidos por empresas con cuidado planeamiento estratégico y táctico. Pero creemos que la tendencia hacia una creciente intercomunicación e internacionalización económica está alcanzando a todos los países, y el modelo autárquico de postguerra que se aplicó en algunos de ellos parece llegar a su fin. En el mundo, el correcto manejo de las herramientas de management representa una inversión tanto o más importante que el costo de las materias primas, y el peso de las ventajas diferenciales "naturales o estáticas" está diluyéndose en favor de las ventajas comparativas "adquiridas o dinámicas", como lo demuestran Japón y los países del sudeste asiático.

Hoy, el tiempo constituye un tema dominante cuando no de la máxima importancia. Hace algo más de un lustro se realizó en Francia una encuesta sobre "las principales fuentes de frustración". No dejará de sorprendernos que el problema "tiempo" ocupó el primer lugar con un cuarenta y tres por ciento, relegando al "dinero" a un distante segundo lugar con el veintisiete por ciento.

---

[2] **La administración del tiempo,** por James Mc Cay, Ed. Diana, 1979.

3. La relatividad del tiempo

El vuelo del avión Concorde desde París a Nueva York ha permitido al hombre concretar un viejo sueño: volver el tiempo atrás. Despega del aeropuerto de Roissy a las once y aterriza en el aeropuerto Kennedy a las ocho, dándose el lujo sus privilegiados viajeros de llegar tres horas "antes" de haber partido.[3]

Subjetivamente, el transcurrir del tiempo se vive en forma diferente. Vaya un ejemplo: en un cine, la película puede resultar interminable para algunos, mientras otros desean fervientemente que no llegue a su fin. Sin embargo, su proyección duró exactamente lo mismo para todos, inclusive para los transeúntes que están fuera de la sala. Lo mismo puede decirse de un instante de peligro o en el que nos acompañe la persona amada.

Servan-Schreiber nos propone el test "de los seis meses de vida", imaginando —aunque gocemos de buena salud— que nos quedan seis meses por delante y nada más. A continuación propóngase analizar qué experiencias no querría dejar de vivir en ese último semestre. Notará que le asaltan ideas que antes no habían pasado por su cabeza y que tal vez le convenga tomar en cuenta. Pero lo cierto es que esos meses nos parecerán en proyección bastante distintos que si no los hubiéramos considerado póstumos.

4. El tiempo y los servicios

Antes dijimos que el tiempo no puede ser almacenado o no puede "stockearse". Nadie podría dudarlo, ni aún los pasajeros del Concorde. Pero hay actividades que pueden, en

---

[3] J. Servan-Schreiber, ob. cit.

cierta forma, recuperarlo, como, por ejemplo, en la industria manufacturera. En cambio, en materia de servicios, aquél que no se prestó, no se proveerá jamás.

Por suerte ello puede atemperarse y, en muchos casos, una corrección o cambio más o menos inmediato puede dar lugar a un efecto recobratorio bastante eficaz, pero lo que no podemos dejar de considerar es que, en el caso de los servicios, el factor tiempo representa un insumo particularmente sensitivo. Y en ellos "el no dejes para mañana lo que puedas hacer hoy" toma mucha mayor vigencia.

La carrera que no cursamos, la venta que no hicimos o el beso que no dimos cuando tuvimos nuestra oportunidad, tienen sabor a lo irrecuperable. Sólo extendiendo el horario de prestación es posible revertir —al menos un poco— una falla en la atención. Pero cuando por un instante, justificadamente o no, se desatienden las obligaciones, el tiempo pasa una factura inexorable.

Esto nos lleva al tema de la productividad en servicios y al efecto que en ella tienen las huelgas, los accidentes o las interrupciones de cualquier tipo. En todos los casos en que la prestación se encuentre deteriorada o paralizada, los efectos serán irreversibles. ¡Si lo sabemos los argentinos que tan habituados estamos a cortes de teléfono o de corriente!

5. El uso del tiempo

Cuando consideramos el uso o la administración del tiempo, inmediatamente se plantea la cuestión de que la mayor parte de las personas no tiene ni la más remota idea de lo que hace con él ni qué es lo que ha ocurrido con su tiempo gastado. Aunque uno no tiene por qué convertirse en un cronómetro humano, lo ideal sería aproximarse, al menos en parte, a ello. A quienes duden de esta recomendación o manifiesten escepticismo, les bastará con saber que son escasísimos los dirigentes de empresa que han alcanzado éxito duradero sin haberse detenido, en algún momento de sus carreras, a pensar, organizar y programar la inversión de su limitadísimo tiempo.[4]

¿Es posible administrar el tiempo? Repetimos, no podemos detenerlo ni acumularlo, pero sí podemos aprovecharlo mejor e intentar dominarlo, poniéndolo a nuestro servicio. De cómo lo hagamos, dará lugar o no a que los acontecimientos gobiernen nuestros actos o, por el contrario, los podamos poner bajo control y así aumentar la eficacia con que tomamos decisiones.

6. La "pérdida" de tiempo

Naturalmente, cuando decimos "perdido" no nos estamos refiriendo a la pérdida económica o productiva, dado que el tiempo dedicado al ocio o al cuidado de la salud resultaría invalorable en términos económicos. Es aquél que ha sido aplicado —a nuestro pesar— a acciones o situaciones no previstas.

Hay ocasiones en que ello así ocurre y en las que no tomamos —o no queremos tomar— conciencia del desperdicio en el que estamos incurriendo. Esto constituye un sensible error, porque resulta tremendamente perjudicial ignorar la magnitud de una acción u omisión defectuosa, y ese desconocimiento estimulará la reincidencia o la persistencia en ellas.

En determinados momentos, distraer tiempo hasta puede ser saludable. Pero no medir o no estimar esa distracción seguramente deteriorará el manejo de la mejor arma gerencial: la intelectual.

---

[4] J. McCay, ob. cit.

A principios de los años 50, la televisión en Europa era un fenómeno marginal. Hoy, todo el mundo tiene un televisor y le dedica, en promedio, unas dos horas y media por día o sea, una décima parte de su improrrogable jornada. Pero lo concreto es que en los últimos cuarenta años, el número de horas trabajadas en el día, casi no ha variado y consecuentemente ese diez por ciento de televisión se ha alcanzado a costa de todo lo demás: descanso, distracciones, entretenimientos, afectos, relaciones sociales y, sobre todo, sacrificando la comunicación y la concentración.[5]

Otros factores colaboran en ello, por ejemplo, el transporte.

Cada vez resulta más distante el lugar de trabajo del de la vivienda y lo mismo ocurre con los centros de compra, colegio de los chicos, la casa de nuestros parientes y los lugares de entretenimiento. Y, como detalle curioso, algo que los economistas no contemplaron, el consumo. Porque el consumo necesita mucho tiempo y, aunque un mayor poder adquisitivo puede incrementar progresivamente su nivel, no hace lo mismo con el tiempo disponible.[6]

Otro rubro destacado por Servan-Schreiber es el "mantenimiento". "¿Cuánto tiempo dedica el propietario de un velero a la reparación de su casco o de su aparejo en relación con el ocupado en navegar? ¿Cuánto tiempo invierte el dueño de una piscina en limpiarla y en nadar en ella? ¿Cuánto tiempo precisa para mantener en condiciones una casa de veraneo o de fin de semana en comparación con el que se dedica a aprovecharla? Hay un total desaprovechamiento: libros jamás leídos, discos escuchados unas pocas veces, vestimentas sin estrenar, videocasettes grabados y nunca vueltos a reproducir y patines, cortadoras de césped o bicicletas compradas

---

[5] J. Servan-Schreiber, ob. cit.
[6] J. Servan-Schreiber, ob. cit.

por impulso o por una corazonada, sin haber evaluado, previamente, el tiempo que requeriría su uso."

Y continúa, "si queremos preservar nuestro espacio-tiempo vital, debemos aprender a decir que no sin ofender." Ese es el otro gran tema que nos hace incurrir en pérdidas de tiempo. Y agrega "frecuentemente actuamos como si fuera ilícito hacernos tiempo para nosotros mismos antes de satisfacer las necesidades de los demás y nos olvidamos del no puedo y el no sé".

"Estamos tan imbuidos de la idea de que todos los momentos que no son de acción pura constituyen un desperdicio que, instintivamente los clasificamos como vagancia improductiva. De ahí la desconfianza manifiesta hacia la reflexión previa, el tiempo para recuperar fuerzas, la meditación fecunda, la relajación o la adquisición de conocimientos no directamente útiles."

Es preciso que reflexionemos sobre estos factores y acerca de la forma y la medida en que ellos nos puedan estar afectando en nuestras funciones familiares y laborales o estar impidiendo una mejor calidad de vida personal. Las posibilidades de disfrutar están limitadas por la misma finitud de la vida, no agravemos entonces esa escasez permitiendo que todos ellos actúen caóticamente sobre nuestros comportamientos. Está en nuestras manos evitarlo.

7. El "tiempo libre"

Aunque dedicamos una buena parte de nuestra vida a los seres queridos y a las vocaciones inmateriales, cierto es que otra porción importante de ella está destinada a pensar en el dinero o en los bienes que pueden adquirirse con él. Dedicamos muchísimos momentos a reflexionar o a actuar sobre estos bienes "renovables" y nos olvidamos del tiempo, que es un bien irrecuperable.

Casi el 80% de nuestro día es absorbido por el descanso, el trabajo y la higiene personal. Lo que hagamos con el resto es crucial y sujeto a un delicadísimo equilibrio entre vida afectiva y social, entretenimientos, deportes, capacitación, vida pública, etc. Esto, sin contar imprevistos tales como compromisos comerciales, enfermedades propias y ajenas, trámites burocráticos o simplemente, más cansancio que de costumbre.

Siendo tan escaso el tiempo que podemos dedicar a algunos temas —que, tal vez, sea el que más nos importa—, ¿no merece la pena que le dediquemos un poco más de atención o de reflexión? Lo único que estamos recomendando es un poco de organización que permita mejorar el uso del "tiempo libre" y, de ser querido, su optimización.

Ya en la antigüedad, los pensadores griegos buscaban siempre obtener una cuota de lo que llamaban "estado ocioso", para poder desarrollar su actividad intelectual, reflexionar sobre cuestiones controvertidas, o bien para acciones de beneficencia. He aquí la clave: el "tiempo libre" requiere un sentido porque, en caso contrario, se producirá el síndrome del jubilado o el del fin de semana, en el que la sensación de soledad produce estragos en nuestra psiquis. Entendemos, entonces, por *tiempo libre*, el disponer provechosamente de lapsos aplicables al mejoramiento personal.

¿Para qué necesitamos el tiempo libre? Servan-Schreiber nos da una lista de actividades que creemos muy conveniente reproducir:

a. Tiempo para el cuerpo: para prepararlo, entrenarlo, cuidarlo y comprender las satisfacciones que nos daría si nos ocupáramos un poco de él.
b. Tiempo para el ocio: cine, televisión, conciertos, teatro, cenas, recepciones, actos varios, juegos, deportes, cumpleaños, etc.
c. Tiempo para el placer (en el sentido sensual).

d. Tiempo para el consumo.
e. Tiempo para viajar.
f. Tiempo para descansar.
g. Tiempo para el amor.
h. Tiempo para los demás.
i. Tiempo para la familia.
j. Tiempo para leer.
k. Tiempo para aprender.
l. Tiempo para crear.
m. Tiempo para meditar.
n. Tiempo para la regresión.
o. Tiempo para la soledad.

8. Administrando el tiempo

La toma de decisiones

La toma de decisiones es el tema clave y la tarea por antonomasia de toda función de dirección. Y aunque la calidad de las decisiones no mejora por más tiempo que se les dedique, una incorrecta administración de tiempos resiente su eficacia: lo urgente se privilegia sobre lo importante y se apunta más a "durar" o a "permanecer" que a cumplir con los objetivos, siendo común confundir las acciones de dirigir con las acciones de hacer.

Una buena orientación para la inversión del tiempo y su positiva repercusión en la toma de decisiones, la da la aplicación del sistema de Conducción por Objetivos. El método obliga a predeterminar una lista de acciones y tiempos, dispuestos en función de objetivos establecidos, lo que permite una periódica evaluación de las tareas de un gerente o funcionario y, principalmente, de la congruencia y aptitud de las decisiones tomadas o de las acciones ejecutadas.

De aquí surge que una de las responsabilidades más

importantes que le compete a la alta dirección o gerencia es la acción tendiente a capacitar y estimular la eficaz utilización del tiempo de su grupo gerencial. Para que sus miembros puedan desempeñarse con solvencia en situaciones que enfrenten lo urgente versus lo importante o lo rápido versus lo exacto, es preciso desarrollar criterios sobre los que se debe educar, familiarizar e involucrar.

Muchos gerentes hacen cosas que no debieran hacer en absoluto por pautas culturales o actitudes inconscientes propias, o por la cultura empresaria de la organización en que se desempeñan.

Trabajos científicos más o menos recientes han comprobado que todas las personas que despliegan alguna actividad se valen de ambos hemisferios cerebrales.[7] En el lado izquierdo del cerebro se ubican los mecanismos del *pensamiento lógico y secuencial* o lógico-deductivo —en pocas palabras, lo que llamamos el orden mental—, mientras que en el hemisferio derecho se alojan los que corresponden al *pensamiento asociativo*, mediante el que se controlan los impulsos y arranques imaginativos y donde se da la simultaneidad para el tratamiento de la información.[8]

Estas conclusiones han sido recientemente cuestionadas, al afirmarse que la creatividad es consecuencia de una gimnasia mental antes que de la función del hemisferio cerebral derecho. Lo cierto es que la actividad creativa requiere de tiempo y dedicación sistemática. Hace unos años, el diario **La Nación** entrevistó a los más encumbrados escritores argentinos y, entre otras preguntas, los consultó acerca de sus

---

[7] Seminario "Técnicas de Administración del Tiempo y Creatividad Gerencial", por Derm Barret, en I.D.E.A.
[8] **El arte de ser ejecutivo,** Louis B. Lundborg, Ed. Grijalbo, 1983.

costumbres en materia de trabajo artístico. Todos respondieron que escribían en diferentes momentos del día, *todos los días*. La pretensión de disponerse a crear para que, inmediatamente, sobrevenga la idea artística o comercial no es más que una mágica ilusión de adolescente, sólo válida para superdotados y no para personas promedio, aunque con alto nivel de omnipotencia.

Por lo tanto, la obsesión —lo decimos en sentido figurado— por el orden y la organización, estuviese o no impulsada por el lado izquierdo del cerebro, no debe constituir un fin en sí mismo, sino tan sólo un método conveniente para que las actividades imaginadas puedan ser llevadas a cabo en la forma menos tensionante posible. Sin embargo, éste no suele ser el comportamiento habitual desde el momento en que los sistemas educativos vigentes apuntan a la acumulación de conocimientos en un corto espacio de tiempo, perjudicando así las potencialidades creativas del individuo.

Una adecuada aplicación de tiempo al desarrollo cerebral o a la gimnasia mental sólo será factible en tanto se pueda generar capacidad ociosa en la actividad personal. De esta manera, se podrán asimilar las técnicas —actualmente en plena expansión— de fertilidad creativa las que, a su vez, generarán profundos cambios en la conducta gerencial. Tanto la planificación como la formación de estrategias empresariales implican —como requisito básico— cierto tipo de entrenamiento sistematizado que posibilite la adopción de criterios o soluciones no convencionales en la toma de esas decisiones.

Pero además, el eficaz manejo del tiempo gerencial genera un beneficio no siempre tangible, como consecuencia del denominado efecto "cascada". Es que esa eficacia redunda en una actividad de retroalimentación —tanto de superiores como de subordinados— con lo que aumenta la productividad global. Cualquiera puede comprobar esta afirmación llegando al lugar de trabajo más temprano que lo acostumbrado: ese día hay mayor carga de tarea para todo el mundo. Resumiendo, en los asuntos humanos la distancia que separa al líder de quienes le siguen es casi constante. Si la actuación de aquél es sobresaliente, el nivel medio de los individuos que le siguen en la cadena de mando también se eleva.

El uso del tiempo gerencial

En realidad, lo que estamos tratando de dilucidar es si los acontecimientos gobiernan la función empresarial o gerencial —mediante la sustracción incontrolada de propio tiempo— o si, en cambio, el dominio sobre aquéllos aumentará la eficacia con que se toman las decisiones. Pero ¿cómo se materializan estas acciones tendientes a programar un uso correcto de las disponibilidades o su optimización? Ante todo, valgámonos de un ejemplo hipotético aunque verosímil, fácilmente adaptable a cualquier tipo de empresa o cargo.

Supongamos las siguientes hipótesis:

1º Se trata de un funcionario que trabaja 8 horas diarias netas, a razón de 22 días mensuales promedio, durante 11 meses en el año (1936 horas/año).

2º Ese gerente o funcionario aplica un 20% de su tiempo a visitar clientes potenciales o inactivos, concretando ventas en 2 de cada 10 clientes potenciales o inactivos visitados y con una facturación promedio en cada venta de 500 dólares por mes durante 1 año (U$S 6.000 por año).

3º El ingreso personal del gerente representa unos 39.000 dólares por año, siendo el costo total de esa retribución para su empresa de U$S 58.500.

4º Cada visita le lleva —en promedio— 1 hora.

Veamos ahora qué ocurre si ese gerente acostumbra llegar media hora tarde o, lo que es lo mismo, a dedicarle media hora menos a su tarea global. Naturalmente, ello no será descontado de sus ingresos —pese a que debieran debitársele alrededor de 2.400 dólares por año—, pero a la empresa esa negligencia le costará U$S 3.656 al año.

Pero eso no será lo más grave. Muy posiblemente esa media hora de déficit terminará restringiendo su tiempo dedicado a ventas, ya que las tareas de rutina o aquéllas que exijan presencia ineludible en la oficina serán privilegiadas, y en consecuencia, la cuantificación de este lucro cesante resultará mucho más grande. En efecto, en lugar de visitar 387 clientes en el año, sólo lo hará a 363, parte de los 24 clientes restantes hubieran representado ventas por U$S 28.000 (lo que surge de multiplicar 24 x 0.20 (20%) x 6.000), es decir, casi la mitad de los recursos necesarios para enjugar los costos salariales anuales de ese gerente.

Existen otros ejemplos tan tajantes como éste, cuando proyectamos anualmente algunos períodos diarios. Así, 8 horas de sueño representan 4 meses de descanso anual, 15 minutos por día suman 91 horas al cabo del año y una hora diaria representan 15 días al cabo de 12 meses (¡y 2 años al cabo de 40!).[9]

Luego de estas reflexiones surge claramente que la correcta administración del tiempo no puede constituir una actitud esporádica o intermitente, sino permanente, debe transformarse en un verdadero hábito para que rinda frutos. Cuando al fin de la jornada nos preguntemos "¿empleé bien mi tiempo?", una sensación de alivio y plenitud nos envolverá en tanto y en cuanto nuestro día haya transcurrido sin derroches, conforme con los objetivos y previsiones que establecimos.

Según una investigación realizada entre 1.200 "realiza-

---

[9] J. Servan-Schreiber, ob. cit.

dores" exitosos y que comenta Servan-Schreiber, se pudieron discriminar cuatro características comunes:
- Se esfuerzan "por amor al arte", en función de elevados objetivos propios.
- Asumen los riesgos con confianza, después de examinar qué es lo que podría suceder en el peor de los casos.
- Antes de actuar, repasan mentalmente las acciones y sucesos que producirán.
- Saben muy bien cuánto deben descansar, no dejan de tomar vacaciones, evitan el estrés, no permiten que los abrumen los detalles y son maestros en el arte de delegar tareas.

Cualquiera puede ser capaz de prever que tendrá una cita importante a determinada hora. Muchos —no todos— llegan a ella sabiendo de antemano qué es lo que se proponen obtener. Pero son pocos los que imaginan los posibles desarrollos de la entrevista a fin de estar preparados para cualquier eventualidad. Quienes acostumbran aplicar tiempo de reflexión destinado a suponer el posible escenario, saben de qué margen disponen frente a su interlocutor. Y no se trata de un don innato sino de una técnica mental que requiere entrenamiento.

El método de "prepararse para lo peor" permite desactivar la angustia, por eso los "realizadores", antes de iniciar un proyecto, visualizan la hipótesis de fracaso y evalúan si podrán o no sobrevivir en él. No basta, entonces, con formular objetivos. Hecho eso, hay que darles vida en la propia cabeza, estudiándolos desde todos los ángulos para poder anticipar tanto las satisfacciones como las dificultades.

Llegados a este punto creemos conveniente recomendar un breve autoanálisis acerca del rol que se cumple en la organización o en la actividad que se lidera y cuáles son las perspectivas profesionales y personales dentro de las mismas.

La aparente simplicidad de la pregunta "¿por qué existe

mi organización?", oculta un trasfondo de importancia. Una respuesta precisa permitirá evaluar el grado de integración y consustanciación que se tiene con ella. Si uno no cree en la seriedad, conveniencia y utilidad económica y social de la propia actividad y sólo la considera un "negocio" más, siempre será poco el tiempo que se le termine dedicando comparado con la disponibilidad potencial.

Una vez aclarados dos aspectos: la compatibilidad ideológica con la actividad que se desarrolla y que se está realmente involucrado en ella —sea como funcionario, sea en la única o en la máxima responsabilidad—, será posible plantearse el segundo interrogante: "¿por qué existe mi tarea? y ¿tengo o no interés en destacarme en ella?". Porque si no se valora significativamente la función propia o no hay interés en distinguirse en la misma, seremos inevitablemente absorbidos —en mayor o menor grado— por otras funciones que no son para las que fuimos designados o en las que decidimos, originariamente, actuar.

El tercer aspecto de este autoanálisis está relacionado con las aspiraciones personales: "¿tengo o no un proyecto personal? Y si lo tengo, ¿no llegó el momento de revisarlo?". Pero, además "¿es compatible con la labor que desempeño?". Si las expectativas personales, profesionales o económicas no pueden ser colmadas o relativamente satisfechas, en un futuro razonable, a través de la actividad a la que se está asignado o se ha elegido, insensiblemente la dedicación irá orientándose hacia áreas que no hacen significativamente a aquella, lo que perjudicará en forma más o menos ostensible el propio rendimiento.

Las respuestas a estos cuestionamientos obligarán indefectiblemente a reflexionar acerca de la posición o la voluntad de seguir donde se está y en lo que se hace, y constituyen un requisito indispensable para comenzar la tarea de intentar mejorar la asignación de tiempos.

El rendimiento del tiempo gerencial

Cuando percibimos que el rendimiento de un sistema de transporte de líquidos, por ejemplo, es bajo, sólo podremos aumentarlo por medio de dos acciones:

a. Incrementando la presión.
b. Agrandando el conducto.

Pero la presión aumentada tiende a atorar el sistema y, en algunos casos, a deteriorarlo, lo que nos induce a intentar ampliar el tamaño del conducto. Traducido este esquema al sistema humano podemos observar que el caso es distinto y que la única manera de "ampliar o aumentar el conducto" es asignando selectivamente el tiempo a actividades prioritarias.[10]

Esta tarea reclama cierta dosis de perfeccionamiento, ya que a medida que uno aprende a trabajar en niveles cada vez más finos de categorización y desarrolla la capacidad de discriminación, es posible incrementar el rendimiento en las áreas que se ha fijado como objetivo.

La base para superar la presión del tiempo es tomar en cuenta que el mismo se relaciona con el rendimiento: si se aumenta éste, también se incrementará —por añadidura— la cantidad que se disponga de aquél. A su vez, la norma para mejorar el rendimiento es considerar su íntima ligazón con el perfeccionamiento de la técnica, o sea que, perfeccionando las técnicas de autoadministración del tiempo, obtendremos un aumento en su rendimiento.[11]

A principios de la década del setenta, el investigador Alec MacKenzie pidió a grupos de personas que ocupaban puestos jerárquicos muy variados, que prepararan listas de sus "ladrones de tiempo" personales. Interrogó, sucesivamente, a cuarenta coroneles canadienses, treinta rectores univer-

---

[10] J. Mc Cay, ob. cit.
[11] Idem.

sitarios norteamericanos, veinticinco empresarios mexicanos, corredores de bolsa, sacerdotes negros y gerentes alemanes. Descubrió que las listas eran, prácticamente, idénticas.[12]

Los efectivos de la "pandilla de ladrones" eran los siguientes:

Ladrones externos:
- llamadas telefónicas imprevistas o inútilmente largas.
- colegas o colaboradores que vienen a presentar problemas o a conversar.
- política de puertas abiertas, disponibilidad "obligatoria".
- visitas, clientes y proveedores que aparecen de improviso.
- personal de escasa formación o competencia (especialmente, la secretaria).
- el jefe o, peor aún, los jefes.
- almuerzos de trabajo, cócteles de promoción, veladas para visitantes extranjeros.
- reuniones demasiado frecuentes, largas y mal preparadas.
- trámites personales o familiares.
- mantenimiento o reparación de artefactos descompuestos.
- necesidad de llevar a los niños a sus actividades (médico, lección de música, el club).
- limpieza, diligencias y comidas.
- interrupciones por parte de los niños (o de los padres).

Ladrones internos:
- objetivos y prioridades confusas o cambiantes.
- falta de planificación del trabajo diario.

---

[12] J. Servan-Schreiber, ob. cit.

- trabajos "en curso", no terminados.
- ausencia de plazos autoimpuestos.
- tendencia a tomar demasiadas tareas, al perfeccionismo.
- falta de orden, oficina mal organizada.
- confusión y superposición de responsabilidades.
- incapacidad para delegar tareas.
- detallismo excesivo.
- postergar la solución de conflictos.
- resistencia al cambio.
- intereses dispersos y demasiado numerosos.
- incapacidad para decir "no".
- falta de información, comunicaciones deficientes (o excesivas).
- excesiva lentitud o precipitación en la toma de decisiones (o tomarlas en comité).
- fatiga, deterioro físico.

Y sigue diciendo Servan-Schreiber: "En nuestra época, quien quiera estar entre los mejores en algún terreno, debe aceptar —por falta de tiempo— ubicarse entre los menos buenos en otros. Para mí, cualquier abdicación de mi poder de decisión sobre mi capital no renovable —el tiempo— es una capitulación".

"Las horas decisivas establecen la diferencia y son aquéllas en las que estamos solos para reflexionar, estudiar, prever e incluso crear. Y son, justamente, las que no anotamos en la agenda. Por eso, como un paso más hacia la autonomía, me reservo una cita semanal —como mínimo— conmigo mismo."

Esto se conecta con la necesidad de un ayuda-memoria. Porque el arte de dominar el tiempo está íntimamente vinculado con la memoria y su importancia se subraya al comprobar que "el olvido se paga —siempre en el peor momento— con tiempo, dinero o energía... o con las tres cosas". "Podríamos formular la siguiente ley: la tasa de olvido aumenta en forma directamente proporcional al cuadrado de la sobrecarga de actividad"... "por lo que así como un incendio forestal se apaga con un contraincendio, para luchar contra la falta de tiempo hay que dedicar una porción de él para meditar sobre él: darle tiempo al tiempo".

Mejorar el rendimiento

El rendimiento se puede aumentar cuando uno acrecienta su capacidad de obtener impresiones en forma rápida, clara y con buena exactitud de lo que acontece a su alrededor. Para desarrollar esta capacidad existe un procedimiento específico que comprende tres fases[13]:

a. *Mejorar la atención:* las preocupaciones o la falta de atención que ellas provocan resultan el principal factor de disminución del rendimiento.

b. *Incrementar la energía disponible:* Cuando uno está bajo de energía resulta difícil concentrarse y, por lo tanto, percibir con claridad hasta las ideas más sencillas.

c. *Aumentar los conocimientos y ampliar la experiencia:* Existe una intensa relación entre ambos y la capacidad de una persona para formarse ideas claras.

a. *Mejorar la atención*

Reiteramos, para desarrollar el rendimiento propio lo primero que hay que hacer es aumentar el número de imágenes claras y precisas que se perciben en la vida diaria. Ello

---

[13] J. Mc Cay, ob. cit.

impone la necesidad de estar alerta más veces y prestar plena atención a lo que ocurre. Siempre que uno está preocupado y actúa por inercia —en base a hábitos—, carece de libertad para controlar o racionalizar su tiempo.

Muchas veces, cuando alguien es ascendido de una posición poco calificada a otra de mayor responsabilidad y autonomía, el pasaje de la disciplina supervisada hacia un régimen de autodisciplina no es bien asimilado y el recién ascendido comienza a perder posibilidades de controlar su tiempo.

Porque se necesita tiempo para todo: para poder dar curso a los problemas, para leer los libros de los que todo el mundo habla, para perfeccionarse en el "hobby" o deporte favorito, para disfrutar de la familia, para viajar, para hacer negocios o visitar clientes, etc. Y, a veces, el tiempo que se dispone para estas actividades es neutralizado por las preocupaciones.

¿Cuáles son las fuerzas que nutren o estimulan las preocupaciones? Por un lado, de tanto repetir ciertos actos los vamos transformando en hábitos rutinarios. Y es en los momentos de rutina en que nos tienden a asaltar las preocupaciones. Otra fuerza que las fomenta es la publicidad: si tiene éxito en despertarnos un deseo, aparta nuestra atención del presente y nos lanza una preocupación por el futuro. Otro tanto ocurre con la lectura de diarios —que suele hacerse como hábito y con relativa atención—, ya que pueden transmitir un estado latente de inquietud.

Existe un eficaz detector de personas preocupadas: la mirada fija. Sólo un entrenamiento riguroso puede conferir a una persona la capacidad de fijar la mirada a la par de mantenerse enteramente alerta.

Son tres las armas principales que pueden emplearse para neutralizar las preocupaciones:

1. *Cambiar rutinas:* siempre que se cambia algo que es

rutinario, se debe estar con la atención despierta para poder hacer la observación del nuevo método. En el comienzo de la lucha contra las preocupaciones, es necesario cambiar tantas rutinas como resistan los nervios.

2. *Ejercitarse a diario:* consiste en escoger alguna actividad en la que pueda concentrarse toda la atención, diariamente, durante cierto tiempo (artística, por ejemplo).

3. *Cultivar costumbres o intereses que tengan que ver con la observación:* de la naturaleza, por ejemplo, del cielo y sus constelaciones, de las plantas y las flores, de los animales, etc.

Volvamos ahora a la segunda fase del procedimiento recomendado por Mc Cay:

b. *Almacenar energía*

Muchos son los factores que hacen bajar el nivel de energía de los ejecutivos, pero hay ciertas causas a las que se les pueden atribuir la mayor parte de su desgaste: los llamados "factores negativos". Se trata de un conjunto de actitudes de defensa, de críticas, de resentimientos, de suspicacias, de temores o angustias, etc. Dos son los factores negativos que constituyen una verdadera plaga en numerosas empresas:

- El espíritu de estar permanentemente a la defensiva.
- El espíritu de crítica que, a veces, asume el disfraz de búsqueda de información.

Por eso es tan importante detectar oportunamente la

aparición de "factores negativos" y el reconocimiento de algunos indicadores que pueden ayudar a ello:

— Utilizar demasiadas generalizaciones y muchos adjetivos en forma combinada.
— Asignar demasiada importancia a lo que los demás piensan de uno.
— Incorporar tics y hablar precipitada, incesante y fuertemente.
— Sentir la necesidad de recurrir a un examen médico.
— Imprimir mayor rigidez a las normas propias y tender a moverse dentro de un ambiente general de preocupación y agresión.

Con el análisis sincero de la conducta de uno se podrá evaluar cómo están incidiendo en ella los "factores negativos". Constituirá un saludable ejercicio anotar las posibilidades de cambio que existen en cada una de las siete áreas, que mencionamos más abajo.

Para economizar energía, previamente es necesario localizar el origen de su pérdida. Para ello, el sistema más útil —cuya eficacia ha sido debidamente comprobada— es la Cuadrícula RS de Alfred Korzybsky y que fuera perfeccionada por N.J. Bois.[14] La cuadrícula fue llamada "Diagrama de reacción semántica" y permite focalizar las operaciones que tienen lugar tanto en el fuero interno como en el externo de una persona. Está compuesta de 7 secciones:

1. Pensamiento
2. Sentimiento
3. Movimiento

---

[14] J. Mc Cay, ob. cit.

FACTORES CLAVES EN SERVICIOS

4. Electroquimia
5. Medio ambiente
6. Experiencia
7. Expectativa

1. Abarca todas aquellas actividades que están relacionadas con las palabras y los símbolos (*pensamiento*). Al hablar, escuchar, leer, escribir, planear, analizar, pensar, juzgar, proyectar, etc., utilizamos —constantemente— símbolos. Conociendo cuáles son los que suele emplear un individuo, podremos conocer sus intereses, lo que ha hecho y lo que es probable que esté en condiciones de hacer.

2. La sección de *sentimiento* ocupa un área difusa de experiencias emocionales, a la que solemos referirnos cuando hablamos de entusiasmo, alegría, angustia, incertidumbre, culpabilidad, hostilidad, actitud defensiva, embarazo, humillación y miedo. Nuestros sentimientos se asocian con el control y con la liberación de energía, impulsándonos a las cosas o alejándonos de ellas, moviéndonos con celeridad o con lentitud.
Las actividades de *pensamiento y sentimiento* se hallan estrechamente ligadas. Ambas ocurren en cada instante de nuestra existencia y —constantemente— interactúan y se modifican una a la otra.

3. Nuestras actividades de *movimiento* comprenden todos los movimientos corporales y patrones musculares, es decir, la forma en que nos sentamos, caminamos o movemos los brazos y las piernas. Otras funciones de movimiento son las expresiones del rostro, manos, gestos y el trabajo de los órganos.

Al modificar lo que "hacemos", podemos también modificar lo que "pensamos" y lo que "sentimos".

4. Las *actividades electroquímicas* son: el nivel químico del organismo, los cambios metabólicos, los impulsos eléctricos en las neuronas, etc. Pueden ser observadas —hasta cierto punto— mediante instrumentos (por ejemplo, el electrocardiógrafo).
Estas actividades pueden verse afectadas por los alimentos, las bebidas, los anestésicos, las bacterias, etc., lo que ocasiona modificaciones profundas en nuestra capacidad de *pensar, sentir o movernos*.

5. El *medio ambiente* comprende todo lo que ocurre a nuestro alrededor inmediato (por ejemplo, la temperatura, los ruidos o los olores) e incluye a la gente que nos rodea y lo que ellos piensan. También abarca a las instituciones, las costumbres y las pautas sociales.
Todos estos factores interactúan y modifican —en diversos grados— nuestra forma de *pensar, sentir, movernos* y el cumplimiento de nuestras *funciones electroquímicas*.

6. Sólo podemos actuar en función de nuestra *experiencia anterior* o, más bien, de las imágenes que ella permite formarnos. Pero dicha experiencia, a menudo, está distorsionada y, si no la revaluamos, no podremos emprender una acción eficaz para resolver un problema vinculado a ella.

7. No solamente estamos condicionados por nuestras experiencias pasadas, sino que muchos de nuestros actos se fundamentan en lo que esperamos que pueda ocurrir (*expectativas*).

Estos siete factores, repetimos, están intensamente ligados y con un altísimo grado de interacción por lo que un cambio en alguno de ellos generará alteraciones en los restantes.

Y ahora vayamos al tercer factor que contempla Mc Cay:

c. *El mejoramiento de los conocimientos y la experiencia*

Ante todo, conviene destacar que cuando uno se siente falto de tiempo, ello puede deberse —y muy a menudo es así— a una obsolescencia acumulada de los conocimientos y las habilidades. Por eso, en lo que se refiere tanto a pérdida de información como a la diferente capacidad de percepción que todos tenemos, será conveniente tomar muy en cuenta las siguientes normas para una eficaz conservación del tiempo:

1º. Si es importante que una información sea exacta, deberá hacerse una *comprobación personal* y, luego, conocer tantos puntos de vista como el tiempo lo permita.

2º. Aun habiendo verificado con todo cuidado los hechos, hay que estar preparado para lo inesperado. Conviene hacerse planes lo bastante *flexibles* como para admitir nuevos datos.

3º. Cuando alguien no se presenta a una cita, cuando un cliente se muestra irrazonable o cuando los subordinados cometen errores tontos, suspender todo juicios: se debe *conservar* el máximo de energía y buscar más información que explique el incidente y elaborar así un método para evitar su *repetición*.

Algunas reflexiones y mecanismos útiles

a. El perfeccionamiento personal

Dentro de nuestras posibilidades para superar la presión del tiempo, podemos contar con dos normas eficaces:

- Mayor producción (rendimiento)
- Mejorar la técnica de autodominio mediante:
  — mayor percepción
  — mejor energía
  — mejores conocimientos y experiencia

O sea, con un buen desarrollo de los recursos personales tendremos tiempo para hacer prácticamente lo que querramos. Para invertir en ese desarrollo contamos con cinco cursos de acción:

1º. Exploración
2º. Adiestramiento
3º. Adaptación
4º. Sueño
5º. Descanso

1º   Para invertir en *exploración* disponemos de 2 formas:
   — Se explora el mundo de las *ideas* (libros, conferencias, etc.)
   — Se explora el mundo de las *sensaciones* (nuevos sonidos, visiones, olores, tactos, etc.)

2º. El *adiestramiento* requiere, al principio, una copiosa inversión de energía ya que es necesario obligarse a una práctica sistemática, se tengan o no deseos de realizarla.

3º. La mayor parte de nuestra *adaptación* la hacemos durante la infancia. Cuando llegamos a adultos la adaptación tiende a transformarse en hábito. Ello suele hacernos perder la libertad para administrar el tiempo y actuar creativamente. Así, de una manera imperceptible al comienzo y, luego, con mayor celeridad, nos estancamos. Finalmente, encontramos que comienzan a catalogarnos como "individuos-problema".

4º. Si realizamos fuertes inversiones de energía en otras actividades, será necesario desarrollar una buena participación en *sueño,* porque aunque no le apliquemos grandes dosis, se ganará una gran recuperación de energía.

5º. Una de las recompensas de un sistema equilibrado de inversiones consiste en tener la oportunidad de dedicar algo de nuestros recursos al *ocio*. Es probable que ninguna otra inversión nos proporcione un placer tan satisfactorio. Pero ello sólo será posible en tanto haya un buen grado de administración del tiempo durante el período de trabajo.

b. Cuándo detenerse

Si frente a un problema no encontramos la solución, es necesario detenerse y ahorrar tiempo, volviendo a plantear el tema. Nuestra capacidad de aprovechar el tiempo aumentará en la medida que no desperdiciemos todo instante disponible para incorporar conocimientos, pero hay uno en particular que nos permitirá efectuar un gran ahorro de tiempo: "saber cuándo detenernos".

El saber detenerse implica evaluar lo que vamos a hacer

después de salir del estancamiento. La clave para ello nos la da el Principio de Proyección:

Es necesario que —como un ciego de nacimiento que recupera la vista— hagamos un adiestramiento de nuestro cerebro a través del mecanismo de la *repetición*. Una parte esencial de ese proceso consiste en clasificar o codificar las experiencias, porque con ello formaremos y retendremos una imagen más precisa de cada una de ellas, de manera tal que nos permita capacitarnos para actuar con mayor focalización.

Las palabras necesitan de las imágenes mentales. Del mismo modo que resulta posible realizar un mapa de una determinada región desde diferentes enfoques (por ejemplo, geográfico, topográfico, geológico, etc.), lo mismo podría hacerse con las "experiencias", ya que de ellas se puede hablar de distintas maneras.

Así como es mucho mejor que perfeccionar la eficacia de la hélice, cambiar el avión a pistón por otro a turbinas, o bien, en vez de comprar otra calculadora para el área contable, reemplazar el parque de las ya existentes por una computadora, cada vez se impone más sustituir la pregunta "¿cómo podré mejorar esto?" por "¿cómo puedo eliminar esto?". A partir de este último interrogante surgirá claramente la habilidad o la capacidad de "saber cuándo detenerse", lo que permitirá ahorrar tiempo como consecuencia de un nuevo planteo de la situación.

c. La necesidad de establecer "contacto" con los interlocutores

Resulta bastante común que un funcionario o gerente se ponga a hablar con un superior sin entrar previamente "en contacto". Aunque en realidad se produce un contacto oral, es difícil que el jefe lo capte correctamente, pues es muy posible que estuviera en una tarea gratificante, que al ser interrumpida estimulará que de inmediato surjan "factores negativos". Esta falta de contacto suele ser motivo de importantes pérdidas de tiempo.

Hasta que no se alcanza determinado nivel en el que el interlocutor comienza a considerar al que habla como una fuente de potencial ayuda, no podrá hablarse de una eficaz transmisión de imágenes o, en otras palabras, no habrá comunicación. Si se quiere ganar tiempo, antes de emitir el mensaje hay que esperar hasta estar seguro de que el oyente ha entrado en contacto.

Aun después de haber alcanzado cierto nivel de atención o aceptación, puede ocurrir algo que distraiga al interlocutor y lo haga salir del campo del mensaje. En este caso, no conviene seguir exponiendo la idea que se pretende transmitir —al menos hasta que se vuelva a captar plenamente su concentración—, pues insistir en ello sería inútil y representaría una segura pérdida de tiempo.

Es bueno hacer notar que en lo referente a la implementación de cualquier medida o acción, el problema casi nunca radica en el manejo físico de la cuestión, sino que el cuello de botella suele presentarse en la comunicación.[15]

Con comunicaciones oportunas, rápidas y accesibles para el receptor, se logra extraer el mejor rendimiento del tiempo, cuando se desea transmitir mensajes a clientes, superiores, subordinados o proveedores.

d.   Utilización de técnicas no orales de comunicación

Para comprender más rápidamente y captar mejor al

---

[15] **La guerra de la mercadotecnia,** por Al Ries y Jack Trout, Mc. Graw Hill, 1986.

interlocutor —y así llegar a un acuerdo en menos tiempo—, es por demás conveniente el dibujo de *diagramas*.

Las *demostraciones* son productos o modelos en funcionamiento, ademanes y exposiciones orales. Esta técnica obliga a la participación de los sentidos del observador, con el consiguiente ahorro de tiempo.

Asimismo, se pueden utilizar las llamadas técnicas *pictográficas* (fotografías, gráficos, bocetos, películas, etc.), que expresan muchas veces en forma más eficaz que las palabras lo que se quiere decir.

e. Ahorro de tiempo mediante comparaciones

- Una buena analogía equivale, a menudo, a varias horas de discusión.
- Necesitamos de las comparaciones porque es la forma como pensamos.

Aunque todavía no ha sido comprobado científicamente, parece haber una relación directa entre la capacidad de elaborar analogías y la de crear nuevos productos o ideas. De ahí, el tremendo valor de la información: a mayor acumulación de ella, mayores posibilidades de establecer comparaciones.

Pero si bien la analogía resulta una valiosa ayuda para tender un puente entre una persona y algo que ella desconoce, también puede producir bloqueos mentales ya que nunca es la misma o idéntica cosa que se quiere transmitir.

f. La lectura como medio de desarrollo personal

Los métodos de lectura veloz (*speedreading*) suelen constituir una gran ayuda para quienes tienen que asimilar cantidad de material escrito, pero más importante que saber leer con rapidez es la capacidad de decidir qué es lo que *no* se debe leer.

Dado el altísimo número de publicaciones que existen, el interrogante a plantearse es: "¿estaré obteniendo una muestra suficientemente representativa de la información proporcionada por mis lecturas?".

La mayoría de quienes se hacen esa pregunta terminan imponiéndose —dentro de la flexibilidad con que se debe manejar cada profesión o especialidad— un racionamiento de un cuarto o media hora por día para los periódicos, otro tanto paa revistas de distinto tipo y, por lo menos, una hora diaria de libros informativos. Pero no se debe hacer tanto hincapié en los términos de tiempo como en la necesidad de encarar una racionalización selectiva del material. También será conveniente tener algún método para evaluar qué es lo que no se puede dejar de leer. Por eso recomendamos:
- leer la sección bibliográfica de diarios y revistas.
- revisar la bibliografía de los libros que se leen.
- husmear en librerías y pedir catálogos.

g. El escritorio y el lugar de trabajo

El escritorio debiera resultar un instrumento de trabajo y no un depósito de papeles y carpetas, la más de las veces desordenado. Cuesta trabajo imaginar hasta qué punto puede aumentar el rendimiento del trabajo personal, introduciendo simplemente un mayor orden. La sencilla tarea de regresar al archivo toda la documentación extraída, una vez hecha la consulta, permite despejar el terreno de trabajo y adecuarlo para las tareas siguientes. De la misma manera, en lo que concierne a la correspondencia interna o externa: salvo excepciones, no debe quedar pendiente; en el mismo horario todos los días, hay que darle curso al archivo o emitir la respuesta que corresponda.

La farragosa acumulación de papeles no tiene tanto

que ver con el flujo de la correspondencia recibida, como con la falta de decisión para su tratamiento o derivación.

h. El archivo del gerente

¿Cuánto cuesta el metro cuadrado de oficina o cuánto la mano de obra que se ocupa del manejo y mantenimiento del archivo? Son estos dos oportunos interrogantes para plantearse en el momento previo a la decisión de comprar y comprar, más y más muebles para guardar la incesante acumulación de documentos —o de sus copias—, la mayoría de las cuales jamás será consultada.

Pero con todo, el mayor costo de archivo no proviene de tales rubros, sino del tiempo desperdiciado por los gerentes como consecuencia de errores de archivo o porque el sistema de búsqueda no es práctico o efectivo. Algunas preguntas resultarán muy útiles para neutralizar, al menos parcialmente, estos riesgos:

- ¿Qué papeles, documentos o carpetas es necesario conservar y aproximadamente por cuánto tiempo?
- ¿Cuál es específicamente el mejor sistema de clasificación o codificación (por áreas, por materias, por proyectos, por líneas o por sucursales)?
- ¿Cuál es el mejor sistema de subclasificación?
- ¿Qué periodicidad de consulta requerirá más frecuentemente este material (continua, regular o esporádica)?

Obviamente, se pueden plantear otros interrogantes porque el método de clasificación dependerá, en definitiva, de las características que rijan la actividad de cada profesional. Resultaría lógico, por ejemplo, una clasificación alfabética dentro de cada materia, pero no lo sería tanto en cada una de las subclasificaciones —aisladamente consideradas—, porque ello dificulta enormemente la búsqueda. Sin embargo, si las mismas ocuparan un gran volumen, podrían exigir una excepción a esta conveniente práctica.

i. Las copias y las fotocopias

No resultará superfluo realizar una estimación del *costo de lectura* del material fotocopiado. Pero omitir el envío de copia de ciertas comunicaciones internas y, a veces, externas, puede dar lugar a malos entendidos, instrucciones contradictorias o pérdida de tiempo por desconocimiento del tema.

Una forma de atemperar este riesgo es a través de listas con los nombres de las personas que, según el tipo de comunicación, debieran estar informadas, sea porque tendrán que participar o abstenerse en la materia o bien porque tendrán relación sólo indirecta con ella.

También convendrá tener en cuenta si resultará o no suficiente el despacho de la carta o memorandum principal, o si será útil y no redundante acompañarla con los documentos complementarios (cuadros, informes, copias de cartas o memos anteriores, etc.). La mayoría de las veces, la simple copia de la carátula o cuerpo principal permite cumplir con el objetivo de informar y da lugar a que los destinatarios puedan eventualmente requerir la información complementaria.

j. La concertación de entrevistas

Cuando un amigo o conocido —y mucho más si se trata de alguien a quien no se conoce— llama para pedir una entrevista, conviene preguntarle cuánto cree que puede llevar la reunión (por supuesto, sin dejar de demostrar que de todas maneras uno tiene mucho interés en verlo).[16]

---

[16] **El arte de ser ejecutivo,** por Louis B. Lundborg, Editorial Grijalbo, 1983.

Debe procurarse ser muy sincero en las respuestas y tratar de mantener al visitante dentro de los cauces del asunto que ha dado motivo a la entrevista, evitando las divagaciones. Es importante acostumbrar a los visitantes más asiduos a que previamente propongan un temario y la duración estimada para el tratamiento de cada ítem.

k.   "¿Cómo administro hoy mi tiempo?"

En general, se utiliza un horario mental o una agenda, o bien, una lista de las actividades del día en las que suelen estar mezcladas las más importantes con las de menor jerarquía. Esto no es poco y, si se ha tornado un hábito, tanto mejor. Pero, aunque parezca mentira, no todos los profesionales o gerentes operan ni siquiera con esta mínima organización. Acaso, ¿no han visto ustedes cuántas agendas con esa limpieza característica de lo que ha sido poco utilizado se encuentran en numerosos escritorios de ejecutivos? Otros profesionales —como los auditores, los consultores o algunos estudios jurídicos— llevan una hoja de tiempo que constituye la base sobre la que emitirán la factura de sus clientes. Pero sea cual fuere el sistema empleado, deben observarse dos normas:

- La actividad debe asentarse en forma *inmediata*.
- Revistar el método *no menos* de dos veces al año.

Es probable que uno se sorprenda de las diferencias que se registran entre la aplicación real de tiempo y la estimación que se pudiera haber hecho. Si bien esto suele producir un gran desaliento, hay que manejarse con mucha tenacidad y recordar que lo importante no es la rigidez del plan de tiempos, sino la optimización de su utilización.

I. El arte de ser ejecutivo

Lo primero que tiene que hacer un directivo o profesional es aprender a organizarse, es decir, a establecer criterios de administración de tiempos y de adjudicación de prioridades. No existe un modelo universal para determinar prioridades, pero pareciera que se logra más éxito si al establecerlas se aplica una escala que no se supedite exclusivamente al esquema laboral.[17]

En general, podemos agrupar las prioridades en tres grandes rubros:

- *Prioridades esenciales:* Son aquellos objetivos primordiales y actividades ineludibles que han de contribuir a la ejecución de los fines que uno se ha propuesto (además de aquellas otras actividades imprescindibles, tales como la higiene personal, las comidas, etc.).

- *Prioridades secundarias:* Son aquellas actividades o cuestiones **no** esenciales, perfectamente justificables y dignas de llevarse a cabo, pero que no contribuyen de un modo directo a la consecución de las metas prefijadas.

- *Prioridades marginales:* Son aquellas que, impuestas por terceros o por propia voluntad (sean cartas, invitaciones, arreglar el escritorio, etc.), no hacen a la consecución de objetivos o metas y pueden ser pospuestas.

II. Un esquema de pautas y acción

Complementario con el criterio recomendado en el apartado anterior, resulta de interés exponer el esquema pro-

---

[17] L. Lundborg, ob. cit.

puesto en un seminario de la conocida firma de auditores Arthur Andersen & Co., porque combina la discriminación de prioridades con algunas sugerencias de comportamiento tendientes a mejorar la productividad del trabajo gerencial o profesional.

PAUTAS		**ACTIVIDADES**
Básicas	1.	Actividades prioritarias en función de objetivos (el qué y el cuánto).
	2.	Posibilidad y conveniencia de delegar (a quién).
	3.	Posibilidad de aislamiento parcial (cuándo y dónde).
	4.	Adopción de métodos que mejoren la eficiencia (cómo).
Permanentes	5.	**No** tomo decisiones en base a impulsos pero **no** pospongo —innecesariamente— las mismas.
	6.	Tengo un buen sistema de comunicación, tanto vertical como horizontal.
De aplicación	7.	Las reuniones a las que asisto son productivas.
	8.	Dispongo de buena aunque no excesiva información.
	9.	Utilizo eficientemente a mi secretaria.

m. Cuando la rutina anula al planeamiento

Podemos citar dos factores que afectan la conducta de

los ejecutivos o funcionarios, modificando su propensión a comprometerse con determinada actividad:

— Cuanto mayor es la *presión del tiempo* (fecha límite) referida a una actividad, mayor será la propensión a dedicarse a ella, porque los límites que esos plazos representan tienden a dirigir la atención hacia algunos trabajos antes que a otros.
— Cuanto mayor sea la *claridad de los objetivos* asociados a una actividad, mayor será la propensión a dedicarse a ella.

El análisis de estos dos factores llevó a Herbert Simon a elaborar una especie de Ley de Gresham de la planificación: "Cuando un ejecutivo o funcionario enfrenta —simultáneamente— trabajos muy planificados con tareas poco programadas, los primeros tienden a privilegiarse".[18]

n. Las reuniones semanales

Blanchard y Johnson brindan tres excelentes y prácticos consejos referentes al manejo y programación de las reuniones de trabajo:

- Con los colaboradores se debe mantener una reunión periódica —preferentemente semanal—, programada con anterioridad o acordada con los eventuales asistentes.
- Es conveniente anticipar el temario a todos los participantes.
- En general, el objetivo deberá centrarse en examinar y/o analizar lo que cada uno ha realizado durante la sema-

---

[18] **Teoría de la organización,** por James G. March y Herbert A. Simon, Editorial Ariel, 1977.

na o el período anterior y proyectar lo que habrá de hacerse en el siguiente.[19]

ñ. Tres grandes secretos en el ahorro de tiempo

Los mismos autores proveen tres sencillas pautas para mejorar la productividad en relación a los objetivos fijados y al personal involucrado en su cumplimiento:

1º. *Determinar los objetivos*

    a.   Concretarlos.
    b.   Prever los medios para ello.
    c.   Escribirlos en no más de 200 palabras.
    d.   Leerlos y releerlos diariamente.
    e.   Parar varias veces para evaluar tareas.
    f.   Verificar si éstas concuerdan con los objetivos.

2º. *Elogiar a sus colaboradores*

- Muchas veces se omiten merecidos elogios, por descuido o suponer que el subordinado ya conoce la estima o el respeto personal que inspira.

3º. *Apercibirlos cuando corresponde*

- Tanto en los elogios como en los apercibimientos, la persona deberá estar en sobreaviso de lo que usted opinará respecto de la labor que ella realiza.
- La comunicación —cara a cara y de corta duración—

---

[19] **El ejecutivo al minuto,** por Kenneth Blanchard y Spencer Johnson, Editorial Grijalbo, 1983.

deberá hacerse en forma inmediata al suceso que le dio origen.
- En los apercibimientos, la despedida debe ser tan cálida como en el elogio, sólo que mediará un instante de incómodo silencio antes de la culminación de la entrevista.

o. **La administración del tiempo, según John Humble**

Se trata de un conocido especialista de management inglés. De uno de sus seminarios dictados en Arthur Andersen & Co., transcribimos algunas reflexiones y esquemas que serán de ayuda en este cambio que proponemos en el uso del tiempo personal y profesional.

"Hubo ensayos improvisados en la tentativa de administrar el tiempo porque no se tuvo en cuenta el diferente nivel de las empresas, los sectores, las culturas o las personas sobre las que se pretendía aplicarlos. Y ello generó bastante escepticismo sobre la posibilidad de diseñar sistemas eficaces de utilización del tiempo."

"Sin embargo, es posible incrementar la efectividad con que empleamos el tiempo, en forma significativa, aplicando un proceso sistemático que consta de los siguientes pasos:
a. Análisis de la asignación actual del tiempo.
b. Eliminación de las actividades improductivas.
c. Modificación de comportamientos y actitudes."

p. **Nuestro esquema para aumentar la efectividad**

El conjunto de consejos y reflexiones que hemos expuesto nos permite proponer un esquema útil —en el que seguimos en gran medida al elaborado por John Humble—, a efectos de lograr vertebrar una cierta rutina de acción que, sobre bases sistemáticas, influya eficazmente en la forma en que se ha administrado el tiempo. Así, a manera de índice, este listado facilitará enormemente dicha tarea y ayudará a focalizar aquellos tópicos —principales o secundarios— sobre los que se debe actuar correctivamente.

I. UTILIZACION DE AGENDA

Quien quiera tener un mínimo de organización de su tiempo no puede prescindir de una agenda, aunque sea rudimentaria. En ella, se anotan citas y recordatorios, pues si bien algunas personas no tienen dificultad en memorizar las primeras, a todos nos resulta imposible recordar temas que, a veces, fueron prefijados con mucha anticipación.

II. ANALISIS DEL PROBLEMA

Nos referimos al análisis de cualquier tema enfocado desde el tiempo, tanto el que insumirá como el necesario para la implementación de medidas o ejecución de tareas que surjan consecuentemente.

III. SUPRESION DE ACTIVIDADES IMPRODUCTIVAS

Al realizar el análisis de los distintos temas a abordar, surgirá una primera discriminación que nos indicará que determinada actividad es improductiva y que tampoco brinda una dosis significativa de gratificación que la compense.

IV. AUMENTO EN LA CALIDAD DE TIEMPO CONTROLADO

A continuación damos una lista de factores sobre los que se puede actuar para incrementar la porción de tiempo factible de poner bajo condiciones de planificación o programación:

1. Relación entre tiempo controlado y discrecional.
2. Fijación de prioridades, plazos y fechas críticas.
3. Delegación.
4. Filtro.
5. Aislamiento.
6. Reuniones.
7. Información y comunicación.
8. Planeamiento personal.
9. Período planeado de tranquilidad.
10. Las funciones secretariales.
11. La toma de decisiones.

V. EL INDIVIDUO Y LA EMPRESA

A veces, hay costumbres deformadas que producen limitaciones para lograr una eficiencia óptima a nivel industrial, dentro de la empresa. Indudablemente, no es fácil sustraerse a la cultura empresarial en la que uno se desenvuelve o apartarse de hábitos muy arraigados. Pero, profesionalmente, jamás se debe perder de vista las principales responsabilidades y funciones —rara vez pasan de media docena— para las que se ha incorporado. Así se hará algo más sencilla la tarea de eludir aquellos hábitos empresarios que perjudican la organización del trabajo propio.

VI. ACTITUD Y COMPORTAMIENTO RESPECTO DEL TIEMPO

1. Distintos tipos gerenciales requieren distintos esquemas de tiempo.
2. Los gerentes
   - Nosotros clasificamos a los gerentes utilizando los criterios de registro contable FIFO y LIFO (*first in first out* y *last in first out,* que en español significan: "lo primero que entra es lo primero que

sale" y "lo último que entra es lo primero que sale"), como denominación peyorativa de conductas gerenciales rígidas y, en consecuencia, de baja productividad.
3. Gerentes con volumen de trabajo insuficiente.

VII. INTEGRACION DE OBJETIVOS Y CRONOGRAMAS

Una de las principales razones por las cuales muchas metas u objetivos quedan en el camino es su no determinación en un marco temporal. Las metas sin tiempos suelen asumir características utópicas, generando incredulidad en uno mismo.

VIII. VERIFICACION SISTEMATICA

Como en las dietas de adelgazamiento, la verificación de los progresos o retrocesos —en este caso, la tarea desarrollada o incumplida— constituye un factor, aunque complementario, imprescindible. Aparte del valor comprobatorio servirá eficazmente en la formación de hábitos organizacionales convenientes.

IX. EL TIEMPO Y LOS COSTOS

En el ejemplo del gerente que trabaja media hora menos por día, está fuertemente dramatizada la importancia de los costos en el desperdicio del tiempo y el carácter irreversible de esa pérdida. En ese sentido, una evaluación previa permitirá estimar los "costos de oportunidad", es decir, los beneficios que daría una determinada cantidad de tiempo aplicada a una u otra tarea.

X. VENTAJAS DEL EFECTO CASCADA

Nos remitimos a lo dicho en la primera parte, "La toma de decisiones", de este punto 8 (Administrando el tiempo).

Otras recomendaciones

- Hacer una lista de las 5 o 6 *tareas claves* que correspondan a la función que se cumple, o sea, aquéllas que imprescindiblemente tendrán que ser llevadas a cabo si se pretende encarar una gestión correcta y que convendrá verificar con los superiores.
  ¿Qué es una *tarea clave*? La que puede influir decisivamente en el éxito o en el fracaso de una función. Rara vez conforman más de media docena y conviene enunciarlas en forma breve, comenzando con un verbo de acción mensurable. Lo conveniente será describir la tarea y **no** el modo en que ella debe realizarse.

- Para cada tarea-clave se deben determinar los *estándares de ejecución,* o sea, las referencias que permitirán determinar si se realizó correctamente.
  ¿Qué son *estándares de ejecución*? Consiste en la fijación *a priori* de los resultados (realistas y posibles) que se deberían alcanzar para que la tarea se realice a satisfacción propia y de los superiores.
  También se tendrán que programar todas las acciones destinadas a reunir la información que permita medir esos resultados. Asimismo, convendría registrar junto a cada tarea-clave, algunas sugerencias tendientes a lograr mayor efectividad, o incluir los obstáculos que impiden una mejor eficiencia en la utilización del tiempo.

- Revisar periódicamente —un par de veces al año, por ejemplo— los estándares en función de las evaluaciones y sus resultados. Para ello, será útil considerar cuáles son los ítems a medir: *cantidad, calidad, tiempos y costos.* No es conveniente utilizar expresiones tales como "adecuado", "apropiado", "razonable", etc.[20]

9. El planeamiento del tiempo

La planificación lleva tiempo y, en determinadas circunstancias, se contrapone al hecho de que una acción rápida es más importante que las ventajas que ofrece una planificación anticipada. La preeminencia de la celeridad de la acción sobre el detalle de una cuidadosa planificación quedó evidenciada —dramáticamente— en la Segunda Guerra Mundial, tanto en la evacuación de Dunkerque como en la invasión de Normadía.[21]

En efecto, cuando el factor tiempo es tan esencial —como aconteció en esos casos—, puede tener que descartarse la planificación detallada. Y algo similar suele presentarse en los negocios. No cabe duda de que ante una situación de extrema competencia, emergencias o procesos de negociación inesperados, si bien una prolija planificación podría —en muchos casos— mejorar la calidad de la decisión a tomar, el hecho de demorar la acción podría tornarla inocua o de cumplimiento imposible.

Pero vayamos a planificaciones más simples. Por ejemplo, ¿quién de nosotros no ha repasado antes de una conversación importante, una conferencia a pronunciar o de un examen, los argumentos que utilizaría, los puntos esenciales o los aspectos más vulnerables? Es que adelantarnos mentalmente al tiempo nos proporciona tres poderes: *prever* (por ejemplo, dnetro de un mes me voy de viaje), *desear* (voy a dedicarme al

---

[20] J. Humble, seminario citado.
[21] **Programación, organización y control,** por William H. Newman, Ediciones Deusto, 1964.

tenis) y *prepararse* (todavía no estoy en estado pero me voy a entrenar y ganaré ese desafío).[22]

En la sociedad moderna resulta imperioso prever. Esta conocida actividad de programación —que requiere, como mínimo, el uso de una agenda— no todos la realizan bien. Sin embargo, está al alcance de todo el mundo. La cuestión de "desear" no es tan evidente porque aunque todos creen saber qué es lo que quieren, cuando se analiza el tema más de cerca aparece más vaguedad que precisión. Y en cuanto a prepararse, que es la consecuencia lógica de prever y desear, es propio sólo de una pequeña minoría, casualmente la compuesta por los "decididores".

Si bien es posible planificar sin sistema, como cuando nos interrogamos "¿qué pasaría si no hiciese tal cosa?" o "¿qué pasa si la realiza otra persona? —e independientemente de que estas preguntas constituyan un sencillo pero eficaz método para evaluar la importancia de las cosas a realizar—, lo cierto es que un gerente o profesional necesita su propio C.P.M. (*Critical Path Method*, en castellano Método para el Camino Crítico) para que pueda tener bajo control el lapso que puede requerir cada actividad o "nudo" de sus principales compromisos o responsabilidades.

El C.P.M. consiste en un cronograma global que incluye la fecha de comienzo, los plazos de elaboración o ejecución y las fechas clave de todos aquellos procesos o actividades en los que cada persona se desempeñe. Este cronograma permitirá intercalar las actividades secundarias o marginales sin contratiempos, incluso si hay que incorporar una actividad primordial imprevista, indicará que, de alguna manera, se debe compensar la actividad desalojada del cronograma o que ha sido pospuesta, dentro de él.

Es que el tiempo dedicado a planeamiento es esencial.

---

[22] J. Servan-Shreiber, ob. cit.

Recientes investigaciones llevadas a cabo en la Universidad Mc Gill, en Canadá, a cargo de Henry Mintzberg, han establecido que la mayor parte de los ejecutivos **no** se toman mucho tiempo para planear, organizar, motivar y controlar, tal como la mayor parte de los textos de management recomiendan y, en cambio, su tiempo está totalmente atomizado, por lo que terminan dedicando a cada tema un promedio de 9 minutos.[23]

Uno de los elementos más útiles —para quien lo adopta en forma sistemática o regular— en el planeamiento de la administración del tiempo es la *Planilla periódica de administración de tiempos,* que hemos desarrollado perfeccionando la llamada "Idea de los 25.000 dólares". Se refiere a una anécdota relatada por Abbott P. Smith en su libro **Venta de servicios**[24] y que a continuación transcribimos:

"Cuando Charles Schwab dirigía la poderosa empresa Bethlehem Steel, llamó un día al famoso consultor de relaciones públicas Ivy Lee, y le dijo que tanto él como sus colaboradores tenían más cosas de las que se podían hacer por día". "Lo que necesitamos no son más ideas, sino poder llevar a la práctica las que ya tenemos", afirmó.

Luego de unos segundos, el consultor contestó: "Tengo un procedimiento que aumentará su eficacia personal y la de sus empleados en un 50%, a la par que le entregaba una hoja de papel en la que le pidió anotara los asuntos de mayor importancia a tratar al día siguiente, en orden de jerarquía.

"Ahora —le dijo Ivy Lee—, lo primero que hará usted mañana será ver cuál es el asunto nú-

---

[23] T. Peters y R. Waterman, ob. cit.
[24] **Venta de servicios,** por Abbott P. Smith, Editorial Diana, 1974.

mero uno y trabaje en él hasta darle fin. Después tome el asunto número dos y cuando lo haya terminado, pase al tres y así sucesivamente. En el caso que no pudiera concluir algunos de los temas listados, no se preocupe pues los que sean de verdadera importancia se podrán volver a programar para el día siguiente, subiéndolos de jerarquía en la lista. Y los que no lo sean, conviene que los deseche".

    Transcurridos algunos meses, Schwab le envió a Lee un cheque por 25.000 dólares en pago de su plan de administración de tiempo."

Nosotros hemos complementado este sencillo método con algunas sugerencias aportadas por otros autores y por nuestra propia observación. La planilla propuesta —cuyo modelo figura al término de este capítulo—consta de 8 secciones:

Sección 1
Asuntos de mayor importancia, a tratar —indefectiblemente— en el día o período elegido.

Sección 2
Asuntos de importancia, que desearíamos tratar dentro de dicho plazo.

Sección 3
Asuntos personales.

Sección 4
Llamados telefónicos a realizar dentro del día o período elegido.

Sección 5
Llamados pendientes o que pueden posponerse.

Sección 6
Temas en estudio.

Sección 7
Seguimiento a respuestas pendientes.

Sección 8
Asuntos para incluir en planillas del día o período siguiente.

Según las características de la función o profesión, esta planilla tendrá que llevarse diaria, semanal o mensualmente.

Por otra parte, convendrá determinar —y agendar— objetivos trimestrales de *innovación, crecimiento y mantenimiento* de las actividades o funciones. Esta acción tiene un gran significado en la correcta asignación de tiempos. Si, además de ello, se analizan en forma constante o diaria 5 de los 7 factores de Korzybsky (Pensamiento, Sentimiento, Movimiento, Electroquimia y Medio ambiente), la tarea se verá fácilmente enriquecida. Finalmente, queremos reiterar los cinco consejos de James Mc Cay, a manera de corolario:

1. Combatamos las preocupaciones con un cambio de rutina y una expansión de los intereses personales.
2. Conservemos la energía, dejándonos de críticas y de estar siempre a la defensiva.
3. Ensanchemos nuestra capacidad de ver, explorando los mundos de las ideas y de las sensaciones.
4. Aumentemos nuestros conocimientos con la práctica diaria.
5. Apoyemos nuestros recursos de crecimiento, ayudando a los demás a perfeccionarse.

PLANILLA PERIODICA DE ADMINISTRACION DE TIEMPOS			
1. Asuntos I	2. Asuntos II	3. Personal
	4. Llamados	5. Pendientes
6. En Estudio	7. Seguimiento	8. O/Período

B. *El personal*

1. La importancia del personal

Hasta bien entrado el siglo XX, la consideración de los

recursos humanos como factor de incidencia significativa en las relaciones económico-empresariales prácticamente no existió. Y aunque muchas cosas han cambiado, a excepción del tema salarial, pocas veces se trata dicho factor interrelacionadamente con los resultados económicos.

La corriente de investigadores en materia personal desde el ángulo de su función empresarial, comienza hacia 1930 con Elton Mayo[25] y Chester Barnard[26], en la Universidad de Harvard. Pero, no obstante se reconocen dos precursores: Max Weber[27] y Frederick W. Taylor.[28] El primero definió la forma burocrática que adoptan empresas e instituciones, mientras que el segundo introdujo la idea de la posibilidad de apelar a las ciencias exactas para racionalizar el manejo de las empresas.

Elton Mayo, en su conocido trabajo experimental en la planta de Western Electric, comprobó que antes que las condiciones físicas, eran los cambios psicosociales los que afectaban la productividad. La experiencia comenzó mediante variaciones en las condiciones de luminosidad y, luego, apelando a cambios en otros tipos de estímulos psicológicos. Los resultados de más de cinco años —en la planta de la empresa en Hawthorne, Illinois— minaron fuertemente los postulados o principios de la "administración científica" de Taylor.

Barnard, por su parte, focalizó sus estudios desde la perspectiva de la alta dirección empresaria —había sido presidente de la New Jersey Bell Co.—, afirmando que el rol del

---

[25] **Human Problems of an Industrial Civilization,** por Elton Mayo, Cambridge, Harvard University Press, 1933.
[26] **The functions of the Executive,** por Chester Barnard, Harvard University Press, 1938.
[27] **Economía y Sociedad,** por Max Weber, Fondo de Cultura Económica, 1964.
[28] **The Principles of Scientific Management** y **Shop Management,** por Frederick W. Taylor, ambas en Harper and Bross., 1911.

líder consiste en canalizar las fuerzas sociales de la empresa, conformándolas y guiándolas. Sus conceptos dieron la base para los estudios de Herbert Simon, Premio Nobel de Economía, Karl Weick y James March, de las Universidades de Cornnell y Stanford, respectivamente.

Contemporáneamente a Barnard, podemos citar a Henry Fayol, por un lado, y a Gulick-Urwick por otro,[29] quienes junto a otros exponentes desarrollaron teorías de "departamentalización", cuyos antecedentes se remontan a Aristóteles.

Karl Weick, mientras tanto, afirma que las empresas aprenden y se adaptan con extrema lentitud, aplicando una obsesiva atención a sus pautas internas aún mucho tiempo después de haber perdido valor práctico.[30] Es lo que suele pasar con los organigramas que, a veces, tienen que ser reformados antes de haberlos pasado en limpio. Pero la inercia administrativa de la que nos habla Weick va más allá: formularios que nadie lee, estadísticas que no se consultan, formas y rituales que a nadie importan ni benefician y muchas inutilidades más.

Este análisis crítico es extremado por James March, para quien las decisiones en las empresas rara vez contemplan los aspectos que pueden contribuir al éxito o desarrollo de las mismas. El autor de la Ley de Parkinson, C. Northcote Parkinson,[31] sostiene que la mayoría de las veces el tiempo invertido en el estudio de un gasto o inversión es proporcio-

---

[29] **Industrial and General Administration,** por Henry Fayol, Londres, 1930 y **Papers on the Science of Administration,** por L. H. Gulick y L. Urwick, Nueva York: Institute of Public Administration, 1937; citados por March-Simon, en **Teoría de la Organización.**
[30] **The Social Psychology of Organizing,** por Karl E. Weick, Addison-Wesley, 1979.
[31] **La Ley de Parkinson,** por C. Northcote Parkinson, Editorial Ariel, 1974.

nalmente inverso a la importancia del tema en términos de productividad.

Desde nuestro punto de vista, el mensaje que podemos extraer de todas estas investigaciones y teorías no está tanto referido a las condiciones de trabajo en sí, sino más bien al hecho de *prestar atención al personal* como un factor imprescindible en la búsqueda de un mayor grado de satisfacción en la tarea realizada y así, como consecuencia, lograr un mejor efecto productivo que a su vez potenciará aquélla por su estímulo retroactivo.

En el difundido libro **En busca de la excelencia**, entre los siete criterios de éxito enumerados encontramos el rubro *Personal*. Ninguna de las compañías más exitosas del mundo ha descuidado este aspecto y, por el contrario, son muchos y conocidos los casos de empresas en las que una actitud descomedida o mercantilista las ha conducido a transformarse en firmas o instituciones "conflictuadas", lo que termina trasluciéndose tanto a la clientela, que ve perjudicado el servicio, como a la comunidad toda, que terminará adjudicándole mala imagen.

2. El respaldo del personal

Muchas empresas de servicios son pequeñas, al menos en cuanto a la cantidad de personal que trabaja en ellas. Esto complica seriamente las cosas cuando se producen tardanzas, ausencias o meros conflictos internos. En una unidad de servicios todo el mundo es importante, no importa el rango que ocupe o la modestia de la tarea que desarrolle.

Aunque la actividad de servicios esté liderada por un "factotum" ("nadie hace las cosas como yo y tengo que estar en todo"), conviene comprender que un servicio opera como un juego colectivo en el que los relevos son o debieran ser instantáneos y por propia iniciativa, sin esperar la orden superior. Ciertamente ello no siempre es posible: un técnico en reparaciones no podrá ser reemplazado por la empleada que atiende los pedidos como tampoco podría hacerse con un cirujano. Pero lo importante es que el sistema de comunicaciones o alerta entre a funcionar con autonomía y no se vea bloqueado por la ausencia de quien pone siempre en marcha las comunicaciones.

 Naturalmente, se requieren algunas condiciones. En primer lugar, *delegación*. Si no se confía en los asistentes jamás se les delegará ninguna tarea o, en todo caso, terminará haciéndola de vuelta el jefe para verificarla. En segundo lugar, se necesita su *adhesión*. Para ello, el buen trato es un requisito imprescindible pero insuficiente, porque sólo mediante motivación es posible conseguirla. Sentirse partícipes, aprender una especialidad que pueda servirles en otro empleo o actividad, posibilidades de ascenso jerárquico o económico, son algunos de los principales incentivos a utilizar. Finalmente, para poder respaldarse en ellos habrá que acudir a la *capacitación*. Esta es la mejor inversión posible, aun en el caso que el empleado se vaya porque encontró una mejor oportunidad.

 Con el buen respaldo de una pequeña dotación asistente —por más grande que sea la empresa o institución, a nivel de dirección o gerencial, el grupo ayudante está siempre formado por unos pocos—, se tendrá una doble ventaja. Por una parte, más posibilidades para administrar el tiempo personal, vacaciones y "escapadas" incluidas. Por la otra, destinar el grueso de la dedicación a aquellas tareas que hacen al éxito o a la rentabilidad de la institución, empresa o departamento.

3. Requisitos para la retención del personal

Cuidadosa selección

 Este asunto parece obvio, ¿pero cuántas veces —guiados por el imperioso objetivo de "apagar un incendio"—, lejos de seleccionar, simplemente se incorpora lo primero que se tiene a mano? En esos casos, hay que apelar a personal transitorio con idea de no incorporarlo definitivamente. Luego, con tiempo y sin presiones habrá que dedicarse a una correcta selección, sea en forma directa o por intermedio de consultores.

Sólo así se podrá asegurar tanto la función que se necesita cubrir, como las condiciones mínimas para el cargo y demás requisitos de adaptación o de conveniencia. Cada minuto que, prudentemente, se destine a evaluar tanto la posición como los postulantes que potencialmente la cubrirán producirá resultados a mediano y largo plazo. Muchas veces se dispone de más tiempo para la compra de una pequeña central telefónica o para decidir la pintura de las oficinas, que para la selección de las personas que ocuparán lugares claves de la organización o que habrán de asistir a quien los ocupa.

Evaluación periódica

Los titulares cambian, las organizaciones cambian y, obviamente, el personal también. Este solo factor ya debería inducir a una evaluación no inferior a una o dos veces por año. Pero, además, se deben atender las necesidades a futuro: ¿tiene la institución perspectivas de crecimiento y el personal adecuado para sostenerlo?, ¿cómo juega un funcionario en particular dentro de estas posibilidades?, ¿necesita corregir algunas de sus condiciones o reforzar algunas habilidades? Todo esto surge cuando se realiza una evaluación periódica. Bien se puede dedicar un par de días por año a hacer una verificación sincera de uno de los activos más importantes de una organización de servicios y uno de los que más inciden en los gastos corrientes.

Capacitación

Ya nos hemos referido a la necesidad de capacitación como factor esencial para alcanzar el respaldo efectivo del personal. Ahora queremos reforzar el concepto en base a las necesidades y conveniencia de retenerlo, es decir, tratando de eliminar la rotación frecuente. ¿Qué pasa cuando se cambia una máquina en una línea industrial? Se necesita un período de tiempo para lo que se llama la "puesta en marcha". ¿Qué pasaría si se cambiara de máquinas con frecuencia? La productividad global se vendría abajo. Sin embargo, a veces escuchamos a algún empresario decir el consabido "si no está conforme, que se vaya".

Lo que deseamos destacar es la inversión intangible que aún la más mínima capacitación y entrenamiento significan. Y si, además de las características e instrucciones de la función, se le ha dado educación profesional complementaria y extensiva, esa inversión es por demás costosa en dinero y en tiempo. La rotación diluye ese esfuerzo que habrá que repetir y adicionarle el de puesta en marcha. Retener al personal es un buen negocio, aun para las instituciones sin fines de lucro.

La técnica empresarial japonesa ha hecho de la retención del personal una cuestión de principios y los resultados parecen darle la razón. Pero no se trata de rodearse de personas técnicamente desactualizadas, sino de aprovechar su invalorable experiencia para aportarles nuevas técnicas y conocimientos que mejoren sus posibilidades y expectativas individuales y, de esa manera, la productividad conjunta de las organizaciones.

La función de capacitación debe tener permanencia y continuidad, aun en períodos económicamente adversos. Volviendo al ejemplo de la industria: nadie estaría dispuesto a eliminar el service de la maquinaria porque las ventas hayan caído. Capacitar es crecer para adentro y para afuera. Quien capacita, en el mediano plazo habrá obtenido ventajas diferenciales inimitables en el corto plazo por los competidores.

4. Necesidad de la descripción de tareas

Nos referimos a documentar en un cuerpo formal las descripciones básicas de actividades y los requisitos del perfil que debe reunir quien cubra la posición.

Estos elementos tienen un doble propósito. Por un lado, facilitan enormemente la tarea de selección si se la encarga a un consultor y, mucho más, si se la realiza dentro de la propia organización. Por el otro, constituye un excelente instrumento de mensura en la evaluación periódica ya que actúa como factor testigo.

En general, los manuales de descripción de tareas deberían ser redactados por especialistas del área, lo que no es tan costoso. Sin embargo, uno puede valerse de algunas descripciones existentes (como la Clasificación Internacional Uniforme de Ocupaciones, Organización Internacional del Trabajo, 1986), adaptándolas a las necesidades de la actividad. También se podrán tomar como base las tablas de evaluación que brindamos al finalizar esta sección, para determinar los rubros que consideren atinentes en la descripción de las tareas.

5. Remuneraciones y beneficios

Algunas investigaciones han permitido demostrar que el salario no es ni la única ni la más importante variable que una persona evalúa al estudiar una oferta de trabajo o la permanencia en su puesto. No obstante, no se puede minimizar su importancia y, sobre todo, la naturaleza potencialmente conflictiva de su negociación.

Existe literatura sobre el tema y los funcionarios del área suelen tener completos conocimientos sobre los valores retributivos adecuados. Pero nos permitimos hacer una recomendación que puede ser de utilidad a algunos lectores que no disponen de departamentos o funcionarios de personal: una pequeña lista de criterios a tomar en cuenta al fijar remuneraciones y al evaluar periódicamente al personal. En esta materia, convendrá tener en cuenta los siguientes aspectos:

a. Valores de mercado
Si no se dispone de tablas de remuneraciones de mercado —que habitualmente publican consultoras de personal y, menos frecuentemente, divulgan los diarios y revistas especializadas—, se puede acudir a la opinión de colegas o bien, al recurso de poner un aviso de reclutamiento solicitando retribución deseada.

b. Valores de la empresa
Es necesario detallar en una tabla de remuneraciones que involucre a todo el personal, las escalas que separan a todas las categorías jerárquicas. Cada empresa o institución privilegia algunas funciones y puede ocurrir que ellas estén ligeramente sesgadas en comparación con las que se pagan en el mercado. Lo ideal es tender a identificarse con estas últimas o, por lo menos, reducir la brecha razonablemente.

c. Valores de la competencia
Esta información es muy valiosa y si la relación con los competidores no es buena habrá que valerse de "espías" —ellos son un espejo en el que acostumbran a mirarse todos los que trabajan en determinadas actividades—. En estos casos, lo que más tiende a compararse es el valor de los salarios, pues constituye un elemento objetivo y de fácil confrontación. Y si bien se podrán utilizar otros instrumentos de retención y pagar salarios más

bajos que el mercado de la propia actividad, es importante no ignorar cuál es la situación comparativa.

d. Potencial de la función
    Hay funciones que están destinadas a desaparecer o a perder relevancia, al menos en la manera que hoy se desarrollan. Tal el caso de los peritos mercantiles o tenedores de libros, cuya función requiere actualmente más conocimientos de computación que de contabilidad. A nuestro juicio, este es un factor a tomar en cuenta al determinar remuneraciones e incentivos, pues en el caso de una función que habrá de estar "sobreofrecida" en los tiempos próximos, será preferible destinar los fondos a la capacitación y reconversión de ese personal.

e. Aptitudes
    En el próximo título brindamos unas tablas de evaluación que permitirán clasificar a cada funcionario y relacionar esta clasificación con la retribución merecida y posible.

f. Antigüedad
    En cierto sentido, es injusto que el simple plazo del tiempo mejore el estímulo que se aplica al personal. Sin embargo constituye un premio a la consecuencia con que esa persona ha brindado sus servicios y, también, como una directa devolución del retorno que la inversión que se realizó en ella produjo. Por otra parte, la costumbre ha impuesto esta modalidad y sería un error no computarla como uno de los criterios para la fijación de retribuciones.

6. Aptitudes y liderazgo

Con el *liderazgo* ocurre lo que con tantas características

personales, se nace con mayores o menores aptitudes pero todos tenemos algún potencial. Por lo tanto, si a ese potencial lo desarrollamos y lo ejercitamos, la aptitud —por pequeña que fuera— crecerá al máximo de sus posibilidades. Bennis y Nanus[32] sostienen que los líderes no nacen como tales, sino que se hacen.

En una época —sostienen— se creía que las condiciones del liderazgo eran innatas. Y afirman, "algunos son carismáticos, la mayoría [...], pero tenemos la idea de que la cosa funciona en sentido opuesto; es decir, que el carisma es el resultado del liderazgo eficiente y no al revés; y quienes se desempeñan bien reciben cierta cantidad del respeto —e incluso temor reverencial— de sus seguidores, lo que incrementa el vínculo de atracción entre ellos".

Los autores enumeran cinco destrezas claves:

1. Capacidad para aceptar a la gente tal como es.
2. Capacidad para enfocar los problemas en relación al presente, no al pasado.
3. Capacidad para tratar a los más próximos con la misma cortesía que a terceros.
4. Capacidad para confiar en otros, aun si el riesgo parece demasiado grande.
5. Capacidad para obrar sin necesidad de recibir aprobación y reconocimiento constante de terceros.

Cada vez que se deba seleccionar personal asistente o que vaya a cumplir funciones complementarias, convendrá considerar el potencial de los candidatos para estas destrezas. La idea no es tener cadetes o auxiliares, sino gerentes en potencia. Será lo mejor para la organización y el mejor legado que le podemos dejar para cuando ya no estemos en ella.

---

[32] **Líderes,** por Warren Bennis y Burt Nanus, Editorial Norma, 1985.

Veamos, entonces, las planillas de evaluación que hemos construido en base a aptitudes personales, laborales y gerenciales:

A. APTITUDES PERSONALES

	MB	BU	RE	MA	MM
1. Actitud hacia terceros					
2. Agilidad mental					
3. Agradabilidad					
4. Agresividasd					
5. Amenidad					
6. Apariencia					
7. Aplomo					
8. Buen juicio					
9. Capacidad de aprendizaje					
10. Capacidad de expresión					
11. Carácter e irritabilidad					
12. Dicción					
13. Educación					
14. Entusiasmo e iniciativa					
15. Estabilidad emocional					
16. Franqueza y espontaneidad					
17. Hábitos personales					
18. Independencia y autonomía					
19. Maneras y refinamiento					
20. Memoria y concentración					
21. Paciencia					
22. Perspicacia					
23. Reacción ante la crítica					
24. Estado de salud					
25. Tacto y diplomacia					
26. Tenacidad y continuidad					
27. Voz					

MB: Muy buenas
BU: Buenas
RE: Regulares
MA: Malas
MM: Muy malas

FACTORES CLAVES EN SERVICIOS

B. APTITUDES LABORALES

	MB	BU	RE	MA	MM
1. Actitud hacia la tarea					
2. Adaptabilidad a la tarea					
3. Antecedentes laborales					
4. Aptitud para "vender ideas"					
5. Aptitud para ventas					
6. Aptitud telefónica					
7. Capac. para actuar en equipo					
8. Capac. p/tareas no habituales					
9. Capac. de autonomía					
10. Continuidad en tareas					
11. Cooperación					
12. Desarrollo y aplicac. de ideas					
13. Don de camaradería					
14. Experiencia					
15. Permeabilidad a nuevas ideas					
16. Presentismo					
17. Puntualidad					
18. Sentido de autocrítica					

C. APTITUDES GERENCIALES

	MB	BU	RE	MA	MM
1. Acude a terceros					
2. Aptitud para delegar					
3. Aptitud bajo presión					
4. Asume responsabilidades					
5. Brinda asesoramiento					
6. Conducción de reuniones					
7. Conocimiento de finanzas					
8. Conocimiento de la empresa					
9. Creatividad e innovación					
10. Cumplimiento de decisiones					
11. Desarrolla a su personal					
12. Elabora pronósticos precisos					
13. Entrena a su personal					
14. Estimula a personal indirecto					
15. Fijación de objetivos					
16. Participación en reuniones					
17. Identificación con empresas					
18. Iniciativa y motivación					
19. Mando					
20. Manejo del stress					
21. Mantiene informados a otros					
22. Negociación					
23. Oratoria competente					
24. Organización/autodisciplina					
25. Participación institucional					
26. Persuasión					
27. Planeamiento					
28. Principios firmes					
29. Redacción y comunicación					
30. Selección de colaboradores					
31. Toma de decisiones					
32. Uso de máquinas y mater.					

C. Control de Calidad del servicio [33]

1. Servicios y control de calidad

El último de los aspectos "clave" en el marketing de servicios está constituido por lo que, por razones didácticas, denominamos *control de calidad*. Y decimos por razones didácticas, dado que el mismo nombre nos está sugiriendo el método que es utilizado en la industria manufacturera para prevenir estadísticamente la separación de las unidades falladas, *antes que estas lleguen al comprador o consumidor,* pero que es inaplicable a la mayor parte de los servicios. Ese sistema permite actuar preventivamente sobre la mayor parte de los productos defectuosos, ya que sólo una ínfima parte de ellos llegará al mercado. Pero, además, genera otra ventaja: permite conocer *a priori* el porcentaje de piezas o unidades falladas que salen de la línea de producción y posibilita la acción correctiva pertinente.

En las producciones artesanales siempre existió algún mecanismo para verificar la calidad o el funcionamietno del producto elaborado, pero con el advenimiento de la producción en serie comienzan a aparecer dificultades para su medición o prevención. Surge así el sistema de control de calidad moderno o estadístico, creado por el Dr. W. A. Shewhart para la empresa Bell Laboratories, en 1930. El sistema fue aplicado exitosamente divulgándose luego en toda la industria y contribuyendo a la satisfactoria calidad alcanzada por la industria manufacturera norteamericana durante la Segunda Guerra Mundial.

No obstante estar orientadas estas técnicas hacia el área

---

[33] Muchos de los temas abordados en este título están basados en el libro **¿Qué es el control de calidad? - La modalidad japonesa,** por Kaoru Ishikawa, Editorial Norma, 1986.

de producción, algunas empresas de servicios han intentado desde hace ya tiempo introducir un sistema de verificación de la calidad de los servicios prestados. Sears Roebuck & Co. contrató especialistas de control de calidad en la década del 50. Años después comenzaron a difundirse algunos mecanismos en cadenas hoteleras o compañías de navegación.

Pero como dijimos, en materia de servicios el control prventivo es, casi siempre, imposible. Una vez puesto en marcha, los errores o inconvenientes que surjan serán sufridos por el consumidor o prestatario en forma más o menos inmediata. No cabe ninguna duda de que las equivocaciones de un ayudante de cocina no serán detectadas hasta que el cliente pruebe la comida y, aún así, tampoco estamos seguros de que producirá una queja o protesta. Si esta no tiene lugar, se presentará un doble efecto negativo: por un lado, el cliente estará insatisfecho y, por el otro, de alguna manera trasladará sus críticas hacia otros consumidores.

2. El concepto japonés de control de calidad

¿Es posible el cero defecto? Ni las más perfectas computadoras ni los mecanismos más sofisticados de la tecnología espacial lo alcanzan y están expuestos, si bien con bajísima probabilidad, a errores de distinta magnitud y consecuencias. Pero incluso tratándose de un ideal inalcanzable, puede ser utilizado como objetivo o blanco que sirva de guía.

Aunque en materia de servicios la cultura empresarial japonesa no ha desarrollado tan intensos esfuerzos en pro del cero defecto, sí lo ha logrado en el sector manufacturero. Algunos autores de ese país atribuyen a la formación religiosa oriental y su sentido de confianza en la gente, el marcado éxito que goza la aplicación de criterios de control de calidad en muchas industrias del Japón y que permite que sólo sea necesario un inspector cada cien trabajadores frente al quince por ciento que precisan las empresas norteamericanas de parecida dimensión o especialidad.

Las Normas Industriales Japonesas establecen que el control de calidad "es un sistema de métodos de producción que genera económicamente bienes o servicios de calidad, acorde con los requisitos de los consumidores". Como vemos, el primer paso en materia de control de calidad es conocer los requisitos de los consumidores. Pero, ¿cómo empezar?

3. Qué es calidad

En primer lugar, hay que tratar de identificar las características de calidad reales, es decir, las que dominan la mente del usuario. Cuando pido un lomo Strogonoff, no me importa tanto que los pedacitos de carne estén simétricamente cortados o equivalentemente pesados —ésas serían las características sustitutas o condicionales para alcanzar la calidad real—, sino que el plato sepa bien. Por lo tanto, una vez definidas las características reales, se buscarán las características sustitutas que, probablemente, tendrán alguna relación con aquéllas. Y a través de análisis estadísticos y de calidad se tratará de establecer esa relación. Solamente a partir de entonces se estará en condiciones de saber si será posible valerse de esas características sustitutas para cumplir con las reales que el cliente requiere.

Pero ¿cómo se expresan las características de calidad?, ¿qué es un buen servicio de guardería de niños, por ejemplo? En los productos tangibles se recurre a procedimientos físicos o químicos o, en todo caso, a las percepciones sensoriales de los consumidores, pero en servicios ellos no son, en principio, utilizables. Por lo tanto, habrá que valerse de las técnicas de la industria adaptándolas al rubro específico en cuanto ello sea posible:

a. *Identificar una unidad de garantía*
Si no se logra esta identificación será imposible otorgar garantía efectiva, aunque se quiera. Por ejemplo, el clásico reembolso del dinero que ofrecen algunos suscriptores a revistas, si al lector no le gusta el primer ejemplar.

b. *Determinar un método o mecanismo de medición*
El relevamiento del número de clientes "quejosos" versus el número de clientes servidos, por ejemplo.

c. *Especificar la importancia relativa de las características de calidad*
Ante todo, habrá que distinguir entre calidad *retrógrada* y calidad de *progreso*. Es decir, aquellas características que desaniman a los usuarios y las que serán utilizadas como argumentos de promoción de ventas. Luego, habrá que distinguir dentro de la primera los distintos tipos de defectos: críticos, grandes y menores (en el ejemplo de la tintorería, serían los casos de un traje mal planchado, un traje devuelto con algún botón suelto o una entrega demorada, respectivamente).

d. *Hablar el mismo idioma con el usuario*
Aquí, la investigación y consulta al usuario son claves. Si no hay conceptos unívocos, la mejor voluntad del prestador para ofrecer un servicio de alta calidad se estrellará con la queja manifiesta y, sobre todo, latente del usuairo. ¿A cuántos restaurantes no volvimos jamás simplemente porque no nos dieron posibilidad de expresar nuestra desaprobación o porque no nos animamos a hacerlo?

e. Desentrañar las quejas latentes
Algunos prestadores creen que un servicio es de mala calidad solamente cuando no cumple la satisfacción principal para el que fue ideado. En ese caso, generalmente hay una queja expresa y sólo a ella se le presta atención. Pero ¿qué pasa con las quejas latentes? Un buen ejemplo nos lo dan los sindicatos de obreros y empleados. Originariamente, tuvieron como objeto las reivindicaciones salariales o de las condiciones de trabajo. Y allí se quedaron. Por eso no nos sorprende el bajo prestigio que acompaña a los dirigentes sindicales, quienes amparándose en una legislación que les otorga un verdadero monopolio y una reserva de mercado en cada actividad, están poco ocupados en investigar el grado satisfacción o insatisfacción de sus afiliados.

f. Medir la calidad estadísticamente
La calidad de un producto varía ampliamente. Mucho más la de un servicio y máxime los de alta intervención del trabajo personal. Por eso cobra importancia una vasta utilización de datos y técnicas estadísticas, mayormente alcanzables en forma económica y accesible.

Digamos, por último, que la calidad tiene dos facetas: calidad de *diseño* y calidad de *aplicación*. La primera está constituida por la formulación o descripción teórica del servicio y se ajusta a lo que se supone que quiere el usuario. La segunda está referida al grado de perfección con que ese diseño es llevado a la práctica, es decir, la forma en que el servicio es operado en la realidad. El *control de calidad* busca asegurar que la calidad de aplicación se ajuste al máximo posible a la calidad de diseño, buscando reducir los errores o las desviaciones al mínimo.

4. Identificar las causas, no los síntomas

Cuando se descubre una falla en el servicio, todo el esfuerzo tiene que focalizarse sobre la causa básica que le dio origen y que suele confundirse con los síntomas que esa falla presenta. La razón de esta común confusión es, en primer término, que los usuarios no se quejan frecuentemente y cuando lo hacen, en general es por el elevado precio que abonaron. Como ya dijimos, las quejas permanecen latentes u ocultas y cuando les surge una nueva necesidad a los consumidores, optan por el servicio de un competidor o, simplemente, sustitutivo. De más está decir la importancia que cobra toda acción tendiente a convertir las quejas potenciales en reales.

En segundo término, por un motivo u otro se produce cierta "entropía" o pérdida total de la información que documenta la queja o el fastidio del usuario. Cuando ello ocurre, significa que las quejas que se reciben son sólo la punta del iceberg de la insatisfacción de los compradores.

¿Cómo se reducen los errores? Lo primero es hacer un inventario de las *causas más frecuentes*. En general, podemos distinguir tres causas:

a. Incomprensión de la tarea realizada
b. Equipos, procedimientos o instrumentos inadecuados
c. Errores humanos de los operadores

Pero no deben descartarse otras causas tales como algunos impedimentos físicos —no aparentes— del personal (visuales o auditivos, por ejemplo) o bien, referidas muy específicamente a ciertos tipos de servicios (la tensión a que está sometido un operador de un estudio de grabación fonográfico, cuando permanece más de medio día).

Por otro lado, como en todo lo que es servicios, únicamente la continua consulta a la opinión de los usuarios permite realizar una evaluación objetiva acerca de sus necesidades y de sus motivos de agrado o insatisfacción. Conviene preguntarse, entonces, "¿nos hemos esforzado sistemáticamente para desentrañar las quejas latentes de los clientes?" Recuerdo que en una oportunidad en que me tocó supervisar una sucursal de una empresa, manifesté mi asombro porque, dentro del sistema de control de calidad que habíamos implementado, no recibimos ninguna opinión insatisfactoria en más de un año. La respuesta me sorprendió más aún: "es que cuando sabemos que el servicio resultó mal, no le hacemos la encuesta de evaluación". Cuando un buen programa de control de calidad comienza a funcionar —naturalmente, bien aplicado—, las quejas latentes comienzan a manifestarse y, en consecuencia, estas aumentan notablemente.

5. Instrumentos para detectar fallas y errores

Por lo tanto, imprescindiblemente habrá que encarar algunos aspectos de evaluación o control de la prestación a efectos de neutralizar esas consecuencias negativas.

- En primer lugar, durante el flujo de la prestación se deberán incluir ciertos puntos de *supervisión* o verificación (en el caso del ayudante de cocina, por ejemplo, su supervisor tendría que preguntarle qué condimentos utilizó).

- En segundo término, habrá que *encuestar* al cliente apenas comenzada la prestación y antes de que haya concluido (aunque después volveremos sobre el tema, digamos que esta exploración puede hacerla quien está en contacto directo con el cliente, en nuestro ejemplo: el mozo o camarero).

- Con posterioridad a la finalización del servicio, se realizará una *evaluación* acerca de cómo fue prestado y del grado de satisfacción que el cliente experimente. Naturalmente, esta evaluación debe estar basada en las opiniones del usuario requeridas sin intervención de las personas que estuvieron en contacto directo con él, mientras duró la prestación.

- Finalmente, y en base al grado de satisfacción o disconformidad que en forma latente o manifiesta pudiera mostrar el cliente, habrá que encarar acciones de *reconocimiento, correción, neutralización y recuperación*. Las primeras están dirigidas a reforzar la gratificación del usuario (la entrega de algún presente, por ejemplo), la segunda tiene un efecto preventivo frente a eventuales repeticiones (en nuestro caso, el apercibimiento al personal negligente), la neutralizacón busca atenuar la carga de insatisfacción a través de una suerte de catarsis del cliente (por medio de un formulario, un libro de quejas o posibilitando el traslado verbal de la misma a la máxima autoridad presente) y, por último, todo cliente es recuperable, aunque a veces a un costo mucho mayor que el necesario para haberlo hecho por primera vez (no cobrar la factura o hacerle una quita significativa, por ejemplo).

Para complementar este esquema, el primer aspecto que uno debe analizar es la posibilidad de llevar estadísticas significativas o cómo pueden utilizarse las ya existentes. El análisis estadístico juega un papel destacadísimo en el sistema, porque se trata de un instrumento objetivo y comparable. Por ejemplo, en el momento de la prestación, ¿cuál es el porcentaje de quejas presentadas?, ¿la falla fue de despacho equivocado, incompleto o de omisión? Pero, además, conviene analizar detenidamente la manera o forma en que se reciben los pedidos o consultas y averiguar por qué algunos de los potenciales usuarios se arrepienten o se dirigen a los competidores.

Después de averiguar cómo se reciben esas consultas habrá que inquirir acerca de qué condiciones las rodean y así comprender claramente el nivel de calidad o aptitud que se necesita para satisfacer las exigencias técnicas o psicológicas del potencial usuario.

En control de calidad hay un prerrequisito: cuando la empresa, institución o profesional individual toma la decisión de implementar un sistema para reunir información sobre las quejas latentes o manifiestas de sus usuarios, debe darle carácter público y, además, estar dispuesta a resolver los problemas o insatisfacciones con celeridad y buena predisposición, buscando que se disipe el disgusto de aquéllos.

Por otro lado, es fundamental aclarar los alcances del compromiso como operadores. Por ejemplo, prometiendo en el contacto o en el material impreso el resarcimiento por falencias detectadas en un plazo dado.

6. Los objetivos de un programa de control de calidad

La base sobre la que se asienta la implementación de un programa de control de calidad es la intención de imponerse en el mecado, esto es, creando servicios o beneficios que los usuarios busquen y demanden.

Un sistema de control de calidad, en realidad, intenta minimizar costos en el largo plazo, no solamente detectando los errores producidos, sino tratando de discriminar sus causas para así corregirlas, a la par de establecer un procedimiento que reduzca al mínimo sus probabilidades de repetición (sistema de alarma).[34]

---

[34] "Quality control for banks", por William J. Latzko, en **The Bankers Magazine.** Warren, Gorham & Lamont Inc., 1977.

7. Requisitos de un programa de control de calidad

La puerta de entrada de un programa de control de calidad no puede ser otra que el área comercial de la empresa y, en el caso de instituciones o estudios consultores, de la persona que está en contacto estrecho o regular con los usuarios.

Será interesante definir anticipadamente si se intentará garantizar la calidad del servicio antes, durante o después de su prestación, porque las acciones de investigación y de comunicación podrán variar en forma sustancial. En parte, esto puede estar relacionado con lo que suele denominarse "servicio previo", es decir, la investigación acerca de la utilización del producto o servicio, cooperando con el usuario en su propia adaptación al uso y haciendo un verdadero aprendizaje junto con él. El caso es por demás común en la venta de sistemas de procesamiento de datos.

También juega aquí lo referente a la elaboración y presentación de catálogos, prospectos, manuales de instrucciones y, en general, todo material impreso que toque el tema de los niveles de calidad que se prometen, así como de las garantías o resarcimientos. La cautela y prudencia en este tipo de compromisos documentados es imprescindible, si no se quiere tener pérdidas importantes de clientes o perjuicios legales.

8. Condiciones para la utilidad un programa de control de calidad

Para que un método de control de calidad sea provechoso debe tener tres características:

a. *Permanencia:* porque es la única manera de poder

transmitir a los clientes la sensación de que la preocupación por el servicio no es de "lanzamiento" o solamente hasta afianzarlo en el mercado.

b. *Sistematicidad:* porque de esa manera se obtendrá comparabilidad en los resultados y la retroalimentación necesaria para introducir los cambios y las reformulaciones pertinentes.

c. *Oportunidad:* porque se tiene que actuar preventivamente y de lo contrario —como en el caso de la mayor parte de los servicios— habrá que buscar las condiciones de máxima inmediatez en su aplicación, de manera tal que sus efectos de corrección o neutralización no queden disminuidos.

Pero por encima de todo, no se debe implementar un sistema de control de calidad superficial o "por razones de imagen": será un boomerang. Mal podrá estar involucrada toda la dotación de recursos humanos en el espíritu de calidad de servicio pretendido, si sus componentes perciben falta de convicción. Inexorablemente, más temprano o más tarde, el usuario también la percibirá, penalizando el hecho severamente. El reiterado fracaso de restaurantes de excelente aspecto pero de cocina descuidada constituye un buen ejemplo.

Es importante destacar que un programa de control de calidad debe señalar no solamente lo que está mal hecho, sino por qué lo está: caso contrario, los errores tenderán a repetirse.

Todo ello debe encararse bajo un principio dominante: el rendimiento sobre la inversión. Por eso es que, en general, convendrá valerse de muestras del proceso o de algunas de las etapas del flujo, antes que de una verificación total.

9. La creación de un programa de control de calidad

— Desarrollarlo poco a poco.
— Contar con apoyo de la alta dirección.
— Designar y seleccionar un responsable idóneo.
— Valerse de instrumentos de medición apropiados.
— Medir la capacidad de procesamiento tanto de las máquinas como del personal.
— Verificar que tanto las máquinas como el personal están operando normalmente.
— Calcular un índice de errores del sistema.
— No pretender lograr una absoluta perfección.

10. Costos de un programa de control de calidad

Sea que se aplique o no un sistema de control de calidad, la prestación de un servicio de buena calidad engendrará siempre cuatro tipos de costos:

1. *Costos de revisión:* en los que se incurre para inspeccionar, fiscalizar o verificar la corrección de una o más fases de la prestación y el grado de ajuste a las especificaciones (es la primera supervisión como, por ejemplo, vigilar si la comida está caliente antes de ser servida).

2. *Costos internos de prestación defectuosa:* son los que se producen antes o durante la prestación del servicio pero mientras el cliente no está presente o no mantiene contacto directo (son debidos generalmente a la negligencia o impericia de los operadores, lo que provoca grandes desperdicios).

3. *Costos externos de prestación defectuosa:* son producidos por aquellos defectos que eluden la revisión y, naturalmente, los de efectos más negativos en la clientela (suelen generar pérdidas de clientes y situaciones de conflicto).

4. *Costos preventivos:* se incurre en ellos con el objeto de reducir o minimizar los otros tipos de costos citados. Pero para *prevenir* se requiere la realización de análisis y controles sistemáticos, la fijación de estándares de calidad y el establecimiento de métodos que garanticen el mantenimiento o ajuste a los mismos.

Si bien los costos preventivos suelen ser de mayor significación, resultan de mayor rendimiento en el largo plazo. Muchas veces, por evitar estas erogaciones en acciones preventivas, se opta por aumentar el número de inspectores o revisadores logrando detectar mayor cantidad de errores, pero sin evitar que éstos se cometan.

11. La calidad delegada y su responsabilidad

Todo servicio consume insumos, sean tangibles u otros servicios, provistos por distintas clases de proveedores. Desde el momento en que aquellos son adquiridos, el nivel de calidad que incorporan es "delegado" al prestador por su proveedor. En una palabra, las fallas en los insumos no son excusa, salvo que se advierta a los clientes antes de concretar la venta que el resultado final de la prestación puede sufrir cierto grado de deterioro como consecuencia de las fallas de calidad de alguno de los insumos componentes.

Esto debe necesariamente vincularse con lo que podríamos llamar la educación del proveedor y el poder transmitirle que de la producción de artículos o servicios de calidad dependerá la satisfacción última del —para él desconocido— usuario. La importancia de este factor se destaca cuando hacemos un simple análisis sobre las relaciones proveedor-cliente. Creemos que son mayoría los casos en que no se asientan sobre bases simétricas: cuando se trata de clientes dependientes —sea por razones de monopolio o por tratarse de abastecimientos críticos—, el proveedor suele adoptar actitudes autoritarias y, viceversa, el cliente omnipotente —basado en su escala de compras, en la multiplicidad de los oferentes o en su condición monopsónica— asume conductas cuasi vejatorias hacia su abastecedor.

Desde nuestro punto de vista, todo proveedor de servicios —aun los más grandes prestadores— debe "cuidar" la relación con sus proveedores en forma permanente y convendrá que, tanto en la calidad como frecuencia del trato, adopte escalas análogas a las utilizadas con los clientes. ¡No serán pocas las oportunidades en que un proveedor solidario evite perder definitivamente un cliente!

12. La capacitación de todo el personal para garantizar la calidad del servicio

Jamás se podrá delegar autoridad sin educación o capacitación previa. Esta regla es de oro para que un programa de control de calidad funcione. Aun el más completo y sofisticado diseño habrá de fracasar ante el desconocimiento, la confusión o la indiferencia de quienes tienen una participación clave en su ejecución. Y si uno no confía en sus subalternos, termina imponiendo controles y supervisiones estrictas y frecuentes que atentan contra la calidad de la gerencia o, al menos, la torna antieconómica.

La educación sobre calidad de servicio y su sistema de control debe impartirse —sin excepciones— a todo el personal de ventas en particular y a todo funcionario que mantenga contacto con el cliente. En general, convendrá informar a todos y cada uno de los miembros de la dotación acerca de cómo funciona el sistema implementado y, por otra parte, formar y capacitar sobre el mismo a quienes intervienen en la "elaboración" del servicio y a quienes se relacionan regularmente con la clientela. En ese sentido, la recepcionista o el mensajero de un estudio contable que no han sido involucrados en el sistema de verificación de calidad que el mismo hubiera desarrollado, pueden perjudicar parcialmente esa correcta intención.

13. Los denominados "círculos de calidad"

Se denominan "círculos de calidad" a la formación de pequeños grupos de funcionarios cuyo objetivo es desarrollar actividades de control de calidad dentro de una misma sección, departamento, taller o especialidad. Naturalmente, los círculos de calidad sólo pueden conformarse cuando existe un sistema de calidad de servicio y de control de calidad implementado con anterioridad.

Las características en las que se basan son: voluntariedad, autodesarrollo, desarrollo mutuo, participación de todos los miembros y continuidad. Comienzan por elegir un problema específico —desentrañando las razones por las que se lo eligió— y se evalúa la situación actual. Luego, se investigan las causas, se establecen las medidas correctivas y se ponen en marcha. Finalmente, se examinan los resultados y se toman las acciones de prevención que eviten repetición.

14. Auditoría de calidad y auditoría del propio sistema de control de calidad

¿Que es la *auditoría de calidad*? Significa la revisión de la calidad de un servicio tomando muestras, periódicamente, de las condiciones en que éste es ofrecido al usuario. En cambio, la *auditoría de control de calidad* se dedica a hacer el seguimiento del proceso de control, o sea del sistema implementado. Luego, realiza el diagnóstico y propone la forma de corregir las fallas que dicha calidad pueda contener.

Por ejemplo, es auditoría de control de calidad el verificar la calidad de los insumos provistos por terceros o por distintas secciones del mismo grupo operativo, el desempeño de los subcontratistas o el manejo de las quejas de los clientes. Esta auditoría debe ser hecha por un asesor externo, o bien por una de las máximas autoridades de la empresa o institución.

15. Las siete herramientas del control de calidad

Según Ishikawa, el 95% de los problemas de una empresa pueden resolverse a través de lo que él llama las siete herramientas del control de calidad y que son:

1. Cuadro de Pareto
   Se refiere al principio del economista italiano Wilfredo Pareto: pocos vitales, muchos triviales. A veces nos referimos a él como la regla de 80/20, en el sentido de que una minoría de factores tiene un alto porcentaje de influencia en la producción de los efectos. En nuestro caso específico, hay que procurar estandarizar los dos o tres factores causales de fallas más importantes.

2. Diagrama de causa y efecto
   También se lo llama Diagrama de Ishikawa, en el que a un conjunto de esos factores causales se los denomina proceso (en sentido amplio: por ejemplo, desde este ángulo, la política, un hotel, el sistema judicial o la educación serían procesos). El número de factores causales es infinito pero los verdaderamente importantes

son pocos. En el ejemplo del autor se toman materiales, máquinas, mediciones, hombres y métodos y, a través de flechas indicativas de fuerzas y contrafuerzas, su relación con el efecto, o sea, con las características de calidad.

3. Estratificación
   Se refiere a la técnica de disponer en estratos o capas los factores causales dispersos en distintos planos.

4. Hoja de verificación
   Las órdenes, instrucciones o recomendaciones dadas sin una adecuada verificación conducen, en la mayor parte de los casos, al fracaso. Un gerente tiene siempre un sistema de verificación. Y esto es válido aun para las gestiones unipersonales. Se puede verificar a través de dos vertientes: las causas y los efectos.

5. Histograma
   Forma de representación estadística de cada uno de los factores causales, a través de un gráfico de barras o columnas.

6. Diagrama de dispersión
   Mediante el análisis de correlación se registra la ubicación de los datos correspondientes a los distintos factores causales, con respecto a la mediana.

7. Gráficos y cuadros de control
   Se trata de los diseñados por W.A. Shewhart, de Bell Laboratories.

Esta edición
se terminó de imprimir en
RIPARI S.A.
General J. G. Lemos 248, Buenos Aires
en el mes de febrero de 1993